關公崇拜溯源

胡小偉 —— 著

從各行業神祇到移民信仰核心，
堂堂武將怎麼變成大眾的精神寄託？

既是戰場上叱吒風雲的關帝爺，
也是護佑考試順利的文衡聖帝，
更是庇佑商人生意興隆的武財神——

萬能之神，
當非關聖帝君莫屬！

聖德服中外，
大節共山河不變；
英名振古今，
精忠同日月常明。

目錄

目錄

大結語

附錄　關公信仰形成發展簡明年表

再版後記

一個特立獨行的人（代序）

—— 懷念胡小偉先生

　　我和胡小偉先生相識是在一九七五年。當時胡先生在秦皇島農村中學教書，我在河北師範學院教書 —— 原在北京的河北北京師範學院搬到河北宣化，校名去掉「北京」二字，成了河北師範學院；後又搬到石家莊，與河北師大合併成為新的河北師範大學。河北北京師範學院這個學校很老，最早可以追溯到順天府學堂（西元一九〇二年）和順天府高等學堂（西元一九〇七年）。這所學校在強手如林的在京高校中，也堪稱實力雄厚。以我所知的歷史專學而言，著名史學家賴家璧、李光度、胡如雷、苑書義等都在該校任教，中文系有著名語言學家朱星。胡小偉是在這裡畢業的。他在秦皇島教書時，想調到宣化的河北師院工作，但沒有實現。他的同學錢競在那裡講授文藝理論，與我是同事。他來找錢競，我們自然就認識了。印象中他說話嗓門很大，常常哈哈大笑。蘇叔陽先生是他和錢競的大學班主任，我的大學校友，蘇叔陽比我高兩屆。我與蘇叔陽在一九六七年認識，當時是「文化大革命」中，首都大專院校有所謂「天派」和「地派」，兩派各編排演出一臺大歌舞劇互相爭勝，都是模仿《東方紅》大歌舞劇的架勢。參加創作和演出的都是各校師生，創作、排練都在北京體育學院的場館和宿舍。我和同學 —— 人大中文系學生左正一起參加「天派」大歌舞創作，蘇叔陽先生，還有楊金亭先生（後任《詩刊》副主編、中華詩詞學會顧問）作為河北北京師院中文系老師也參加創作組。我們以此結為朋友，這是一層關係；

代序

一九七四年我到宣化的河北師範學院教書，與在那裡工作的錢競成了同事，又認識了他的同學胡小偉，這又是一層關係。掐指一算，五十多年過去了。現在錢競、小偉、蘇叔陽及左正（後為作家）四位朋友都駕鶴西去，正是「知交半零落」，令人不勝唏噓！

胡小偉先生是一個什麼樣的人呢？胡先生去世的追思會我沒能參加，但我為追思會寫了四個字：「特立獨行」。他是個特立獨行的人，很特別、很自我，不在乎別人的看法、不在乎周圍的輿論。不管！就要做我胡小偉，認準一個方向往前走。在中國社會科學院文學研究所做關公文化研究是他的選擇。他認為關公文化是一個大題目，關公文化是中華民族精神的重要體現。經過艱苦的研究，在二〇〇五年出了五卷本的《中國文化史研究·關公信仰研究系列》。在他的推動下，中國文物保護基金會成立關公專項基金管理委員會。關公文化研究的等級一下子提高了，從民間信仰進入學術領域，從文化愛好者的領域提高到學術研究領域。推動深入研究關公文化是他的重大貢獻。他的足跡遍及全國各地的關帝廟、老爺廟、文武廟，研究視野很寬廣，臺灣以及亞洲各國、俄羅斯、美國各地的關公信仰都進入考察範圍。凡是關公文化界的朋友都對他很崇敬。

研究關公，崇拜關公的人，自然也就濡染了關公的忠義、豪邁精神。這在小偉身上表現得很突出。他是一位很與眾不同的人。長期以來，文人之間缺乏包容，社會對與眾不同的人也缺乏包容。特別是「文化大革命」，好多人彼此之間都成了鬥爭關係、競爭關係，不是你上就是我下，甚至是你死我活。胡先生在個性上很強勢，但又顯現出與世無爭的態度，遇到矛盾就繞道走，絕不為自己爭什麼。當今工作、生活中最大的問題是房子和職位，但是他都置之度外。他從不去爭教職員工宿

舍，也不申報職稱。他家住海澱區人大萬泉河一帶，離辦公的地方很遠。學院在分宿舍，他不爭。天大的事啊，不爭！他的強勢是在自己認定的工作上付出艱苦努力，完成自己定下的任務，但同時在其他方面又與世無爭。這兩個很矛盾的面向，同時體現在胡先生身上。人活一輩子不容易，活出自我更不容易，多數人活不出自我。很多人是為了活給別人看。胡先生是活出自我的，至於你們怎麼看我我不在意。這是人生的一種境界。有人不理解，說你是否應該對別人的意見多少在意些、多少遷就些，社會就會對你怎麼樣怎麼樣，但那不是小偉的風格。人是多樣的，不能要求人人千篇一律，按同一個模式發展。如果每個人都能活出自我，就能極大發揮個人的創造性，創造性就會更豐富，社會就會更多彩。個性更張揚，貢獻就更大了。如果所有人的稜角都磨平了，所有的人都唱同個調、說同一種話，社會將會缺乏光彩。不是胡小偉需要退讓，而是大家都該充分展現己身性格，同時又能互相包容。展現自己特別的那一面。不是要人損人利己，妨礙別人，而是要充分發揮自己的特長和創造性，做有益於公眾、有益於文化傳承的事業。

　　一九七八年恢復考試制度，同時首次招收授予學位的研究生。我和錢競、小偉報考研究生，而且都被錄取了。來北京複試時，我竟然和小偉排在同一個隊伍裡等候體檢。那時真是有「科學的春天」的感覺。小偉與錢競在中國社科院研究生院研讀三年之後，進了社科院文學所。兩人再次同學，而且成了同事，後來都各有所成。我則是進入中國人民大學再學習，畢業後留校教書。當時這批研究生被戲稱為「黃埔一期」，是頗感榮耀的。「文革」十年，成千上萬的大學畢業生沒有繼續深造的機會，還有無數渴望進入大學學習的各級中學生。在激烈的競爭中能再回到學校讀書，是多麼不容易！這時蘇叔陽先生已經是著名作家。「文

革」期間他堅持創作不懈，寫小說、寫話劇，有時還寫首歌詞、作個小曲什麼的。但多年東奔西走，不得要領，不被認可，甚至挨罵。家人對他說你一天到晚寫劇本有什麼用？每天只能灰頭土臉地回家。這是老同學左正和我說的。粉碎「四人幫」，把一切顛倒的東西又翻轉過來了。蘇叔陽的話劇《丹心譜》一炮打響，創造力突然得以釋放，作品如井噴一般湧現。後來蘇先生不幸得了癌症，但他十分樂觀頑強，被譽為抗癌明星。差不多二十年吧，他還是活躍於各界，出席各種活動。我與蘇先生常常在不同場合見面，每次讚賞他生命力頑強之餘，也往往談到他的兩位高徒錢競和小偉。

「文革」十年，包括此前許多年，知識分子被視為資產階級，是接受改造的對象，整個社會氛圍不利於知識分子發展。小偉等這批人，大學畢業時分配工作的方針是「四個面向」：面向工礦、面向農村、面向部隊、面向邊疆。胡小偉到煤礦挖煤去了，跟他們的文學志趣遠離得不是一點半點！在艱難的環境下，這批人還滿懷理想，保有朝氣，真不容易。他們具有頑強的生活意志，越挫越勇，也是在這種環境下鍛鍊出來的。現在有部分年輕人缺乏奮鬥精神，躺平了。躺平是他們表達態度的一種方式，是一種特有的社會現象。我則希望現在的年輕人，能多少繼承一些老一輩努力進取的精神。老一輩知識分子不懈地追求自己的理想，經受長時期的磨礪和鍛鍊，也表現出他們那個時代的特點，透過自己的艱苦努力為社會、為時代作出了奉獻，多多少少都留下了一些東西。小偉、錢競、左正、蘇叔陽先生都離我們遠去了，一個時代也漸漸遠去了。我們今天懷念老朋友，同時也回顧那一段歷史，回顧這批人的思想、情懷，表現和成就，這在社會史上和文化史上也是值得給予關注和研究的。今天我們閱讀胡小偉的《關公崇拜溯源》，如果不僅僅是從

中得到對於關公文化的認知和思考，同時也能夠領會小偉先生那一代知識分子努力奮發的精神軌跡，那麼得到的收穫將會遠遠超越關公文化之外。

言不盡意。懷念胡小偉先生，祝賀《關公崇拜溯源》再版！

毛佩琦

二〇二一年十一月十一日

於北京昌平之壟上

代序

自序

出於個人學術興趣，我曾經花費二十年時間，尋求中國歷史上對於三國時代蜀將關羽崇拜文化的由來演進。

說來由於《三國志演義》及戲劇、說書的影響，對於關羽崇拜，幾乎人人都是「知其然，而不知其所以然」。作為歷史人物，關羽在正史《三國志》中得到的評價實在並不算高。陳壽曾批評他「剛而自矜」，「以短取敗，理數之常也」。但陳壽怎麼也不會料想到，千載以後關羽居然能壓倒群雄，晉升為整個中華民族「護國佑民」的神祇。明清間一度遍布全國城鄉的「關帝」廟宇，不但使劉備、曹操、孫權這些三國時代的風雲人物黯然失色，就連「萬世師表」的文聖人孔夫子也不得不退避三舍。清代史學家趙翼對此也頗不解，他曾歷數關羽崇拜的過程並感慨道：

神之享血食，其盛衰久暫亦皆有運數，而不可意料者。凡人之歿而為神，大概初歿之數百年則靈著顯赫，久則漸替。獨關壯繆在三國、六朝、唐、宋皆未有禋祀，考之史志，宋徽宗始封為忠惠公，大觀二年加封武安王，高宗建炎三年加壯繆武安王，孝宗淳熙十四年加英濟王，祭於當陽之廟。元文宗天曆元年加封顯靈威勇武安英濟王。明洪武中復侯原封。萬曆二十二年因道士張通元之請，進爵為帝，廟曰「英烈」，四十二年又敕封「三界伏魔大帝神威遠鎮天尊關聖帝君」，又封夫人為「九靈懿德武肅英皇后」，子平為「竭忠王」，子興為「顯忠王」，周倉為「威靈惠勇公」，賜以左丞相一員為宋陸秀夫，右丞相一員為張世傑。其道壇之「三界馘魔元帥」則以宋岳飛代，其佛寺伽藍則以唐尉遲

自序

恭代。劉若愚《蕪史》云：「太監林朝所請也。」繼又崇為武廟，與孔廟並祀。本朝順治九年，加封「忠義神武關聖大帝」。今且南極嶺表，北極塞垣，凡兒童婦女，無有不震其威靈者，香火之盛，將與天地同不朽。何其寂寥於前，而顯爍於後，豈鬼神之衰旺亦有數耶？[001]

其實所說並不確切，至少在北宋仁宗年代，關羽已經具有官方封祀了，續後再論。清代關廟中的這樣一副對聯，頗能概括關羽在中國傳統社會中的歷史文化地位和巨大影響：

儒稱聖，釋稱佛，道稱天尊，三教盡皈依，式瞻廟貌長新，無人不肅然起敬；

漢封侯，宋封王，明封大帝，歷朝加尊號，剡是神功卓著，真所謂蕩乎難名。

這是一個極有意思的現象，而且對審視中華民族的文化心理很有意義。說起來，在有關關羽的「造神」過程中，諸多文體，包括傳說、筆記、話本、戲曲、小說等，與民俗、宗教、倫理、哲學、制度互相影響，有著不可磨滅的功績。在某種意義上也可以說，關公是與中國古代小說、戲劇這些文體共相始終的一個形象。正是在這些人文因素的交互作用下，在清初文學中，關羽已被崇譽為集「儒雅」、「英靈」、「神威」、「義重」於一身，「做事如青天白日，待人如霽月光風」的「古今來名將中第一奇人」了。[002]

大約是「不識廬山真面目，只緣身在此山中」的緣故，盛行關公信仰的漫長時期中，歷代史家對於關羽崇拜的始末根由、曲折轉變，並沒

001　《陔餘叢考》卷三十五〈關壯繆〉。河北人民出版社 1990 年版，第 622～623 頁。
002　毛宗崗〈讀《三國志》法〉。

有認真的考探辨析。而近代文化斷裂後，中國文學史凡談論及此者，則率以「封建統治階級提倡」和「《三國演義》影響」為由，眾口一詞，幾成定論。美國匹茲堡大學社會學系主任楊慶堃（C. K. Yang）在一九六〇年代的專著《中國社會中的宗教 —— 宗教的現代社會功能與其歷史因素之研究》被認為是以西方視角研究中國社會學的重要成果。在他擷取的全國八個代表性地區「廟宇的功能分配」中，就將關帝廟宇歸類為「C，國家」之「1，公民與政治道德的象徵」中「b，武將」一類，並論說道：

在當時全國性的人格神崇拜中，沒有比關羽更突出的了，關帝廟遍及全國。雖然這位西元三世紀的武將是作為戰神而被西方學者所熟知的，但就像大眾信仰城隍一樣，關公信仰造成了支持普遍和特殊價值觀的作用……神話傳說和定期的儀式活動，激勵著百姓對關公保持虔誠的信仰，使關公信仰得以不斷延續，歷經千年始終保持著其在民間的影響力。[003]

其實與文學史的說法相去不遠。從現在掌握的情況看，對於關公文化略近於現代方式的專題研究，是從一八四〇年由西方傳教士伯奇（Birch）的《解析中國之四：關帝保佑（Analecta Sinensia, No4: The kwan Te Paou Heum）》開始的。國際知名漢學家李福清（B. Riftin）就說：

關帝信仰這個題目並不是新的題目，有許多國家的學者從十九世紀中葉就開始專門討論這個問題。[004]

003　楊慶堃《中國社會中的宗教》（*Religion in Society: A Study of Contemporary Social Functions of Religion and Some of Their Hisorical Factiors*）范麗珠等譯，世紀出版集團．上海人民出版社 2007 年版，第 155、157 頁。

004　〈關公傳說與關帝信仰〉，輯入《古典小說與傳說 —— 李福清漢學論集》，中華書局 2003 年中譯本，第 61 頁。著者持贈，謹誌高誼。

自序 ——————————————

　　而中國人自己在現代意義上的研究，則以一九二九年容肇祖在廣州《民俗》雜誌發表的〈關帝顯身圖說〉為最早。1993 年饒宗頤在香港《明報月刊》上發表了一篇〈新加坡：五虎祠〉，副題則是「談到關學在四裔」。「關學」之說，無非強調此中關連甚多，內蘊豐厚，絕非僅持關帝廟或者《三國志演義》一端立論所可道盡的。

　　「文化研究」據說是當前現當代文學的研究熱點。但究竟何為「文化」，卻言人人殊，據說定義不下二百個。其實這本來是一個專有名詞，出自《周易‧賁‧象卦》的「觀乎天文，以察時變；觀乎人文，以化成天下」。日本人以此移譯源出拉丁文的 culture（詞根原意是耕種），也是來源於農耕文明，由此產生的歧義又多出一層。從先民說來，「文化」實際上應當是一個動詞。東漢《說文》言，「文，錯畫也」，「化，教行也」。「文」的本義就是「紋」，自然紋理和花紋帶給人美的感受，人們就樂意模仿。聖人所作的詩禮樂書也是美好的，人們如果也樂於模仿，那麼天下就都變得美好了。這就是以文治來教化天下的意思，道出了文化的親和力。後來又出現了對應的概念，比如劉向《說苑》：「凡武之興，為不服也，文化不改，然後加誅。」晉代束皙〈補亡詩‧由儀〉說的：「文化內輯，武功外悠。」昭明太子蕭統注曰：「言以文化輯和於內，用武德加於外遠也。」[005] 又道出了文化的固有凝聚力問題。故唐代孔穎達《周易正義》解釋說：

　　　言聖人觀察人文，則詩書禮樂之謂，當法此教而成天下也。

　　我認為，這才是今日文化學者亟應重視的核心問題。大概而言，文化現象雖然呈現出多元的狀況，但是價值體系——或者如唐君毅先生所謂民族「凝懾自固之道」——卻始終是「文化」問題的核心。當我

005　《昭明文選》卷十九。

們從多元聚焦到核心時，就是「文化研究」。這就是我對「文化」的理解，也是我研究關羽崇拜的主要旨趣和方法。

關羽崇拜豐富的文化內涵也引起了西方學者的興趣，同時引進了西方文化人類學的思考。美國學者魯爾曼（Robert Ruhlmann）在〈中國通俗小說與戲劇中的傳統英雄人物〉專章論述了關羽，認為他是一個「綜合型的英雄」。他既是武士，又是書生，並且具有帝王之相。他的故事說明了民間傳說與制度化宗教間的相互作用，也證明著故事文學中的英雄一旦受到官方崇拜，會再影響故事內容。由於這類英雄深入人心，也鼓勵官方設法把他們尊為值得推崇的行為楷模。但同時魯爾曼也陳述了他的困惑：

但關羽所代表的主要美德 —— 忠義事實上有多方面的涵義，彼此很容易糾纏不清，而成為解不開的死結。關羽的故事說明同時為父母、朋友、君王、國家和正義盡責是何等困難。儘管官方傳記編寫人做了解釋，這位英雄人物仍表現出人生的複雜。[006]

如果說他與楊慶堃還是從「制度性宗教」和「分散性宗教」兩個不同線索展開論述的，帶有「古典學派」風格的話，那麼近年美國芝加哥大學歷史系教授杜贊奇（Prasenjit Duara）在他著作的前言中，就已自我定位為「對民族主義和民族國家的後現代解釋」，強調「『國家政權建設』和『權力的文化網路（Culture nexus of power）』是貫穿全書的兩個中心概念，兩者均超越了美國歷史學和社會科學研究的思維框架 —— 現代化理論。」[007] 在利用一九四〇至一九四二年滿鐵株式會社的田野調

006　〈《三國志演義》研究、史論、小說、版本、影響〉，譯自《印第安納中國古典文學指南》。輯入（美）安德魯・羅《海外學者評中國古典文學》，濟南出版社 1991 年版，第 138 頁。

007　《文化、權力與國家 —— 1900～1942 年的華北農村》，江蘇人民出版社《海外中國研究叢書》之一種，王福明譯。1996 年版。

查對於中國華北農村調查的史料時，他曾設立專節討論關羽何以成為「華北地區的保護神」問題，且「從歷史的角度」對鄉村關羽崇拜進行追究，結論是：

> 鄉村菁英透過參與修建或修葺關帝廟，使關帝越來越擺脫社區守護神的形象，而成為國家、皇朝和正統的象徵……關帝聖像不僅將鄉村與更大一級社會（或官府）在教義上、而且在組織上連接起來。

其實關羽崇拜就正是中國傳統社會「國家政權建設」和「權力的文化網路」的交集點。杜氏還主張，儘管社會各階層對於關羽崇拜的理解闡釋或有不同，「卻在一個語義鏈（semantic chain）上連繫起來……特定的解釋有賴於這種語義鏈，並在這種語鏈中產生出它的『意動力（conative strength）』。」[008] 不過限於題目，他無法，也不可能將以關羽崇拜為中心的鄉社祭祀變遷整理明晰，更不用說價值體系的建構過程了。

明清兩代，關羽已經赫然成為國家神，統攝三教，流布全國。用句形象比喻來說，彷彿三根支柱搭成了一個屋頂。但今日宗教學界各自獨立，似乎並不清楚歷史上關羽人而神、神而聖的提升過程，反而將之視為「民間信仰」。一九九〇年代陸續出版了兩種《中國道教史》，一卷本為任繼愈主編，四卷本為卿希泰主編，都是國家級的社科基金專著，卻沒有用多少篇幅談及關羽崇拜。二〇〇七年我曾應香港道教學院邀請，去做過三週短期講學，也會晤了一些道教界的領袖人物。據他們說是國家宗教局將關公信仰定性為「民間崇拜」的。現在佛、道、儒三家各有門牆，都在擴張自己的影響，發揮積極社會功能，自然不錯。只是忘記甚至放棄了長時期來經過「三教圓融」，共同建立起來的國家 —— 民族信仰，不能不說是一個極大的遺憾。

008　同上，第 132 ～ 133 頁。

歷史學界也與此類似。海外華人史學家黃仁宇就表達過他的迷茫,在從現代軍事角度列舉了「失荊州」過程中關羽的種種失誤以後,他以為:

只有此書(按指陳壽《三國志》)之敘關羽,則想像與現實參半⋯⋯以這樣的記載,出之標準的文獻,而中國民間仍奉之為神,祕密結社的團體也祀之為盟主,實在令人費解。[009]

其實就連開創乾嘉「樸學」先河的顧炎武,也同樣於此表示過疑問,他說:

今南京十廟雖有蔣侯,湖州亦有卞山王,而亦不聞靈響。而梓潼、二郎、三官、純陽之類,以後出而反受世人崇奉。關壯繆之祠至遍天下,封為帝君,豈鬼神之道,亦與時有代謝乎?

畢竟生活在「神道設教」的時代,緊接著他就找到了原因:

應劭言:平帝時,天地大宗已下及諸小神凡千七百所,今營寓夷泯,宰器聞亡。蓋物盛則衰,自然之道,天其或者欲反本也。而《水經注》引吳猛語廬山神之言,謂神道之事亦有換轉。[010]

信仰亦有代謝,本身就是歷史文化演進的正常形態。唯關羽信仰何以能夠「與時消息」,「與時偕行」,[011]經千載而不衰,歷六代而愈盛,似乎成為中國歷史文化一個不解之謎。

如果單以三國史籍立論,後世有關關羽的種種傳說故事自然是贋品,不勞分證。但「關羽崇拜」偏偏就是在這種情勢下歷代相沿,積微

009　黃仁宇《赫遜河畔談中國歷史》,北京三聯書店 1992 年版,第 56 頁。

010　欒保群、呂宗力校點《日知錄集釋》,河北花山文藝出版社 1992 年版,下冊,第 1348 頁。承校點者贈書,謹誌謝忱。

011　兩語實出《易經》。《易‧豐卦》言:「日中則昃,月盈則食,天地盈虛,與時消息。」又《乾卦‧文言》:「潛龍勿用,陽氣潛藏。見龍在田,天下文明。終日乾乾,與時偕行。」

自序

見到，蔚成大觀的。其中傳說形態的產生、發展和變異，在不同時代呈現出不同的特點。陳寅恪在評審馮友蘭《中國哲學史》時，對於中國思想史曾有一段非常重要的議論，對我啟發頗大。他以為：

> 以中國今日之考據學，已足辨別古書之真偽。然而真偽者，不過是相對問題，而最要在能審定偽材料之時代及作者，而利用之。蓋偽材料亦有時與真材料同一可貴。如某種偽材料，若遽認為其所依託之時代及作者之真產物，固不可也。但能考出其作偽時代及作者，即據以說明此時代及作者之思想，則變為一真材料矣。中國古代史之材料，如儒家及諸子等經典，皆非一時代一作者之產物。昔人籠統認為一人一時之作，其誤固不俟論。今人能知其非一人一時之所作，而不知以縱貫之眼光，視為一種學術之叢書，或一宗傳燈之語錄，而斷斷致辯於其橫切方面，此亦缺乏史學之通識所致。[012]

本書即秉此宗旨，取法乎上。文學研究過去涉及這一課題，主要是從三國戲曲小說故事分析人物形象，或者是以民間敘事角度，從傳說入手探其流變。這當然都是必要的，但也只能反映出近現代關羽傳說的形態，而不能體現出歷史的傳承和曲折。作為一個長期的，影響廣泛的「活」信仰，關羽的形象從來沒有封閉、凝固在文字或傳說中，而是不斷發展變化。如何將各個不同時代的關羽形象，恰如其分地放置在具體生成的背景之中，突顯其變化的因果連繫，以及與同時代其他宗教、社會、民俗、政治、經濟等多種因素的互動影響，然後又如何展現在文學藝術之中，才是更富於挑戰性的課題。錢鍾書曾精闢剖析言：

---

012 〈馮友蘭中國哲學史審查報告〉，輯入陳寅恪《金明館叢稿二編》，上海古籍出版社 1980 年版，第 248 頁。

人文科學的各個對象彼此繫連，交互映發，不但跨越國界，銜接時代，而且貫穿著不同的學科。由於人類生命和智力的嚴峻局限，我們為方便起見，只能把研究領域圈得愈來愈窄，把專門學科分得愈來愈細。此外沒有辦法。所以，成為某一門學問的專家，雖在主觀願望上是得意的事，而在客觀上是不得已的事。[013]

我自知資質愚魯，屬於「生命和智力嚴峻局限」者，故須得另闢蹊徑，廣納百家，努力突破「圈得愈來愈窄」的研究範圍，也從不以某一學科的「專家」來標榜自己。蓋因關羽崇拜民間自有其傳承的渠道，包括千百年來口傳心授的法則祕訣從未載諸高文典冊者。本書引用的歷代方志，即是這一類饒有興味的證據。我的嘗試是在梳理材料，妥貼歸置的同時，進行「長時期」追蹤式描述。注重從典籍記載和民間資料（包括寺觀供奉和民俗崇拜方式）兩方面夾擊，並重視典籍之外的多重證據，突出關鍵時期的關鍵性的細節，力圖以多重證據求解這個隱藏著中華民族精神建構的「密碼」。

我所利用的「文本」也超出了傳統意義上的文字「典籍」。抱著對於歷史「了解之同情」，將地域民俗、歷代碑刻、造像藝術等亦作為歷史「文本」不可分割的部分，分別置於各自的時代地域環境之中，以便使上層「菁英」的論述回復到當年的文化語境中，復原其本來面目。也許可以說，這是一種歷史文化的「重構」（Reconstruction）。這裡主要借鑑了歷史學「年鑑學派」[014] 提出問題的方式，以便從關羽信仰的生成發

013　〈詩可以怨〉，原文為作者 1980 年 11 月 20 日在日本早稻田大學文學教授懇談會上的講稿。見文祥、李虹選編《錢鍾書楊絳散文》，中國廣播電視出版社 1997 年版，第 226～227 頁。編者持贈，謹誌高誼。

014　「年鑑學派」是在 20 世紀初歐美新史學思潮的影響下，由跨學科的史學雜誌《經濟與社會史年鑑》創刊號在〈致讀者〉中闡明了自己的宗旨：打破各學科之間的「壁壘」，明確提出了「問題史學」的原則，要求在研究過程中建立問題、假設、解釋等程序，從而為引入其他相關學科的理論和方

自序

展作為特定視角，在縱向上探索中國傳統價值體系的建構和發展過程，一如黃仁宇《萬曆十五年》橫向解剖晚明政治和財政遭遇到的困境。

這種剖析不免關涉一些歷史和文化研究的熱門問題，如中國社會分期、唐宋及明代的幾次社會轉型、江湖社會、神道設教、儒學與「政教合一」、中華各民族紛爭融合中的漢民族意識形成和發展、晚明商業社會的形成、滿族入關前崇拜關公的祕密等等問題，都無由迴避。故筆者也冒昧涉險，從關羽崇拜的形成發展角度提出了自己的看法。目的只是從特定視角剖析這一問題的癥結，或者試圖提出一種新的思路，並非擅作專業性結論。

這種研究必須建立在豐富詳實的史料基礎之上。中國獨有的地方志資料和歷代碑刻構成了對於中國歷史文化述說的另一條經緯線，提供了許多豐富生動的細節，足以彌補官修斷代史的缺失；而社會學提倡的「田野調查」，即透過實地考察在民間發現典籍失落的傳統，更是可遇難求的新奇體驗。比如一九九九年在香港《嶺南學報》發表的文章中，我曾揣測關羽後世的部分神力可能是從毘沙門天王的傳說中轉移過來的，或者說關公才是唐代毘沙門天王的真正傳承者，而不僅僅是道教神話中的「托塔天王李靖」，但苦無實證。二〇〇一年九月在河北蔚縣單堠村清代關廟的前檐上，卻赫然發現了清代民間匠人「托塔關公」的造像，證實了當初推斷不誤。人事天機，偶然湊泊，妙不可言。

釐清關羽崇拜的發展演變，曲折細微，並不是一個無關緊要的懷古思幽話題，而正是一個關涉「現代性」的大問題。中國曾在近代飽受凌辱，於艱難竭蹶之中開始了漫長的「現代化」歷程，對於歷史和傳統文

法奠定了基礎，如歷史人類學、人口史、社會史、生態文化地理史、心理學史以及統計史學、比較史學等，極大地拓展了研究領域。在繼承傳統和立意創新的基礎上重新認識歷史，對 20 世紀西方史學的發展產生了歷久不衰的影響。

化反躬自省當然是必要步驟。進入二十世紀，尤其是經歷了西方文明的兩次「世界大戰」以後，學者開始以相對平和的心態、目光審視人類的過去，提出了超越十九世紀盛行「西方文化優越論」的「四大文明中心說」和「軸心時代」理論；並且發現中華文明所以有別，是由於西方經歷過多次文明「斷裂」，而中華文明則為連續性質的緣故。哈佛大學張光直教授曾有文論及於此。[015]「斷裂」和「連續」固然各有優長，但是一九八〇年代中國學術界響應此說，炒作得最熱烈的卻是兩個觀點：一個是「封建社會超穩定結構」說，用中華文明的「連續性」詮釋西方十八世紀提出的「中國停滯論」，還曾透過權勢運作和電視媒體的關注力量，成為學術界一時占據要津的聲浪；另一個是近年有論者提出的「暴君暴民交相亂」說，以此替代一九五〇年代盛行的「階級鬥爭」和「農民起義是推動中國歷史發展的動力」說。兩說的立論角度雖有不同，但均視中華文明的「連續性」為中國不幸之大因由。我與他們在學術立場上的最大區別就是著眼於「連續性」的合理成分，變「後現代」大批判開路之「解構」，為對歷史持「同情之理解」的「重構」。目的當然是為二十一世紀重建中華文明的價值體系，尋找可資利用的傳統文化資源。

歷史經驗證實，「現代化」的國家過程總是伴隨著國族（nation-state）凝聚力的增強而非消解，即便是在今日全球技術競爭和貿易開放的時代。而凝聚力則端賴整個民族對於歷史傳統的共同記憶和核心價值的整體認同來達到的。用美國學者安德森（Benedict Anderson）的話來說，就是：

015　這是一個涉及考古、歷史及多種學科的問題。張光直的觀點著重表現在他〈連續與破裂：一個文明起源新說的草稿〉一文中（《九州學刊》第一期，1986 年 9 月），亦收入其著《中國青銅時代》第二集，臺北聯經出版有限公司，1990 年版。

自序

　　即使每個人都承認國族國家是個「嶄新的」、「歷史的」現象……國族卻總是從一個無從追憶的「過去」中浮現出來。[016]

　　民國初立，一度曾把關羽、岳飛列入國家武聖祀典。在一九三一至一九四五年的抗日戰爭時期，他們再次成為鼓舞中國人民前僕後繼，抵抗外侮，驅逐強寇的精神像徵。連繫到日人此刻何以會在華北進行大規模田野調查，日本學者何以會在同一時期集中發表相關研究論文，[017] 不啻一場學術文化戰線的無形爭鬥。其於現代中國的意義，也還需要今人重新審視和定位。

　　需要特別指出的是，中華民族百餘年前走上「近代化」道路時，就被誤導引入一個「反歷史」的文化盲區，這就是其缺少對於歷史文化價值體系和英雄榜樣的資源整合。歐洲中世紀「政教合一」，共同以《聖經》所載「六日創世」、「亞當夏娃」和「諾亞方舟」等傳說作為共同起源，本無所謂「民族－國家」概念。由於缺乏文字記載，各民族歷史也端賴口頭流傳，形成歷史與文學的特殊複合體「史詩」（epic poetry），包括古希臘創世神話和歷史的《伊利亞特》（*ΙΛΙΑΣ*）、《奧德賽》（*ΟΔΥΣΣΕΙΑ*），統稱為「荷馬史詩」（Homeric epics）。在建立近代獨立的民族 —— 國家理念（nation-state）的過程中，歐洲不同民族謀求獨立自強，形成凝聚，就亟需建構自己民族「想像的共同體」（Imagined Communities）。而史詩作為各個民族的文化重要源頭，也受

---

016 《想像的共同體 —— 民族主義起源及傳播的反響》（*Imagined Communities: Reflections on the Origin and Spread of Nationalism*, revised edition, London, 1991），臺灣時報書系中譯本，第 11 頁。

017 前述杜贊奇著作大量引用了日本滿鐵株式會社 1940～1942 年的田野調查，而這一時期正是日本駐派遣軍在華北「掃蕩」，實行「三光政策」之時，不能謂之「巧合」。此外還有日比野丈夫博士〈關老爺〉（《東洋史研究》第六卷第二期）、井上以智為〈關羽祠廟的由來と變遷〉（《史林》第二十六卷，第 1－2 號。1941 年）、大矢根文次郎〈關帝と關羽信仰（1－4）〉（《東洋文化》，無窮會）都集中發表在這一時期的日本史學刊物上，頗不尋常。

到特殊重視，所以才出現了「經典文學」（Classical Literature，後與當代創作區分，稱為古典文學）的名詞。當十九世紀用科技手段發掘出特洛伊城，被證實「荷馬史詩」包含著古希臘信史以後，歐洲紛紛動手在民間獨立採集、整理本民族的史詩，作為共同記憶的源頭。如英格蘭《貝武夫》（*Beowulf*）、法蘭西《羅蘭之歌》（*La Chanson dc Roland*）、西班牙《熙德之歌》（*El Cantar del Mio Cid*）、日爾曼《尼伯龍根之歌》（*Nibelungenlied*）和俄羅斯《伊果遠征記》（*Слово ополку Игореве*）等。研究證實，這些「史詩」反映的歷史時段大多為八至十二世紀，其中表現的民族精神、價值觀念和英雄榜樣至今仍被視為具有凝聚力量的根本。

回顧十八世紀以來「現代化」過程，會發現不僅「開發中國家」強化了民族意識；「已開發國家」如德國、日本也無不竭力發掘本民族的歷史文化資源；新興國家如美國缺乏悠久的歷史文化資源，但卻強調歷史人物榜樣，樹立「愛國主義」典範。而價值觀念及其體系正是任何宗教、學術都注重的核心論題，也是形成民族凝聚力不可動搖的基石。可惜與此同時，中國「菁英」卻在詛咒歷史，辱罵祖先，自謂「一盤散沙」。恐怕這也是我們百年以來的步伐竟然走得如此艱難的原因之一吧。

今天重提中華民族的「文化紐帶（culture link）」，不能不正視並釐清歷史傳統的共同記憶，在分疏整理傳統價值體系中歸納總結，提煉出有益於維護國家統一和民族團結，增強中華民族凝聚力的精華，作為走向「現代化」國家民族的倫理資源。而「關羽成神」的漫長過程，正好就提供著前賢建構價值體系的線索。

經過二十年斷斷續續的努力，我的研究所得曾經析為《伽藍天

自序

尊》、《超凡入聖》、《多元一統》、《護國佑民》和《變理陰陽》五
部文集自費在香港少量出版，以徵詢海內外同道的意見。山東大學路遙
教授得聞訊息，趁來京之便數度約談。經過慎重考慮，最後決定正式邀
請我參與他主持的教育部哲學社會科學研究重大課題《民間宗教與中國
社會》（04JZD00030），以《關公信仰與大中華文化》為題列在其中。

　　二〇〇八年七月應山西衛視之邀在太原錄製《精彩山西》系列節目
時，又夤緣結識了胡曉青先生，蒙他盛意邀約出版一部簡約的中國版
本。詩云：「嚶其鳴矣，求其友聲。」士感知己，義不容辭。遂將一得
之慮敷衍成章，並將近兩年來思慮所得增補成文，添入本書，以進一步
就教海內外同道。

　　從現在掌握的史料研究看來，一千多年關公信仰的發展呈現著
「米」字型態，融會前此種種，包含後來種種。其中至為重要的「十」
字型的交會點應集中在宋元之際，高潮在晚明，巔峰則在清末。本文敘
述限於篇幅，不得不刪去一些相關背景的考探論述。刈除枝蔓，保留主
幹的同時，也盡量以時間順序為經，民族、社會階層及信眾群體為緯，
交織相生。

　　略述主旨，以為自序。

第一章
關公信仰的擴散

漕運神

漕河及漕運也是形成關羽崇拜普及的重要因素。交通狀況向來是商品流通量的標準之一，故論列經濟史者不得不特別予以關注。鑑於中國傳統社會中運河漕船載運量約相當於陸運十倍，故通達漕運亦是歷代政府的主要考慮。

事實上，元代在大運河修通不久，就在徐州修建了「關尉神祠」以護佑洪險段的安全。皇慶年間（西元一三一二年至一三一三年）趙孟頫撰寫的碑文說：

> 有元混一天下，凡東南貢賦之輸，皆引道自此，故舟至益多，日百千萬艘。有廟在洪之西陝，所祀二神，一為漢壽亭侯關公，公事漢昭烈，嘗為徐州牧；一為唐鄂國公尉遲恭。傳二公治水呂梁，徐州蓋有二公遺跡。二公生為大將，歿而為神，其急人之患難，夫豈惡於素志也哉？[001]

明廷徙燕，例需江南漕糧物資源源供應京師，輸納邊餉，故漕運不啻帝國生命線。傅維麟《明書》曾有「倚漕為命」之說。[002]但河、淮常災，直接影響到南北運河的交通流量以及明祖陵、皇陵安全，這在中明一度成為嚴重問題。漕運如何趨利避害，一直困惑著治河臣工：

> 黃河自古為患，唯我國朝則借之以濟渠之利。故今之治河與古不同。古也專除其害，今也兼資其利；古也導之北，以順乎就下之性；今也導之南，以避其衝決之虞。[003]

001　嘉靖《徐州府志》卷八。臺灣《中國史學叢書三編》本，第 573 ～ 575 頁。趙孟頫（1254 ～ 1322），吳興（今浙江湖州）人。著名書畫家，官至翰林學士承旨，封魏國公，謚文敏。《元史》有傳。

002　《明書》卷六九《河漕志》。

003　見嘉靖十三年正月甲子總理河道右副都御史朱裳會、工部郎中郭秉聰、韓廷偉等奏疏，《明世宗實錄》卷一五八。

萬曆年間商業勃興，又加劇著這種利害算計。李樂《見聞雜記》
亦言：

> 大禹治河易，今日治河難。大禹時直欲除害，今並欲興利，以故甚
> 難。既欲順其流不逆水性，必難得濟漕運；既欲濟漕運，難保淮西陵寢
> 無衝決之患。[004]

正是這種兼顧兩難的心理，使得治河、治漕工程在中明反反覆覆，
難以用一致之思堅持下來。這一問題終於在萬曆時期由於潘季馴[005]的主
持，得到了比較妥善的解決辦法。他「以水治水」、「束水攻沙」、「導
歸陽海」的創舉，得以「治河濟運」。其間與關羽崇拜的關係，論者少
有提及：

> 萬曆十八年十二月十九日，準禮部咨，該總督河漕右都御史潘季馴
> 題稱：本年五月內，因上源、汝寧、壽泗一帶淫雨連綿，淮水暴漲，至
> 二十七八日，雷雨交作，西風驟急，高堰將危。此時，從工所看到黃雲
> 一片籠罩武安王廟上，良久方散。又本廟僧人宗權有徒遠歸，從十里外
> 望見廟前燈火盛張，至廟尋訪無蹤，須臾風轉雨收，水勢遂定，高堰溢
> 而後安，實係武安王神功之力……臣因思關聖為炎劉社稷之臣，負乾坤
> 剛大之氣，淮北郡邑，因其用武之地，忠肝義膽，萬古如生，故以其忠
> 於炎劉者，而效之於我皇上；而以其昔日不忍溺此一方之民於孫曹，滔
> 滔濁流者，而不忍漁其民於今日也。高堰未成之先，則為成之；既成之
> 後，則為守之；烈風暴雨危急之際，則為陰培而力護之。此固我皇上誠

---

004 《見聞雜記》影印件上冊，第89頁。
005 潘季馴，烏程（今屬浙江湖州）人，嘉靖二十九年進士。四次總理河道，在前兩次治河實踐和總
　　結前人治河經驗的基礎上，提出「築堤障河，束水歸槽；築堰障淮，逼淮注黃；以清刷濁，沙隨
　　水去」的治水主張。把築高家堰作為治理黃、淮河的首務，築石工堤三千丈，增強湖堤抗禦風浪
　　的能力，延長有效使用期限。著有《兩河經略》和《河防一覽》等書，闡述其治河方略和經驗，
　　對後世產生深刻影響。

格天，百靈效順所致，而明神翊相之功，亦有不可誣者。所據該司曆陳
顯異之狀，與封號歲享之乞，似應陳請，伏望敕下該部再加查議……
　　奉聖旨：該部知道，欽此。欽遵抄出，到部送司，為照高家堰之
設，所以捍禦淮、潁諸流，而屏護淮、揚二郡，乃二百年來運道之關鍵
也。自此堰沖廢，無所堤防，而運道阻矣。據稱武安王關某顯應效順，
當築堤之始，則反風拒水，以助興之；及既成之後，則陰護默佑，以奠
永續。即夢寐之感通，見精靈之昭格。委當特加崇祀以報神庥。除封號
著在令甲未敢別議外，所有遣官祭告，似應俯從。仍宜賜額題廟，未昭
報貺，恭候命下……萬曆十八年十二月二十八日，本部尚書兼翰林院
學士于慎行等具題。三十日奉旨加封尊號，特頒《袞冕肆輯圖》，首冕
服，次巾幘，又次公幞。賜廟額，遣官致祭。[006]

　　這應該是關公神像著帝王袞冕的開始，也是關羽晉封為帝的重要前
奏，時間是萬曆十八年（西元一五九〇年）。高家堰關廟後世且「屢著靈
異，保障河流」。潘季馴本人也是關公崇拜的熱心參與者。有人記述說：

　　陳明卿《無夢園集》：歸安崑山關侯廟，潘少保印江季馴建門額曰
「武安王廟」，殿額曰「漢壽亭侯」。旁署羽書，出鷖筆。又題柱曰：
「昭昭與日月爭光，悠悠共乾坤不老。」[007]

　　田藝蘅嘗言「天妃宮（媽祖廟）為漕運奉祀之神」。[008]晚明以後隨
著關公崇拜的普及，漕運中逐漸替代天妃。《關聖帝君聖蹟圖志》言關
公預報水患：

006　《古今圖書集成》卷三十八，中華書局影印件第 492 冊，第 30 頁上。《明神宗實錄》卷二百三十
　　未載，疑出自《禮部傳冊》。
007　談遷《棗林雜俎》和集「漢壽亭侯」條。按陳仁錫，長洲（今江蘇蘇州）人。天啟二年榜眼，以
　　不肯撰魏忠賢鐵券文削籍歸家。崇禎初召復故宮。《明史》卷二八八〈焦竑傳〉中附傳，著有《無
　　夢園集》等二十多種。
008　《留青日札》卷之六，影印件上冊，第 320 頁。

泰、郵創帝廟，始於有明丙辰（西元一四九六年）。居兌向震，背路覽湖。一日帝顯示廟僧，謂水溢己酉（西元一五四九年），泛溢二十年。郵人將為魚鱉，速遷吾廟居坎，坎位水鄉，吾鎮之郵城，水阨可免。廟僧性定矢願，易兌為坎，煥然改觀。嘉靖間倭寇犯郵城，見丈許金身挺立陣前。寇懼，披靡去。[009]

以至有關公曾在湖漕泛濫時「用刀分水」的說法。又揚州江都縣本為導淮入漕的要段之一，淮水一旦泛洪，將直接影響漕船安危，咸豐五年（西元一八五五年）《甘棠小志》記載：

邵伯更樓康熙三十八年六月衝決，長五十六丈五尺，水深四尺，難堵塞。三十九年，（張）鵬翮恭奉聖謨，下埽堵塞，克月成功。四十年，置鐵犀一座鎮之。

順著運河迤邐北上，沿途關廟不斷，而以北通州漕運終點形成了另一組自元代以來陸續修建的關廟群落。其中不乏河道倉場的官員的敬奉。對於關羽在中國漕運史上的獨特價值地位，似未經人道出，故絮之以期引起更多關注。

作為漕河運輸的保護神，關公又延伸為漕河水利神。晚明范濂《雲間據目抄》卷三言：

大漲涇為潮泥淤塞，方議開濬，忽九月內，漸深六尺，兩岸如刀斧斲削，人工所不及也。橋邊有關帝廟，頗赫奕。故一時居民，皆歸功禱頌矣。

009　轉引自《古今圖書集成》卷三十七，492 冊，第 35 頁下。

宋懋澄〈祭武安王文〉三篇，其中兩篇都是針對當地漕河淤塞，影響農業水利而發的。其於關羽百般求禱，甚至攀扯到「關帝斬蚩尤」事，聲言「德無大小，斬蚩尤於鹽澤，而澤半天下，大王甚盛德也。今疏故流於一隅，又孰非大王無疆之德乎？」最後終於清淤疏濬，復其舊貌，於是再設隆重之祭，昭告神靈。[010] 鑑於華亭、松江居於漕運起點的重要地位，這種崇奉自然別有意義。

財富神

關羽為什麼又是什麼時候成為商業護佑之神或者商業道德之神的？這是很多朋友一再問及的問題。

其實財富何以會按照等比數列迅速增值的奧祕，即便連現代經濟學、金融學尚未能完全參透，何況古人！故備感「神奇」。中國人從來就不缺乏對於「快速致富」的幻想，但「財神」的人格化形象畢竟來自佛教的靈感。西漢阜財，早鑄「搖錢」之「樹」；[011] 中唐流轉，亦有「青蚨」之說；[012] 宋人重商，復版「財神」之「像」。[013] 晚明商業繁盛，財神供奉也愈加普遍。即與今日各路「財神」亦大行其道原因亦相彷彿。不過關公之所以為財神，作用、意義都與比干、趙公明、五顯神有所不同。

010　《九籥集》，北京：中國社會科學出版社，1984 年出版，第 200 ～ 202 頁。

011　由於史無明載，上古至西漢商人有無信仰以及信仰為何的問題向付關如。三星堆一號銅樹所代為何，尚不清楚。近年三峽地區大興工程，續有銅製「搖錢樹」出土，但大型完整者多盜運海外。此題研究尚在起步探索階段。劉不朽有〈太陽神樹之嬗變：從扶桑諸神到搖錢樹〉(http://www.chinawater.net.cn/Journal/Three_Gorges/200006/24.html) 試為論之，可窺一斑。

012　《太平廣記》卷四百七十七「青蚨」條，將母子之情與錢幣的反覆滋生連繫一起，且能克服空間距離，以此可致交易之錢自動回歸，頗具想像力，顯然是當時產生期票「飛錢」的神話版。錢鍾書嘗論及此觀念的古今中西淵源，參中華版《管錐編》第二冊第 830 ～ 831 頁。

013　孟元老《東京夢華錄》卷十二記載：「十二月近歲節，市井皆印賣門神、鍾馗、桃板、桃符及財神、肺驢、回頭鹿、馬、天行帖子。」頗疑「財神」之興，源於奉行重商主義之北宋。

晚清「文武財神」像。關羽顯然凌駕於文財神之上。俄羅斯彼得堡宗教歷史博物館藏。轉自李福清《關羽肖像初談（下）》。

關羽與佛道兩教的「財富之神」其實早有淵源，然而正式為商家敬奉之初始，還是應當聚焦晚明時期。

中國諸位「財神」起源既雜，功能也不相同，反映的社會心態頗為複雜。對於財富的追求本為自然心態，但佛教為了誇飾西天極樂，每以連篇累牘之章句，形容財富之無限。錢鍾書曾以宋人筆記中記敘李後主佞佛，宋太祖遣僧為問，「以導其侈」，僧因問謂後主曰「陛下不讀《華嚴經》，安知佛富貴」一事為由，談及佛經中對於財寶描寫鋪張之甚，言：

夫《華嚴經》反覆描摹「佛富貴」，不過以琉璃、摩尼珠、瓔珞、寶華諸物，張大其數，至百萬千億（如《升夜摩天宮品》第一九、《升兜率天宮品》第二三）；更可笑者，復以此等物堆迭顛倒，如云：「五百寶器自然盈滿，金器盛銀，銀器盛金；玻璃器中盛滿硨磲，硨磲器中盛滿玻璃；瑪瑙器中盛滿珍珠，珍珠器中盛滿瑪瑙；火摩尼器中盛滿水摩尼，水摩尼器中盛滿火摩尼。」（《入法界品》第三九之三；參觀《入法界品》第三九之四：「白銀國土放黃金色光，黃金國土放白銀色光；琉璃國土放玻璃色光，玻璃國土放琉璃色光」等，又《長阿含經》記東方小王迎轉輪聖王，以「金鉢盛銀粟，銀鉢盛金粟」），想見其思儉技窮矣。即持較後主〈浣溪沙〉：「金爐次第添香獸、紅錦地衣隨步皺」等排場，亦猶以李慶孫〈富貴曲〉：「軸裝曲譜金書字，樹記花名玉篆牌」，較「笙歌歸院落，燈火下樓臺」，晏殊所謂寒乞相而非

富貴氣者（參觀歐陽脩《歸田錄》卷二、吳處厚《青箱雜記》卷五）。後主讀之而為所聳炫，殆禍來神昧歟！ [014]

　　所以歷代佞佛之君主，每以大量金銀珠寶製為寶器，供張佛堂以表其誠，同時也表示對於佛教彼岸的嚮往。盛唐佛教流行，大量珠寶也用於佛堂供張。宋初《藝文類聚》特設有「寶玉部」詳細蒐羅歷代記載中的外方珍寶，不厭其煩，略可窺知北宋君臣對於此物的豔羨。蒙古黃金貴族禮佛亦動輒萬金，故藏密聖地至今仍然為金妝銀飾，珠寶粲然之地。為止阻凡人覬覦之心，又特為造出經文，以表毘沙門天王為其財寶的護衛神祇。故佛教來源之「財神」，多是財富之「保護神」，而非「創造神」。隨著毘沙門天王在中國佛教中漸隱，其職司亦主要為關公所取代。這也是關公所以自然而然列於後世財神之本義。至今藏密中猶有類於毘沙門之「黃面財神」，擔負此項職責。

　　道教模仿佛教造神，為求簡捷，遂直指人心，造出投合信眾需求的各路財神。其中趙公明騎虎揮鞭的道士形象，幾可與張天師執符仗劍之像配為一對。他最初亦擅「驅雷役電」，也是接近道教之「商業道德神」觀念的神祇，據《三教源流搜神大全》卷三，其職能為：

　　驅雷役電，喚雨呼風，除瘟剪瘧，保病禳災，元帥之功大焉。至如訟冤伸抑，公能使之解釋公平；買賣求財，公能使之宜利和合。但有公平之事，可以對神禱，無不如意。

　　商賈如果不能取得壟斷地位，就退而希望公平競爭。競爭公平，這可以說是古今中外普遍的要求。中國財神所以要取「公明」二字，其實正為此設。如果現實世界難以實現，就祈求神明世界中能夠得到公平保

014　《管錐編》第四冊，第 1257 ～ 1258 頁。

障。萬一有欺心瞞騙等事,則趙公明之「雷神」功能亦可彰顯,以懲惡揚善。大概為了把趙公明與關羽更緊密地連繫在一起,萬曆年間江南有些地方還產生了逕以趙公明為「趙子龍之堂兄弟」的說法。今見最早的說法為成化年間王鏊所撰《姑蘇志》提出的:

> 玄壇廟:在玄妙觀前。神姓趙名朗字公明,與關羽同時,即趙雲子龍之從兄弟也。

後代江浙多個地區均有記述。這種傳統誤讀雖然淺陋,卻從另一方面證實了江南地區明清兩代三國戲曲故事借助關羽崇拜的流行影響。

從道教觀念出發,關羽作為財神還另有一個隱性的引申層面,即嘉靖以後關羽位應南方,為「赤帝,赤熛怒之神也」。五行屬火德,亦正與關羽「扶漢」之「漢室」五行屬火,故稱「炎漢」相同。因此中明之後民間盛行關公是「火德真君下凡」的傳說。《太上洞真五星祕授經》曾以南方火德真君為「主長養萬物,燭幽洞微。如世人運氣逢遇,多有災厄疾病之尤,宜弘善以迎之」。[015] 其中「長養萬物,燭幽洞微,運氣逢遇」都是商家所謂「生意」的必備條件。所謂「生意」即《易》「生生之謂易」之意,或《大學》謂「生財有大道」,此與西文以「忙碌」為詞根的 business 差別很大。人類以火為食物、溫暖和安全的象徵,上古祭天以「燔祭」,就是熊熊大火以載歌舞,其熾熱燃燒的形態頗能令人聯想到「興旺」、「熱烈」的意象。故「火神」或者「火德真君」亦被納入財神之列。且有多家關廟同祀火神,或者火神廟同祀關公。《揚州畫舫錄》記載也說揚府關帝廟側建有火星廟,不謂無因。舊時專門設立有一種財神組合,為「關公、財神、火神」,其實也是模仿佛教「西

015 　輯入《正統道藏・洞真部・本文類》。

天三聖」或者道教「三清」的「三位一體」神。而以隱然身兼財神、火神的關羽居中，就是為此而設。

　　選擇關羽這樣的歷史人物來充當商業的保護神和道德神，也說明了儒家制度下的兩難處境：既要維護商賈的合法利益和要求，又要限制他們的「唯利是圖」，所以才會從商界傳出「以義制利」、「以義取利」的種種說法。早在中明，蒲州商人王文顯就說：

　　夫商與士，異術而同心。故善商者，處財貨之場，而修高明之行，是故雖利而不汙。善士者引先王之經，而絕貨利之途，是故必名而有成。故利以義制，名以清修，各守其業，天之鑑也。[016]

　　京師仙城（潮州）會館清代碑文更以長篇大論，反覆述說及此：

　　然而利與義嘗相反，而義與利嘗相倚者也。人知利之為利，而不知義之為利；人知利其為利，而不知利自有義，而義未嘗不利。非斯館也，為利者方人自爭先後，物自徵貴賤，而彼幸以為贏，此無所救其細，而市人因得以行其高下刁難之巧，而牙儈因得以肆其侵凌吞蝕之私。則人人之所謂利，非即人人之不利也耶？唯有斯館，則先一其利而利同，利同則義洽，義洽然後市人之抑塞吾利者去，牙儈之侵剝吾利者除，是以是為利而利得也，以是為義而義得也。夫是之謂以義為利，而更無不利也。[017]

　　關公作為「義神」，無疑在其中造成了重要的制衡作用。

016　李夢陽〈明故王文顯墓誌銘〉，《空同集》卷四。
017　李華《明清以來北京工商碑刻選編》，北京：文物出版社，1980 年出版。按該會館在在今宣武區
　　　王皮胡同 5 號。

行業神

　　行業本為社會分工之不同，從秦漢間「士農工商」的粗略之分到明人的「三百六十行」之說，[018] 本身就是一個技術發展、專業分工和社會演進的產物。沈榜在《宛署雜記》中曾詳細記載萬曆十年（西元一五八二年）「宛平、大興二縣原編一百三十二行」的情況，包括本多利厚如典當行、布行、雜糧行等計一百行，本小利微如網邊行、雜菜行、豆腐行、裁縫行等計三十二行。另據洪煥椿對於現存蘇州明清工商業碑刻的統計，當時有三十多種「主要行業」，五十多種「商業鋪行」。[019] 可以看出當時城市商貿及服務行業的大致分類。

　　行業所供諸神雖然來源不一，但大多都是道教系統甚至明清間流行的通俗小說《三國志演義》、《西遊記》、《封神演義》中的人物，這正反映著它的素樸。所奉神祇大致上象徵著四種意向：第一種是與行業創始神話有關的，其中最多的是軒轅黃帝及其臣屬；第二種是財富創造神；第三種是財富保護神；第四種是共神，即社會普遍供奉的神祇。具體分類可參李喬《中國行業神崇拜》，其中談及行業「借神自重」一節尤可注意。[020]

　　雍正二年（西元一七二四年），河南省賒旗鎮因市場上戥秤問題，經行會協商，遂立石道：

018　徐珂《清稗類鈔・農商類》言：「三十六行者，種種職業也。就其分工而約計之，曰三十六行；倍之，則以七十二行；十之，則為三百六十行；皆就成數而言。俗為之一一指定分配者，罔也。至三百六十行之稱，則見於明田汝成《遊覽志餘》，謂杭州三百六十行，各有市語也。」明雜劇《白兔記・投軍》中也有「三百六十行」之說。其始當出於明代。

019　《明清蘇州工商業碑刻集後記》，江蘇人民出版社1981年第二版，第391～392頁。

020　李喬《中國行業神崇拜》，第18～23頁，又「借神自重」部分參見第36～40頁。中國華僑出版公司1990年出版。（臺灣版更名《中國行業神》上下卷，雲龍出版社出版）

原初，碼頭買賣行戶原有數家，年來人煙稠多，開張賣載者二十餘家，其間即有改換戥秤，大小不一，獨網其利，內弊難除。是以合行商賈會同集頭等齊集關帝廟，公議稱足十六兩，戥依天平為則，庶乎校準均勻，公平無私、俱備遵依。同行有和氣之雅，賓主無乖戾之情。公議之後，不得暗私戥秤之更換，犯此者，罰戲三臺。如不遵者，舉稱稟官究治。唯日後紊亂規則，同眾稟明縣主蔡老爺，發批鈞諭，永除大弊。

同治九年（西元一八七○年）又重刻石，告示商民，以維護市場公平交易。這又是超越各業，「借神明誓」的又一實例。

現據手頭可以查詢到的資料，將明清以降崇祀關公的行業按所輯資料年代前後加以排列（《基爾特集》[021]單獨列出），共得三十餘種，可以分為五大類別。第一類與關公歷史形成的各種功能有關，包括鹽業、茶行、軍界、監獄、銀錢業、典當業、武師、教育界、綢緞業、洋布業、成衣業、盲瞽業、命相業等；第二類與其工具有關，如刀行、騾馬業等；第三類取其大刀快利，如皮革業、木作業、木商、紙業、廚業、屠宰業、皮箱業、肉舖等；第四類與祭祀有關，如漆作業、描金業、香燭業、棚行等；第五類則與「賤業」提升地位有關，如豆腐業、糞業等。此外菸草業取其「火」。至於麵業、水爐業、洋貨、醬園業、糕點業、乾果業何以推舉關公為其行業神，則待再考。

---

021 基爾特（Guild，語源為德語 Kelt）是中世紀歐洲形成的一種同業性質，且基於互助扶持的精神所成立的團體，除了保護會員職業利益外，也對會員的死亡、疾病、竊盜、火災等災害共同出資救濟。被認為是歐洲「社會主義」思想的源頭之一。《基爾特集》為 20 世紀初外國學者對於北京行會、寺觀、會館的一次大型調查的資料刊集。孔祥毅〈晉商行會 —— 自治自束自衛的商人機構〉曾對基爾特與晉商行會之間的異同作了初步比較，可以參看。

會館神

　　會館源出於各地生員赴京應試時居停止息的「試館」，殆無疑義。故其首先出現在京師，沈德符《萬曆野獲篇》卷二十四云：

　　京師四方所聚，其各有會館，為初至居停，相沿甚便。

　　稍後亦有人從當時京師的戶籍管理制度方面作出解釋：

　　會館之設都中，古未有也，始嘉、隆間。蓋都中流寓之土著，游間厪士紳，爰隸城坊而五之。臺五差，衛五組，兵馬五司，歷聽治詳焉。唯是四方日至，不可以戶編而數凡之也。用建會館，士紳是主。凡入出都門者，籍有稽，游有業，困有歸也，不至作奸；作奸未形，責讓先及，不至抵罪；抵於罪則籍得之耳，無遲於補。[022]

　　自從明代實施開中法，晉商一度以「極臨邊境」的地緣優勢捷足先登，逐漸成為有勢力的商人群體。晉士晉商為活動方便而設會館於京師，其實也是儒、商合流的途徑之一。當時會館規模較小，功能主要是晉籍士人聚會場所。〈晉冀會館碑記〉就記述了設立會館之初衷：

　　歷來服官者、貿易者、往來奔走者不知凡幾，而會館之設，顧獨缺焉。……雖向來積有公會，而祀神究無專祠，且朔望吉旦群聚類處，不可無以聯其情而冷其意也。議於布巷之東蔣家胡同，購得房院一所，悉毀而更新之，以為邑人會館。

　　又〈臨襄館山右館財神庵三公地重修建築落成記碑〉載：

　　吾鄉自前明，即有山右會。

清乾隆三十二年（西元一七六七年）〈重修臨汾東館記〉載：

臨汾為山右平陽首邑，其立館於京師也，自前明始。

可知地域性工商會館之設，大抵起於晚明晉商。但作為社會轉型中的「新生事物」，則不僅止於京師。如商埠要衝蘇州之嶺南、潮州、三山（福州）等會館，也自稱溯自前明萬曆時期，可見會館形制作為商業社會的「新生事物」，發展非常迅速。地域性會館是跨行業的，不像行業會館那樣帶有規範行業行為的性質，更多強調鄉情鄉誼，亦猶「鄉社」之延伸。這在很多會館的宗旨中都有揭示。如康熙五十七年（西元一七一八年）京師〈修建臨襄會館碑記〉稱：

會館之立，所以聯鄉情，篤友誼也。朋友居五倫之一，四海之內，以義相投，皆為兄弟。然籍同里井考，其情較洽。籍同里井，而於他鄉遇之則尤洽。

乾隆二十八年（西元一七六三年）蘇州〈陝西會館碑記〉，敘述更為直接明快：

我鄉幅員之廣，幾半天下。微論秦、隴以西，判若兩者，即河、渭之間村墟鱗櫛，平時有不相浹洽者，一旦相遇於旅邸，鄉音方言，一時藹然而入於耳；嗜好性情，不約而同於心。加以歲時伏臘，臨之以神明，重之以香火，樽酒籩醢，歡呼把臂，異鄉骨肉所極不忘耳！ [023]

也是「月是故鄉明」的意思，顯然為切身體會，有感而發。會館本為「離鄉背井」遊子所設，與孔孟夫子基於「井田制」的社會政策全然不同，但清儒也能找到兩者間的契合點。同治潮州《汀龍會館志‧館志

023　《明清蘇州工商業碑刻集》，第332頁。

序》就道出儒家立場對於這個「新生事物」的肯定和激賞：

或曰：會館非古制也，而王律不之禁者，何耶？予曰：對人治天下，使民興於善而已，會館之設，有四善焉：以聯鄉誼，明有親也；以崇神祀，明有敬也；往來有主，以明禮也；期會有時，以明信也。使天下人相親相敬而持之禮信，天下可大治，如之何其禁耶？

證明其實這是一方「鄉土孤島」，而「異鄉骨肉」之歡，所臨神明也因之具有鮮明的地域性質，比如江西會館例供許真君（旌陽）、徽州會館例供朱夫子（熹）、潮州會館例奉韓夫子（愈）等等。但普遍受到歡迎的仍然是「義神」關羽。會館與行業在商業神崇拜中互為經緯，才能為四海為家的商人編織出一個更為闊大的公共空間。既是同鄉聚會「坐論一堂以謀商業之公益」的地方，又是對外同心協力，對內調解紛爭的所在。曾經發生過這麼一件事：北京崇文門稅務監督和中間人牙行曾經勾結一起，訛詐山西商人，會館議決後通告說，「凡涉同行公事，一行出首，眾行俱宜幫助資力，不可藉端推諉，致失和氣。使相友相助，不起半點之風波。同澤同胞，永固萬年之生業。」終於打贏官司，維護了自己的正當權益。

會館還是行業自律，堅持商業道德。河南舞陽山陝會館至今保存著一塊碑，記敘的就是乾隆五十年（西元一七八五年）「公議雜貨行規」的結果：

買貨不得論堆，必要逐宗過秤，違者罰銀五十兩。不得合外分夥計，如違者罰銀五十兩。不得沿路會客，如違者罰銀五十兩。落下貨本月內不得跌價，違者罰銀五十兩。不得在門外攔路會客，任客投至，如違者罰銀五十兩。不得假冒名姓留客，如違者罰銀五十兩。結帳不得私

讓分文，如違者罰銀五十兩。不得在人家店內勾引客買貨，如違者罰銀五十兩。不得在棧房門口樹立招牌，只寫某店棧房，如違者罰銀五十兩。每年正月十五日演戲各家俱有齊備，如有違者不許開行。有新開行者，必先打出官銀五十兩。到店吃飯，俱要飯錢。

會館還承擔著一項道義責任，這就是存寒恤孤，為獨死異鄉的同鄉送終埋骨。商人逐利而行，流動性大，風險也大。一旦有病無錢，災難踵至，會館都會發動同行相助，「知單傳到，即刻親來，各懷公憤相救，雖冒危險不辭，始全行友解患扶危之誼。」這就使「獨在異鄉為異客」的遊子倍感溫馨。

會館的興建由各幫商人自願捐款，管理由大家委派專人負責，是傳統社會結構中難得的公共場所。而關公精神中的「信義」，又是中國傳統道德中「親親」之外難得的公共倫理。以山西會館而言，由於河東地區在明前隸屬陝西東路，語言風俗也與陝西比較接近，故陝西商人樂於與山西商人共同出資修建「山陝會館」，以擴大地域之間的聯絡，後來又將甘肅商幫也吸納在內，發展成為「三秦會館」以至全國各地曾經出現無數大大小小的「山陝會館」、「三秦會館」，其中河南社旗、舞陽、開封及山東聊城的「山陝會館」、四川自貢的「西秦會館」已被列入全國文物保護的範圍。這些會館也都樂意張揚關公的鄉親鄉情，如河南社旗山陝會館關帝廟對聯言：

　　浩氣已吞吳並魏，麻光常蔭晉與秦。

此外，這些會館無不以關帝廟及舞臺為其特徵，對中國戲曲的繁榮和普及造成了難以估量的作用。筆者有幸應邀參觀過其中幾座山西或者山陝會館，如洛陽、開封、社旗等地，其規模宏敞，建築精良，實已超

過當地一些著名的梵宇琳宮。尤其是貴州銅仁地區石阡縣萬壽宮（晚清江西會館）內，不但關帝廟占據首座，而且戲臺側面三國戲雕工之精美亦稱一絕。可知作為商品流通的後期現象，關羽崇拜已經獨成系統，超勝佛道兩教和地域隔閡，儼然成為一方通邑人流物轉、商貿繁華的重要象徵了。

考試神

促使晚明朝臣進一步信仰關羽的一個因素，或許與萬曆二十二年（西元一五九四年）吏部銓選的一次改革有關，這就是「掣籤法」的出現。趙翼嘗言：

> 吏部掣籤始於明萬曆中。孫丕揚為塚宰時，大選，外官競為請託。丕揚創為掣籤之法，分籤為四隅……至於起復調簡，地僻孤缺，或人浮於缺，則又借附近之地，以通籤掣之窮。吏部之有籤，自此始也。見《明史・選舉志》及《東林列傳》，亦見顧仲恭《竹籤傳》。按于慎行《筆塵》謂孫公患中人請託，故創為此法，一時宮中相傳，以為至公，下逮閭巷亦翕然稱頌。[024]

明廷三年一次的銓選，也就是官員的分配、提拔、調任，將仿照正陽門掣關侯籤的方式來決定。所以造成這種方式，部分原因緣於吏部本職工作內評判能力、考核政績的標準和機制，出現了混亂；部分原因則是由於「中貴幹託」，也就是宦官利用權勢走後門，批條子；另外就是

---

024 《陔餘叢考》卷二十六「吏部掣籤」，第 447 ～ 448 頁。《明史・選舉志》言：「其初用拈圖法，至萬曆間變為掣籤。」黃雲眉《明史考證》卷二（第 534 ～ 536 頁）已辨其誤，可以參看。孫丕揚，《明史》有傳，傳末贊曰：「孫丕揚創掣籤法，雖不能辨材任官，要之無任心營私之弊，苟非其人，毋寧任法之為愈乎！蓋與時宜之，未可援古義以相難也。」

門戶林立，黨爭激烈。這使主管銓政的吏部傷透了腦筋。《明史‧孫丕揚傳》說：

（萬曆）二十九年拜吏部尚書。丕揚挺勁不撓，百僚無敢以私干者，獨患中貴。二十九年，文選員外郎倪斯蕙條上銓政十八事，其一曰議掣籤。尚書李裁擬行報可，孫丕揚踴而行之。請謁。乃創為掣籤法，大選、急選，悉聽其人自掣，請寄無所容。一時選人盛稱無私，然銓政自是一大變矣。

以今人眼光觀之，採取掣籤之法意在「公平」而非「效率」，只能算作「無法之法」。全國府州縣雖然行政級別相同，但按其出產、交通、公務、治安、邊防等綜合因素，歷來分為若干等級，唯各朝稱呼不一。其間利益差別，責任重輕，關係甚大。而候選官員的能力、經驗甚至心態，本來就各不相同。掣籤獲得重任優差者，未必願意或者能夠愉快勝任。

著名例子是袁宏道。他為萬曆二十年進士，庶吉士考滿分發，正好趕上孫丕揚改革，掣得吳縣縣令之差。以他二十八歲年齡，及當時吳縣經濟文化發展態勢，無疑被視作上等肥缺，海內優差。唯迎來送往，公務繁劇，使袁宏道很不開心。一年後便再三上書乞歸。今見《袁宏道集》卷七〈去吳七牘〉滿篇訴苦之聲，甚至把自己做官，比作猴子入籠，「不肖豈習為令者？一處劇邑，如猢猻入籠中，欲出則被主者凡局，欲不出又非其性，東跳西踏，毛爪俱落。」[025] 他先是藉口為祖母詹氏盡孝，「初意亦謂河南、江西近地，去家不遠，可迎養耳。不意走姑蘇三千里外，有若隔天。」最後索性耍賴，聲稱自己也已「氣結不伸，

025　〈與張幼於〉，《袁宏道集》卷十一，第479，501頁。按張獻翼，長洲（今浙江蘇州）人。為人佻達放浪，馮夢龍《古今譚概》屢載其事。著有《文起堂正續集》等。

積漸成病。神思恍惚，恨不即死」，甚至「前已力疾，同兩衙官盤明封識在庫，謹束裝維舟，以待臺命」，不論批准與否，都要一走了之。[026]但在私下與友人書中，卻說「擲卻進賢冠，作西湖蕩子，如初出阿鼻，乍升兜率，情景不可名狀。」

到了崇禎年間又增加了一個遴選高級閣員的新花樣，叫做「枚卜」。按明代內閣成員分別稱作首輔、次輔、群輔。為了補充內閣成員，崇禎依照祖宗法規，先由九卿共同提名，選出六名以上候選人，叫做「會推」；「帝仿古枚卜典，貯名金甌，焚香肅拜，以次探之」，叫做「枚卜」。[027]

明代掣籤銓選，使士人更加相信關廟靈籤。清代更盛，如王士禎就自述說：

京師前門關帝廟籤夙稱奇驗。予順治己亥謁選，往祈。初得籤云：「今君庚甲未亨通，且向江頭作釣翁。玉兔重生應發跡，萬人頭上逞英雄。」又云：「玉兔重生當得意，恰如枯木再逢春。」爾時殊不解。是年十月，得揚州推官。以明年庚子春之任，在廣陵五年，以甲辰十月遷禮部郎。所謂「庚甲」者，蓋合始終而言之。揚州瀕江，故曰「江頭」也。然終未悟後二句所指。至庚申年八月置閏，而予以崇禎甲戌生，實在閏八月。過閏中秋四閱月，遞謀聖恩，擢拜國子祭酒。於是乃悟「玉兔重生」之義。諺云：「飲啄皆前定」，詎不信乎？[028]

026　錢伯城《袁宏道集箋校》，上海古籍出版社1980年版，上冊，第313、321頁。按袁宏道，公安（今屬湖北荊州）人。《明史》有傳。

027　《明史‧錢龍錫傳》。

028　《池北偶談》卷二十二。按王士禎，新城（今山東桓臺）人。早中甲科，歷官至刑部尚書，頗有政聲。著有《居易錄》、《香祖筆記》等。《清史稿》有傳。

以現代觀念而言，「掣籤」基於數論中的隨機機率，並不神祕。在前提平等的條件下，確實可以體現出某種意義上「公平、公正、公開」理想境界。故現代社會中凡有「博弈論」參與的活動，也經常採用掣籤方式。如國際足聯決定分組名單，如各種樂透抽獎等等。中國歷史上用於處理政治事務的成功事例當推乾隆時決定以「金瓶掣籤」方式決定喇嘛教活佛轉世靈童的誕生，既尊重了西藏的宗教自治傳統，又充分體現著中央政府的意志和西藏活佛合法的權力來源，可謂「雙贏」。以其無關本題，不贅。[029]

「夫子」之稱向來是公認大儒的專利。自《論語》每以夫子稱謂孔子以來，只有孟軻、朱熹等有限幾人嘗被以「夫子」之稱。但萬曆以後開始泛濫，以致關羽在明清之際也被稱作「關夫子」，算得一樁奇事。有記載說：

> 關羽而稱夫子，奇聞也。王夫之《識小錄》，謂主考本稱舉主，萬曆以後稱老師，崇禎末年稱夫子。關羽之稱夫子，蓋亦自崇禎始也。[030]

明清科舉稱為「五經分房」，即以《詩》（《詩經》）、《書》（《尚書》、《書經》）、《禮》（《禮記》）、《易》（《周易》）、《春秋》（《麟經》）五部儒家經典分房出題，考生則各習一經，類似今日之報考文、理、醫農各有試題。清代加一《禮經》（《周禮》），合為「六經」。其中《春秋》向被稱為「經中之史」，需要熟悉大量典故，被認為是較難的一科。考中之後也容易進入詞翰清貴、記注修史一類接近「天咫」的位置。晚明文壇一時盟主如文震孟、錢謙益都是以《春秋》獲雋的。

029　2000 年 8 月北京「第九屆國際清史研討會暨故宮博物院建院七十五週年紀念大會」，有王家鵬〈金瓶掣籤之策成因與乾隆治理西藏方略〉，或可看看。

030　《老圃叢談》。撰者不詳，轉自《三國演義資料彙編》，第 744 頁。

《三國志》曾引〈江表傳〉謂「羽好《左氏傳》，諷誦略皆上口」，遂被奉為《春秋》權威。故治《春秋》一經者每以關羽託夢，示以必雋，或者籤卜以占吉凶。根據現有資料，最早在嘉靖時期已經踵繼關羽護佑「抗倭」，而在江南出現。嘉靖四十一年（西元一五六二年）王三錫撰嘉興〈義勇武安王神祠碑記〉就自承說：

> 叔承上公車春闈前數日，臥燕邸，夢至一室，四面皆火，度不能脫。遂仰空吁王，王忽現形與語曰：汝能憶十一年前王鎮之事乎？免汝曾於兵燹，而活汝曾於廬室者，誰歟？叔承叩顙謝過，再拜祈脫。王攜手出叔承曰：與汝一第，吾乃以柳汁染子衣矣。語畢，似夢非夢。叔承大感悟書紳，無何，果捷南宮，不殿試而旋。百務未遑，而規摹商酌，洗橐中金粵，數月而祠宇告成。[031]

明言獲雋為關羽神佑，只是未談及透過何種管道影響到考試錄取。但說很快就出現了夢中獲得關羽親授《春秋》題目，幫助考試的傳說，益可知科舉之士所以虔心致禱之由。乾隆十九年（西元一七五四年）抄本《信義志》言：

> 信義關帝閣：在盛安橋左。（明萬曆壬午，魏尚賢[032]應試，將入閣，彷彿夢漢壽亭侯神授以密語，是科果登賢書，乃建新閣，以酬感應。本朝康熙中仇士俊作〈重修信義沿塘關帝閣引〉）

031　崇禎十年《嘉興縣志》卷六，《日本藏中國罕見地方志叢刊》影明本，第 235 ～ 236 頁。又光緒二年《梅里志》卷三，《中國地方志集成》鄉鎮專輯（19），第 31 ～ 32 頁。按王三錫，嘉靖癸丑進士，守制歸里，適倭寇數萬入寇，協謀設策，募收死士，夜出劫賊，多所斬獲。後建三公祠於城隍廟側壁，祀公與阮、金二公焉。卷九〈仕宦〉第 116 頁。又李芳，嘉靖乙丑進士，知曲周縣事，遠近肅然。歸里未四十，慕義施仁，一鎮德之。江陰人為建祠，崇祀名宦。卷九〈仕宦〉第 115 頁。

032　據《信義志・人物》：魏尚賢讀書好行義，敬事神。明萬曆壬午赴棘闈，夢神語指示，誡勿洩。果登賢書。絕意進士，日務為善。割產贍族，置役田以為官費，公私賴之。遇事不吝貲財，凡邑裡橋梁、廟宇、古蹟多有為尚賢所建置者。

　　道明就是真人真事，而且坦然自承，流傳當然就更加久遠。如果說這還需要自己用功讀書的話，那麼等而下之者便開始直接祈求關羽漏題了。這時的關羽更像諄諄教導的師長，如《古今圖書集成》所言泉州李光縉事；[033] 可用祈願關羽、鼎新關廟的方式獲雋，如崇禎蘇州〈重建虎丘關聖殿碑〉所述張國維事；[034] 或者關懷舉子應考過程中實際困難，如陸粲《庚巳編》敘顧蘭事；[035] 或者為士人伸冤出氣，如《留青日札》所述陳益修事。[036] 正是這些傳說鼓舞了士氣，使得有些士人在應考中出色發揮，又使更多士人在萬曆「科舉分流」政策影響下屢試不第時願意把關公作為精神上的寄託和傾訴對象。宋懋澄〈祭武安王文〉就講述了他父親屢試不中，死後也要魂依關帝廟的故事。[037]

　　清代隨著《關帝靈籤》的風行，則關羽已不止《春秋》一經，且已成為科舉甚至館選的萬能神了。如袁枚言：

　　秦狀元大士將散館，求關廟籤，得「靜來好把此心捫」之句。意鬱鬱不樂，以為神嗤其有虧心事也。已而試「松柏有心賦」，限「心」字為韻。終篇忘點「心」字。閱卷者仍以「高等上」。上閱之，問：「『心』字韻何以不明押？」秦俯首謝罪，而閱卷者亦俱拜謝。上笑

033　《古今圖書集成·博物彙編·神異典》492 冊第 39 頁，第三十八卷〈關聖帝君紀事〉。

034　《虎阜志》卷四〈祠祀〉。此處之「公」指張國維。順治二年他擁魯王監國，督師錢塘江。次年因方國安叛降被俘，賦〈絕命詞〉，寫「忠孝不能兩全，身為大臣，誼在必死。汝二人或盡忠，或盡孝，各行其志，毋貽大母憂，使吾抱恨泉下！」投園池死。乾隆四十一年謚「忠敏」。

035　陸粲字貞山，長洲（今江蘇蘇州）人。嘉靖進士，補工科給事中。挺勁敢言，以爭李福達獄下詔獄廷杖。尋疏論張璁貶貴州都鎮驛丞，遷永新知縣。精《左傳》。

036　陳夢雷編著《古今圖書集成·神異典》第三十八卷，謂引《留青日札》。但該書萬曆初年已刊，不應語涉明末清初之事，顯為引誤。

037　王利器校注《九籥集》，北京：中國社會科學出版社，1984 年出版，第 190 頁。按宋懋澄，華亭（今屬上海）人。萬曆壬子舉人，喜交遊天下豪傑，抵掌論家國事。父堯俞為嘉靖壬子南監，父子皆屢試不第。其子征輿少與陳子龍、李雯等定交，號為「雲間七子」，入清成順治丁亥進士。歷官自宗人府丞至副都御史。

曰：「狀元有無『心』之賦，主司無有眼之人。」[038]

　　作為詞翰館臣儘管押韻有誤，但考官也居然走眼，盡可以用關帝靈籤的神示搪塞過去。當然也有輕薄子弟考試時企圖蒙混過關，僥倖過考，也來祈求關帝的笑話。馮夢龍《古今譚概》第八〈不韻部〉「俗讖」條附則言：

　　宗師歲考前一日，往往有禱於關聖者。或置等（戥）子一件於神前，謂之「一等」。其祝文曰：「伏願瞇睡瞭高，犯規矩而不捉；糊塗宗主，屁文章而亂圈。」更可笑。

　　可知不僅虔心科第者例須拜禱關公，連科場中的小混混也不免於是。臺灣彰化、嘉義、臺南等縣志均稱關羽為「文衡聖帝」、「博學經書」，實司天下考試銓選之權。相比之下，文昌帝君掌此權衡，反而後起。

　　嘉慶五年（西元一八○○年）二月，據川陝總督勒保奏稱，在白蓮教軍攻打梓潼七曲山時有文昌星護佑，嘉慶因賜匾「化成耆定」，重修京師文昌宮以奉「文昌帝君」，並頒諭旨稱：敬思文昌帝君主持文運，以後應列入祀典，由禮部主持每年春秋祭祀。自此清廷始正式劃分功能，以關羽為武曲，文昌為文曲。所以尊奉關羽為科舉衡文之神的歷史傳統，尚且早於文昌。故四川梓潼七曲山文昌祖廟，第一進即是金面袞冕之關帝塑像。

038　《子不語》卷二。秦大士，《清史稿》有傳。

江湖神

　　「江湖」其實是一個含混不清的概念。大體而言，中國自周代開始以宗法社會為理想，在鄉在土為常態，後世儒家也緣此建立了以「血緣宗親」為主軸的一套政治制度和倫理體系。而對於離土離鄉，長期飄零在外的群體，無以名之，後來通常概括為「江湖」。其中既包括世代從事遠途運輸的漕運馬幫，也包含隨之流浪的演藝人士和商幫，後來又出現了因為政治原因自願流落遠土他鄉的志士如「天地會」等。所以除商幫另論外，本節所述包含了以上三種社會群體。

　　自宋代依賴漕運以來，運河漕船的長途運轉，本身就是一個複雜的流動社會。《明史》卷七十九《食貨志三‧漕運》縷述了明代漕運制度及其沿革。大體而言，明清漕運是在總結宋元的基礎上發展變化來的，但也有兩個重大變化，一是捨棄海運，專賴河運；二是軍民分運。其間經歷「自成祖遷燕，道里遼遠，法凡三變。初支運，次兌運、支運相參，至支運悉變為長運而制定」的變遷，差別只是運程長短，比例大小，軍民漕船共同擔負漕運的總體情況卻無變化。

　　明廷優惠漕軍，代有加厚，也是沿襲宋元制度，默許沿途經商，以抵消運輸成本風險，且供軍人贍養家口之需。這是一個便於牟利但又充滿風險的行業，同時又是一個由於流動性強，官方機構難以監管約制的組織。從另一角度來看，暴露的並不僅止於漕軍肆無忌憚、主管剋扣貪汙、官員徇私舞弊這類官場通病，而是展示出漕運攜帶私貨雄厚的商業利潤空間，尤其是在促進商品流通方面展現出來的巨大潛力。此後萬曆時期實行「一條鞭法」，漕運亦可折銀承包，貽誤漕糧已經不成其為問題。

　　明代漕運還有相當一部分是由民運擔負的。所謂民運分為兩種情況，一種是江南各地運至官方指定地點轉運者，如「浙江、江西及蘇州等九府，運糧三百萬石於汴梁」；如「江西、湖廣、浙江民運糧至淮安倉」，再轉由軍船運輸。第二種情況是明廷出自江淮地帶，習食稻米，故於「漕糧之外，蘇、松、常、嘉、湖五府，輸運內府白熟粳糯米十七萬四十餘石，內折色八千餘石，各府部糙粳米四萬四千餘石，內折色八千八百餘石，令民運。謂之白糧船。」早在宣德六年（西元一四三一年）恢復「支運法」時，負責漕運的平江伯陳瑄已經疏言民運之不便：「江南民運糧諸倉，往返幾一年，誤農業。」成化時復行「長運法」，「糧皆軍運，而白糧民運如故。」隆慶時陸樹德曾上長篇〈民運困極疏〉，把民運艱苦道來淋漓盡致。[039] 如果連軍運生存尚有困難，試問這些民運船伕身經官府盤剝，船主求索及運軍欺凌三重壓迫，何以生存？史無明載，查詢結果似亦無專題研究，姑以存疑。但以現代觀念視之，維繫交通體制尤其是長途運輸，必定會有可靠的組織及其體系性支持以及活動的公共空間和足夠的商業利潤，才能長期維持運轉。此中肯綮，莫非是宋元以來水上商業網乎？

　　漕運充滿風險，故每一災害降臨，無論軍運民運都需祈禱神靈護佑，而邵伯鎮關廟已被認為是漕運保護神的象徵。《甘棠小志》復言：

關帝廟：一在鐵牛灣，住持僧悟明言：廟為康熙靳文襄建，[040] 乾隆二十六年陳中丞區云「神威永奠」，聯云「獨持大義昭千古，更挽狂瀾為萬民」。跋言：「辛巳七月十九湖河漲滿，兼遇暴風，水躍東堤，已

039　轉引自黃雲眉《明史考證》第 652 ～ 653 頁。按陸樹德，松江華亭（今屬上海）人。嘉靖末進士。隆慶四年改禮科給事中。極陳民運白糧之患，請領之漕臣，從之。

040　靳輔，漢軍鑲黃旗人，順治時官內閣中書。康熙十六年（1677）至二十七年及三十一年間，先後任河道總督十餘年，康熙評價甚高。有《靳文襄公奏疏》等著作傳世。

及廟龕。官民驚恐無措，忽而中止，得保無虞。神靈顯應，非等尋常。用是重新廟貌，敬上匾聯，以志神得於不朽。撫江使者桂林陳宏謀[041]敬識並饗。」有乾隆三十一年鎮人張啟、龔世恆、高禧澤、符啟裕獻聯云：「神敕止西風，激浪胥怗，保障堤工忻賜兆；寶刀分江水，威靈再顯，匡維黎庶慶安瀾。」並跋言：「帝君於二十六年顯聖保堤，業經督撫兩憲紀頌。本年六月朔，郡城龐姓豫獻刀盃，據述三次示夢，有『用刀分水』之說。時運河乾涸，舟楫難行。未數旬，雨水驟至，堤勢甚危。若遇西風，勢必潰決。迨後月餘，風恬浪靜，萬民安堵。因感帝德，再祀以垂不朽。」末書「高嵐敬書。」壯繆廟之在鐵牛灣者，[042]則於更樓決口既塞時，建猶有徵。[043]

《明史·河渠志三》謂：「徐、呂二洪者，河漕咽喉也。」有記敘說：

某年六月二十五日，五府船總泊徐洪漏下。倏然礮鑽儵昱，飄風暴雨，倒海摧山。篙師榜人，驚魂殆化，船未覆者杪忽。官民千百許人號吁狂呼，聲震九天。忽睹空中沉沉闃闃，萬騎千軍並奔，應聲「救汝！救汝！」者。三轉盼，霍然四除，星月在檣。鷁首浮物二焉。巫引之，則三元帝君之一，及武安王金身。異哉！千百生靈之死致生，竟二神巨力矣。[044]

---

041 陳宏謀，臨桂（今屬廣西桂林）人，乾隆朝為東閣大學士。歷任甘、晉、陝、鄂、贛、閩、湘、蘇巡撫，兩廣、湖廣總督。

042 此地舊有關廟，徐積山〈甘棠東河頭關帝廟記〉：「堗上蕞爾地也，而晱陽之廟則有二，壯繆之廟則有三。」咸豐《甘棠小志》：康熙四十年治河曾於運河口大墩上置鐵犀一座鎮水，銘文「維金克木蛟龍藏，維土制水龜蛇降。鑄犀作鎮奠涵揚，永除昏墊報吾皇。」實為測水之具，今猶存邵伯文化站。《小志》作者董恂咸豐二年督運漕糧，補撰銘言：「淮水北來何泱決，長堤如虹固金湯。冶鐵作犀鎮甘棠，以坤制坎柔克剛。容民畜眾保無疆，億萬千年頌平康。」

043 《中國地方志集成·鄉鎮專輯（16）》。

044 《古今圖書集成》卷三十八，第 492 冊，第 37 頁上。

則不唯河工需要祈請關公，漕幫亦須禱請關公顯靈，為急難時的佑護神祇。這又為中國祕密社會的信仰增添了內容，並賦予新的解釋。張岱《西湖夢尋‧關王廟》言：

> 北山兩關王廟。其近岳墳者，萬曆十五年為杭民施如忠所建。如忠客燕，涉潞河，颶風作，舟將覆，恍惚見王率諸河神拯救獲免，歸即造廟祝之，並祀諸河神。塚宰張瀚記之。[045]

不僅漕運軍民依賴關羽護佑，過往商人也信仰同一神祇。這也是南北運河沿線城鎮關廟明顯增加的原因之一。漕軍本為以漕船為單位的利益共同體，首領公推，各司其職，共擔盈虧，自有組織體系，故有不煩官僚插手的自信。清代漕運制度凡經三變，仍然是軍民合運的格局。但是所恃八旗不過戴甲十萬，且忙於東征西討，自然不可能用滿人組建這樣一支非作戰的漕運部隊。換句話說，支持清廷漕運的基本隊伍，應當仍然掌握在富有專業知識技能的明軍降兵手中，只是改編成了綠營。故明代漕政的所有弊病也都大體保留下來。康熙初年改為「漕幫」制度，民運之「漕」運開始結「幫」，制度化亦應當由此開始。乾嘉時期漕運已經困難重重，而道光開始廢止河漕，改由海運。某種意義上說，漕幫潰散也是世界「工業革命」淘汰的必然結果。但也從此把他們推向了社會，自謀生路，因而成為祕密幫會的最大一支。

按「漕幫」亦稱「青幫」或「清幫」，其起源向來說法並不一致。但多指向清代，大都基於民間祕密會社「教外別傳，不立文字」的口頭傳說。其中「康熙說」顯與漕幫形成年代相關，「乾隆說」與漕運不暢有關，「同治說」則與河運改為海運有關。從社會學角度考察，其實最

045　張岱《西湖夢尋》卷三〈西湖中路〉。按張岱，浙江山陰（今屬紹興）人。家世仕宦，博學多聞，交遊頗廣。但科舉不第，轉而著述，惜經過戰亂率多散佚。以晚明小品文知名後世。

重要的影響因素仍然是道光朝廢漕通海，漕幫雖仍然從事水上運輸，但已失去國家漕運這個固定客源，不得不自尋生路之故。與《清史稿·漕運》關於漕幫的文字比較，不難發現，民間傳說在時間原始（明末）與地點源起（浙江，杭州為京杭大運河起點）兩個要素上都是吻合的。且漕幫創立宗旨主要屬於互濟性的福利社團，類於歐洲中世紀的基爾特。鑑於水手向來是離土離鄉，脫離鄉村宗法社會，從事職業也屬於專業性、合作性極強的行業。古今中外，概莫能外。何況漕運作為國家經濟命脈，自中唐延續至清中葉已歷經千年風霜，多為世代傳承。由於職業流動性極強，明清因制度變革而裁撤或者因易代不願繼續前業而退下來的水手未必可能擁有耕地、農作技術或者其他謀生手段，只有在漕運及其延伸產業中繼續存續。多數人員還會在這一行業或者衍生、附屬系統中尋求工作或者保護，包括依靠「跑碼頭」為生的戲劇雜技藝人，因之自成組織體系和流動社會。[046] 有記載說：

> 以先入者為長輩，次入者為幼輩，已及六七輩。輩不知若干人，均已口號字第為憑，隨地聯絡。所至不攜分文，可得居處飲食。遇事群起而應之，口號相通，趨救立致，不必素相識也。[047]

可見這個流動社會內部具有很強的凝聚力，事實上早已形成了「自組織」和「自治性組織」，能夠在「市場法則」內外生存。由於漕運廣及南北，不但人數眾多，且機動性很強。除了基爾特性質的互助互濟之外，還具備為了團體經濟利益而把持碼頭，甚至抗衡官府的力量。但由於長期以來沒有明確的政治訴求或代言人物，故漕幫之作為多表現在物

046　比如演藝界今之所謂「腕」，實為古代「揚名立萬」之「萬」（由佛教符號卐字演變而來），意為某個專業方面的名聲，為江湖社會通用之語，初不限於演藝界也。金庸小說用此，猶存古意。
047　陳錦《勤餘文牘》卷一。

質利益上面。基於「牟利衝動」，他們既可以與私鹽掛鉤，形成強大的走私集團；也可以和沿漕運路線活動的反政府武裝呼應；更可以沿途經商，控制碼頭相關行業，成為地方惡勢力的代表或其組成部分，這又是明顯不同於歐洲基爾特之處。

這些幫派長期處於國家日常行政管理制度之外，基於口頭傳說和通俗小說戲劇建立起來的系列信仰以及維繫組織體系之紀律、儀軌及切口（包括隱語、手訣、茶碗陣、自造字詞和聯絡接頭的詩謎暗號等）也不為常人所知。

另江湖上有「三教九流」，「三教」謂「儒道釋」，「九流」所指，說法不同。署為「金老佛」的《三教九流江湖祕密規矩》有「九流則分為上、中、下三類，各流有各流之規矩，絕不相渾」的說法，出現比較晚近。現僅依據此說，將九流職業臚列如下：

分等／分類	上九流	中九流	下九流
一流	宰相	醫生	忘八（妓院業）
二流	尚書	金（算命業）	龜（縱妻賣淫者）
三流	督撫	飄行（賣字業）	戲子
四流	藩臬	推（測字業）	吹（吹鼓手）
五流	提臺	琴棋	大財（耍大把戲者）
六流	鎮臺	書畫	小財（耍小把戲者）
七流	道	僧	生（剃頭業）
八流	府	道	盜
九流	知州	麻衣（看相者）	吹灰（開煙館者）

從「下三濫」的「九流」看來，這應當是清末民初的職業譜系。除正當商賈、手工業者及地方治安官吏以外，這個排列大體涵蓋了出沒沿漕碼頭的各色人眾。只是將政府高官列入其中，可謂「謔而近虐」，述者也詫異「不知如何亦以江湖視之」。

陳國屏《清門考源》曾縷述明代漕幫的歷史及其清代轉型的情況，頗為詳細，有興趣者可以參看。[048]

漕幫轉型為清（青）幫以後，家廟陳設中雖然設有「關帝殿」（橫匾「忠義傳心」，對聯「九伐威名襄夏政，千秋正統懷春王」），[049] 但大致以佛教為主，且強調乾隆皇帝賜額賜匾，香堂亦只供列位祖師，其他儀式隱語也沒有敬奉關公的特別標示。[050]

另清幫自稱北禪「臨濟宗」一派，自然是傍依臨濟宗以「行遊」為修行的宗旨。其「香堂執事」所設十二職司，也許就是模仿臨濟宗的組織形式而來。筆者注意到，清代京師關廟頗有幾座是臨濟宗募建的，如康熙二十四年「臨濟正宗法派」行渡撰文的京師〈重修鐵匠營內官監關帝廟功竣紀善碑記〉[051]、雍正十二年臨濟正宗三十四世通理撰文的京師〈重修關帝廟碑記〉[052] 等。其中雍正碑是標明臨濟宗僧徒二十年來在京師近郊，居然募化到數百畝香火地的四至清冊，說明臨濟宗也重視以募建關廟，為遊方行腳弟子落腳的地盤。

048　《清門考源》，河北人民出版社覆民國三十五年刊本，第四章〈漕運沿革〉、第五章〈糧船制度〉、第六章〈糧幫組織〉、第七章〈糧幫分類〉、第八章〈八省調兌〉及第三章〈清門溯源〉。

049　按梁章鉅《楹聯叢話》卷五：「上聯：九伐威名襄夏政；下聯：千秋正統懷春王。兵部署中關帝廟聯。上句移他處不得下句，『春王』對『夏政』亦巧而新。」可見此聯亦由官署偷得。

050　《清門考源》第十二章〈家廟傳錄〉、第九章〈香堂規範〉。

051　原在北京市西城區地安門西大街恭儉胡同，中國國家圖書館索取號「北京 652」。

052　原碑在北京市海澱區上莊東北玉河村。中國國家圖書館索取號「北京 8608」。

第二章

民間托經與全民道德神

《朗靈護國妙經》與雷神關公

　　關公為中華民族全民信仰，尤其是道德方面的神祇，殆無疑議。但何以至此，歷代學人卻論者紛紜。論者一般以為關公所以成為全民道德神，是「封建統治階級」或者儒學倡導的結果。雖然不致大錯，但是卻係懵懂，未能察其淵源流別。筆者從近年搜尋所得，發現道教及民間宗教以托經形式出現的幾種關帝經文才是重要線索。本文即循此蹤跡，結合歷史背景試為解讀，切望方家教正。

　　其實在關公封帝以前，道教已有《太上大聖朗靈上將護國妙經》，開始假托關帝說咒傳經了：

　　爾時，興國太平天尊義勇武安王漢壽亭侯關大元帥敕封崇寧真君，聖父聰明正直忠翊仁聖明王，聖母助順明素元君，神子聖孫，參謀大將，麾下左右，統兵分兵之神，伏兵降兵之神，藏兵收兵之神，布陣擺陣之神，團陣走陣之神，水陣火陣之神，八方八煞四方四勇天丁，掣電轟雷，騰雲致雨，鳴鑼擊鼓，發號施令，將軍合司文武公卿，玉泉山得道仙真吾授玉帝敕命，三界都總管雷火瘟部冥府酆都御史，提典三界鬼神。吾登壇示知爾眾：日在天中，心在人中。日在天中普照萬方；心在人中不容一私。寧為忠臣而不用，毋邪媚以欺君；寧為孝子而不伸，毋忿戾以懟親。無論綱常倫理，無論日用細微，皆當省身寡過，不可利己損人。一念從正，景星慶雲；一念從邪，癘氣妖氛。善惡明如觀火，禍福應若持衡。凡我含生，總盟此心。吾司雷部霹靂，奏疏速上天庭，晝察陽元功過，夜判冥夜鬼神。若人傳寫千本，勝看一藏真經，吾遣天丁擁護，自然百福來臻。即說咒曰：

　　大聖戢魔糾察三界鬼神刑憲都提轄使，三界采探捕鬼使者，元始一氣七階降龍伏虎大將軍，崇寧真君雷霆行符伐惡招討大使、三十六雷總

管酆都行臺御史，提典三界鬼神刑獄公事大典者，提督刑案神霄大力天丁、三界都總兵馬招兵大使、統天御地誅神殺鬼大元帥。

爾時與會文武聖眾，聞是經說，莫不踴躍，讚嘆稱善。若人虔心諷誦，上至帝王，下及民庶，即得星辰順度，社稷安寧，人物康阜，災厄蠲除。凡有請祈，悉應其感，一切人天，均霑利益，信受奉行，作禮而退。[053]

顯然踵繼佛教有關「玉泉山得道」傳說，不過宣示信眾「義勇武安王漢壽亭侯關大元帥」係受玉帝敕命，為「三界都總管雷火瘟部冥府酆都御史」，「吾司雷部霹靂」，亦兼有懲惡之使命。而「寧為忠臣」，「寧為孝子」，「無論綱常倫理，無論日用細微，皆當省身寡過，不可利己損人。一念從正，景星慶雲；一念從邪，厲氣妖氛」，則兼雜理學及道教之說。

《正統道藏》卷二六〇還有〈酆都朗靈關元帥祕法〉，稱關羽封號為「酆都朗靈馘魔關元帥」，可知雷部眾神中的「朗靈上將關元帥」即為關羽。

案明嘉靖、隆慶時田藝蘅《留青日札》說：

雷，天地之義氣也。故春分而發，秋分而收，晝而作，夜而息。今則方春而震隆冬而轟，無分於晝夜而霹靂，此殆之其所暴然而辟焉。

雷為「天地之義氣」的說法比較新鮮。田堅執認為的理由是：

053　載《道藏》第 34 冊第 746～747 頁（文物出版社、上海書店、天津古籍出版社 1988 年聯合出版影印本）。末署「大明萬曆三十五年歲次丁未上元吉旦，正一嗣教凝誠志道闡玄弘教大真人，掌天下道教張國祥奉旨校梓。」顯然承襲著北宋《元始天尊說真武經》，只是誇大職銜有餘，而敘述故事不足。《道藏提要》曾斷「此經蓋出於北宋末或南宋初」，但觀其對於關公封賜之名銜繁複，恐其未必如是之早，當為繼承發展元代封賜而致。

　　王充有〈雷虛篇〉，以雷之擊人為偶然，辯之甚詳。此或未盡天道之妙。天無妄災，雷無虛擊。今歷觀遠近，所擊死者雖未必皆元惡之人，而不善者實居多矣。[054]

　　或者正是關羽何以由「義神」兼為「雷神」的儒家解釋。

　　鑑於元至明初以來，進入國家祀典之道教致祭越來越繁複，明弘治元年（西元一四八八年）四月，禮部給事中張九功建言「乞敕禮部，稽之祀典，盡為釐正」。尚書周洪謨奉旨清查，言及雷神祭典時，曾道：

　　九天應元雷聲普化天尊，道教以為玉霄一府，總司五雷，雷部諸神皆受其統轄。又以六月二十四日為天尊示現之日，故朝廷歲以是日遣官詣顯靈宮致祭。夫風雲雷雨，每歲南郊已有合祭之禮，山川壇復有秋報之祭，重複致祭，非其所宜。以六月二十四日為神現示日，和設像名稱，皆無所據，亦祈罷其祭告。[055]

　　則六月二十四日本為雷神示現之日。後世許多地方有關公誕日為六月二十四日的說法，雖言康熙時出於解州常平村關公祖廟井中發現的漢代石碑，其實是儒士多情，故作虛幻，以應「四戊午」神異之詞。其真切來源，實應於此處尋求。

054　《留青日札》卷之九。上海古籍出版社 1985 年影明本，上冊，第 334～337 頁。
055　《明孝宗實錄》卷一三。又《明史・禮志四》所載亦同，有節略。

《關王忠義經》與嘉靖「抗倭」

　　嘉靖既佞道教，又崇祀關公。這兩種因素對於《三國志演義》的大流行有無關係，值得探考。不妨由《關王忠義經》談起。

　　《關王忠義經》（又名《三界伏魔關聖帝君忠孝忠義真經》，此題目應為萬曆以後增益）今已輯入李一氓主編之《藏外道書》第四冊。其首載「淨口」、「淨身」、「淨心」、「安土地」、「淨壇」等神咒醮儀以及「祝香」、「長跪禮奉」、「真志心懺悔」、「志心發願」等禮節，以表供奉關羽之虔誠，更於《伏魔關帝忠孝護國翊運真經》中大講忠孝節義及因果報應。其中《關聖帝君濟世消災集福忠義經‧述志章第一》假借關羽口吻，用四言韻語自述生平事蹟，已經十分接近同時《三國志演義》的描述，值得注意。其言：

關聖帝曰：

吾本東漢，解良居民。黃巾作亂，天下招兵。

觀榜涿郡，偶遇劉張。桃園結義，生死不忘。

吾習《春秋》，吾知武藝。始除黃巾，三戰呂布。

許田射鹿，投鼠忌器。土基被困，失散兄弟。

曹操奸雄，奏封壽亭。吾奉二嫂，吾思兄弟。

誅良斬丑，掛印辭曹。霸陵橋上，挑起錦袍。

吾宿義司，明燭達旦。獨行千里，五關斬將。

吾斬蔡陽，古城會敘。後遇子龍，周倉歸義。

冒雪隆中，三顧臥龍。義釋曹操，恕斬黃忠。

領牧荊州，勸農講學。單刀赴會，談笑自若。

赤壁鏖戰，水淹七軍。生擒龐德，華夏威名。

初封前軍，繼加五虎。定鼎西川，蕩寇神武。

吾無所長，唯持忠義。扶漢誅奸，死無畏避。

吾年近六，有命在天。視我赤心，聽我微言：

為子盡孝，為臣盡忠。父慈母愛，兄友弟恭。

夫婦倡隨，朋友信義。鄉鄰婢僕，真誠和氣。

吾言淺近：

天地不尊，神明不懼。五穀不重，三光不避。

小秤大斗，殺生害命。姦淫詐逆，集微成著。

如此人等，神明厭棄。先奪其魂，後殺其體。

舉世昏迷，自謂得計。一旦無常，委之天地。

諦聽吾音，玩此真昧。[056]

道教還透過這部經書大大提高了關羽的神權，謂其：

掌儒釋道教之權，管天地人才之柄。上司三十六天星辰雲漢，下轄七十二地土壘幽酆。秉注生功德，延壽丹書；執定死罪過，奪命里籍。考察諸佛諸神，監制群仙群職。高證妙果，無量度人，至靈至聖至上至尊伏魔大帝關聖帝君。[057]

請注意連加的四個「至」字，實已將關羽視為融會三教之最高神祇，這與嘉靖時代的佞道氛圍也頗為合轍，不為無因。

需要注意的是，這部書雖然以道經形式出現，但是表述的價值觀念

056　李一氓主編《藏外道書》，巴蜀書社 1992 年影印本，第四冊，第 275 頁。按元末至正年間山西寧鄉、襄陵俱存有碑刻言：「上天立眷命，皇帝聖旨：敕封齊天護國大將軍，檢校尚書，守管淮南節度使，兼山東、河北四門關鎮招討使，兼提調遍天下諸宮刹，無地分巡案，管中書門下平章政事，開府儀同三司，金紫光祿大夫，駕前都統軍，無佞侯，壯穆義勇武安英濟王，崇寧護國真君。」（胡聘之《山右石刻叢編》卷三八）實已開後世民間封贈關公極崇尊號之始。也是信善仰之彌高，而儒士學人弗道也不理解的掌故。

057　《道藏輯要》星集七，清光緒三十四年二仙庵刊本。

卻是道地儒家的。其中所述「許田射鹿」、「秉燭達旦」[058]、「周倉歸義」等事，均不見於元至治本《三國志平話》。而「恕斬黃忠」則差異較大。《平話》本述黃忠力戰張飛、魏延、關羽三將，未見勝負。「關公言曰：『此乃大丈夫也，世上皆無。』軍師高叫：『三將停馬！』武侯美言說黃忠降了漢。」[059] 顯然不能將黃忠之降歸結於關羽之「恕」。但此經諱言關羽死事，則與《平話》相同。

至於《忠義經》出現的時間，可由分析《關王忠義經》之序探討之：

關王《忠義經》十九章，皆王自制也。晉陳壽演俗通義，似近鄙褻。茲宋學士孫奭編述，南渡中丞張守訂梓，相傳五百餘年，漫無可稽，世人亦不知有是經也。維侯忠義昭寓〔宇〕宙，功烈垂史冊，祠祀遍天下，黃髮稚齒，極海窮邊，靡不崇重。而侯之隨在普靈，威英顯赫，千載一日。博幸生同侯鄉，籍侯庇久。嘉靖丙辰巡撫荊楚。荊故侯保障區，迄今家屍戶祝，頂禮如在。比還省，辭楚王殿下，王詢侯故里事，復出《忠義經》示博，拜賜踴躍，若侯陟降也。歸舟檢閱，後先紊敘，簡篇遺逸，字畫錯亂差訛，遂為校訂重錄。首揭侯像，並述侯辭曹之書，後人仰侯之贊，匯成一帙，攜之京師。繼役開中，未遑鋟梓。適都督劉顯移兵守川廣，因以貽之，俾刻荒鎮，以作士氣，以風忠義，且播之天下瞻奉者，有所持誦則效云。兵部尚書蒲州楊博敘事。[060]

請注意這裡提到的「嘉靖丙辰」（西元一五五六年），亦即嘉靖近臣黃錦、陸炳捐資重修當陽關廟，徐階為記之時。按楊博是嘉靖年間名

---

058 《許昌三國大觀》錄有成繆〈許昌拜關夫子祠〉一首，中言「通宵秉燭垂千古，大義經天著五常」句。注謂「成繆，寧陵人，明成化進士。」（第 231 頁，但在《明清進士題名錄》中未查到此公）則「秉燭達旦」之說，至遲出於此時。

059 鍾兆華《元刊全相平話五種校注》，巴蜀書社 1990 年排印本，第 459 頁。

060 《藏外道書》第四冊，第 273～274 頁。

臣之一，張居正〈襄毅楊公墓誌銘〉曾謂楊博，「（嘉靖）乙卯入為兵部尚書，尋加太子少保。丙辰丁父憂，戊午召還本兵。」[061] 按照常理，他不可能同時「巡撫荊楚」，除非「丁憂」之事發生在「巡撫荊楚」以後。但也另有證據說，楊博的確服膺這位「鄉先賢」並隨時禮敬之：

> 京師前門有漢前將軍廟，頗著靈顯。前明大司馬楊博過之，必投一「鄉晚生」名刺。以楊與侯同為蒲州人也。[062]

首要線索就是贈書的「楚王殿下」究為何人。按《明史》列傳第四〈諸王〉曾記述嘉靖二十四年（西元一五四五年）正月十八日楚王府發生過一出世子英耀淫亂，忤逆弒父的人倫慘劇，文長不錄。嘉靖丙辰承襲楚王一爵的，正為其弟英㷿。明室素重道教，嘉靖尤甚，何況關羽此時已經成為皇室私祀主神。楚王府經此慘變，或者有道士編造出這部《忠義經》，勸他以「忠孝節義」為出世圭臬；或者楚藩延請寫手編纂此書，欲以「福禍果報」勸醒世人，都是有可能的。若此說成立，則《關王忠義經》很有可能從早期明刊三國故事中受到啟發，將關羽故事及「忠義」大旨摘出標示，加以道教咒語符籙，予以推廣，以迎合嘉靖帝心理。無論出自道士還是藩王，都是可以理解的。至於序中扯到北宋孫奭、南宋張守，以證明經出於宋，則出於宗教「制經託古」的慣技，不必當真。

061　《張太岳集》卷十三，上海古籍出版社影明萬曆本，第 159 頁。乾隆《山西通志》卷一百九十八有許國撰〈楊襄毅公神道碑〉，亦未道及巡撫荊楚之事。姑志存疑。《明史》本傳略謂楊博（1509 ～ 1574）字唯約，蒲州（今屬山西運城）人。嘉靖八年進士，累遷山東提學副使，轉督糧參政。二十五年超拜右僉都御史，巡撫甘肅。召拜兵部右侍郎。轉左，經略薊州、保定。首築碉堡、墩臺以禦敵。隆慶詔以吏部尚書理兵部事。六年進少師兼太子太師。明年秋，疾作，三疏乞致仕歸。踰年卒。贈太傅，諡襄毅。

062　王應奎《柳南續筆》「關廟投刺」條。中華書局（北京）1983 年排印本，第 175 頁。按王應奎（1683 ～ 1759）字東漵，號柳南，常熟（今屬江蘇蘇州市）人。諸生。少以詩名，卻屢試不第。退隱山居，埋頭著述。有《柳南隨筆》、《續筆》、《柳南詩文鈔》、《海虞詩苑》等行世。

此序中談到的「都督劉顯」，倒是值得注意的另一個人物。而劉顯「移兵守川廣」之事，倒確實發生在這一當口。《明史‧劉顯傳》言：

嘉靖三十四年，宜賓苗亂。巡撫張臬討之，顯從軍陷陣，手格殺五十餘人，擒首惡三人。諸軍繼進，賊盡平。顯由是知名。

他是曾與俞大猷、戚繼光一起參與「抗倭」戰爭的一線統帥，傳記也在《明史》中同列一卷。[063] 更值得拈出一說的是其子劉綖。據《明史》記載，綖「勇敢有父風」，「部曲多健兒，綖擁以自雄」。且「為將數被黜抑，性驕恣如故。嘗拳毆馬湖知府詹淑」，在重文輕武的明代，恰似一出「怒鞭督郵」。萬曆四十七年（西元一六一九年）在與努爾哈赤作戰時，他率領蜀兵孤軍深入三百里。因盟軍杜松、李如柏、馬林部及從屬朝鮮軍皆畏縮不前，故先勝後敗，陷入重圍，「殊死戰」，於軍中歿。亦類關羽荊州之敗。且言劉綖「於諸將中最驍勇。平緬寇，平羅雄，平朝鮮倭，平播酋，平俅，大小數百戰，威名震海內。俅死，舉朝大悚：『邊事日難為矣。』綖所用鑌鐵刀百二十斤，馬上輪轉如飛，天下稱『劉大刀』」。其為人行事乃至最終結局，都極像是在追慕關羽。

萬曆二十二年（西元一五九四年），在鄰近洛陽的解州關帝廟，「因道士張通元之請，進爵為帝，廟曰『英烈』，敕封『關聖帝君』。」時儀典隆重：「遣官奉九旒珍珠冠一，玉帶一，四蟠龍袍一，黃牌一

063　《明史》列傳一百〈劉顯傳〉略謂：劉顯，南昌（今江西南昌）人。生而膂力絕倫，稍通文義。家貧落魄，冒籍為武生。嘉靖三十四年宜賓苗亂，巡撫張臬討之。官副千戶，輸貲為指揮僉事。曾以總兵官主持江西、廣東、並在福建與俞大猷、戚繼光共同抗倭。隆慶改元，以軍政拾遺被劾，貶秩視事。用巡撫谷中虛薦，還故官，移鎮貴州。四川巡撫曾省吾議征都掌蠻，令顯移鎮其地。復被劾罷，省吾奏留之。復平敘州都掌蠻，擊西川番沒舌、丟骨、人荒諸砦，西陲以寧。九年冬卒官。

面，上書封號一十六字，至京都正陽門供訖。」[064] 並在頒賜醮詞中鄭重
其事地宣告：

> 切念朕躬奉天御世，尊為億兆之君；法祖保邦，位稱神人之祖，精
> 勤圖治，默賴神庇。凡有護國之靈，悉登尊崇之祀。恭唯關聖帝君，生
> 前忠義，振萬古之綱常；身後威靈，保歷朝之泰運。除邪輔正，聖德神
> 功；保劫康民，福幽利顯。既贊乾元之化，宜宣帝號之封。所傳《三
> 界伏魔大帝關聖經懺》，足以師世淑人，安供名山福地，以乘久遠。用
> 是朕發誠心，頒賜帑金，印造《伏魔經懺》。特命全真道士周庀真等齋
> 請，前去彼處供安，鎮靜方隅，肅清中外。關聖帝君以今年八月十五
> 日，位證南方丹天三界伏魔大帝之位。天人共慶，三界推尊。茲建醮典
> 三日，安供聖經，慶賀聖帝。自天伊始，永安帝位，不在將班。鑑觀萬
> 天，巡遊三界。悉清人鬼之妖，全消未萌之患。庶使邊防鎮靜，四夷無
> 干擾之虞；朝野奠安，海宇樂昇平之化。常歷歲月，永荷神庥。[065]

　　但此經內容究竟如何，筆者囿於聞見，尚未查悉，有待方家指點。

064　據《周禮·禮圖》：大夫以上貴族所戴之冠稱「冕」，前端成串垂玉稱為「旒」。旒的數量與貴族
　　的等級對應，「天子九旒，諸侯七旒，大夫五旒。」「四蟠龍袍」指袍上繡龍為四爪，天子自用之
　　服為五爪金龍。
065　《乾隆解梁關帝志》卷一，第 67 ～ 68 頁。

《覺世真經》與道德重建

　　關羽作為全民道德楷模，背後當然有儒家不斷以倫理詮釋的推動作用。這已從明清以來各地紛紛樹立的關廟碑文中顯示無遺，只是仍然囿於《三國志》記述。但是到了嘉靖年間的《關王忠義經》裡，已開始據《三國志演義》增飾的情節立言。不僅直白地進行「忠孝節義」說教，而且聲言會對當時市井習見的「小秤大斗，殺生害命，姦淫詐逆」種種惡習毫不含糊地嚴懲，以及對漠視信仰，「天地不尊，神明不懼。五穀不重，三光不避」情形的厭憎。配合誦此經時需要進行的還有一整套醮齋儀禮，可以視為道教藉關羽神介入軍隊，乃至全民道德教化的一種嘗試。

　　到了清代，這種情形就更加明顯了。現存記載表明，傳為康熙七年（西元一六六八年）出現的《關聖帝君覺世真經》，就是這種努力的新一輪開始。乾隆十年（西元一七四五年）夏綸撰《覺世篇注證》，乾隆三十年（西元一七六五年）沈維基又撰有《覺世寶訓圖說》，都是闡述這部經書的。今見最早的《關聖帝君覺世真經》碑版，為乾隆四十三年（西元一一七八年）刻於常熟的《關聖帝君寶訓》，此外還有乾隆四十七年（西元一七八二年）立於京師香山，五十四年（西元一七八九年）立於正陽門關帝廟及法源寺的幾版碑刻，[066] 也證明了乾隆朝應是其廣為流播的時期。

066　香山碑刻為中國國家圖書館中文拓片資料庫索取號「北京 5135」，題寫者蘇麟署為「鑲藍旗護軍統領，鑲黃旗滿洲都統，管理健銳營大臣，公中佑顧得勝額巴圖魯舒亮之子」。按舒亮為乾隆朝著名將領，曾參與金川、平回、平臺、平白蓮教諸役，屢立戰功，圖形紫光閣。《清史稿》卷三百二十八有傳。正陽門碑資料索取號「北京 1280」。刻石者汪承霈為乾隆十二年進士，善詩古文辭，能書擅畫。曾任工部左侍郎，後官至兵部尚書。此外宣外法源寺亦存碑版（中國國家圖書館中文拓片資料庫索取號「北京 812」），題刻者陳萬青（1742 ～？）字遠山，號湘南。桐鄉（今屬浙江）人。乾隆四十六年（1781）一甲二名進士（榜眼），授編修。纂修《三通》、《四庫》、《永樂大典》。主持江西、山東、廣東等鄉試，擢為陝甘學政。於此可知《覺世經》已得到當時滿漢文武的共識。

　　該經又稱《關聖帝君訓世真經》、《覺世篇》、《覺世寶訓》，簡稱《覺世經》，成書年代不詳。一種說法是傳於清初：

　　相傳康熙七年夏，降乩於沃鄉之椿園，授之王貞吉等，帝親制序。[067]

　　另據西安碑林博物館所藏嘉慶十年（西元一八〇五年）所刻碑文的自述，來源則是：

　　昔海曲劉可學遊於太行，夜夢帝君，授經垂訓四百三十二言。越數日，西河公署中，復隆鸞筆，與所授經文無異，遂廣其傳。[068]

　　只是兩說涉及的地域「沃鄉」、「海曲」以及當事人物「王貞吉」、「劉可學」都無由查證，而這正是民間鸞書慣用的手法。十八世紀以後民間善書又將《太上感應篇》、〈文昌帝君陰騭文〉與《關帝覺世經》三部結集，以「三聖經」之名刊行，遂成了中國民間宗教的「聖經」。

　　《覺世經》篇首即述明立意大旨為「人生在世，貴盡忠孝節義等事，方於人道無愧，可立身於天地之間」。並標立：「敬天地，禮神明。奉祖先，孝雙親。守王法，重師尊。愛兄弟，信朋友。睦宗族，和鄉親。敬夫婦，教子孫。」仍然是以儒家五倫為教化之核心價值體系，同時又增加了「時行方便，廣積陰德。救難濟急，恤孤憐貧」，「創修廟宇，印造經文。舍藥施茶，戒殺放生。造橋修路，矜寡拔困。重粟惜福，排難解紛。捐資成美，垂訓教人」等公共領域的道德規範，以及對於「瞞心昧己，大斗小秤。假立邪教，引誘愚人。詭說升天，斂物行

067　周廣業、崔應榴輯《關帝事蹟徵信編》卷三十〈書略〉，乾隆癸巳（1773）刊本。
068　碑刻原在陝西省西安市西安碑林。中國國家圖書館中文碑拓索取號「各地 7114」。

淫。明瞞暗騙，橫言曲語。白日咒詛，背地謀害。不存天理，不順人心。不信報應，引人做惡。不修片善，行諸惡事」等商業、宗教活動中欺詐行為的譴責，涉及的範圍相當廣泛。篇末還以「我作斯語，願人奉行；言雖淺近，大益身心。戲侮吾言。斬首分形。有能持誦，消凶聚慶」，毫不掩飾地宣示了其托經訓世，「神道設教」的面目。從時代歷史諸因素綜合看來，這應當是在明清之際經歷重大戰亂以後民間重建價值體系的一種努力，也可以視作將關羽塑造為全民道德神的開端。且已開始脫離三國史志、小說、戲曲故事，獨立傳播價值信仰，也應該是戲曲小說廣泛流傳以後的情形。

接下來的則是雍正四年（西元一七二六年）豎立於正陽門關帝廟的〈關聖帝君應戒士文〉，選擇「四民之中，唯士居首」作為說教對象，以「科目徵求」、「甲第蟬聯」作為教化顯應，結撰而成。從時間上看，當然有配合雍正帝提升關公為祀典主神，比隆孔子的國家行為有關聯。但是所舉事例不但與《三國志》及其演義小說戲曲無關，且大多不見經傳，事涉孝親、悌弟、恩妻、拒淫、戒狎、友朋、修德、放生、守法、陰騭諸端，幾乎涉及當時士人日常生活的各個方面。值得注意的是，立碑具名的十三人中，有八位著籍「長白」，這是滿洲的另一種書法；三人著籍「三韓」，應是朝鮮國的書法；僅有兩人著籍大江南北，均為史籍不載之人士。[069] 應當視為非主流文士對於當時士風的一種匡正努力，亦不借助三國史志，獨立成為士子道德神的一種象徵。

道光、咸豐年間，鴉片戰爭帶來的外侮以及太平天國造成的內亂，形成自康熙平定「三藩」以來清廷面臨的最大危局。尤其是外來宗教文

069　碑原在北京正陽門關帝廟，中國國家圖書館中文拓片資料庫索取號「北京 1172」。撰文者為長白洪德元，具名立石者為三韓光基、襄平張兆武、長白赫成峨、長白貴昌、長白五事通、長白石方泰、三韓吳英曾、長白興泰、三韓孫琦長、長白長庚、金臺顧祥麟、長白王琰。

化對於中國傳統價值體系的全面挑戰和衝擊，更是前所未有的嚴峻。此時又有咸豐六年（西元一八五六年）豎立於洛陽關林的〈關聖帝君新降警世文〉出現，聲言「前過江南，見人心風俗，日就頹靡」，指斥「不忠不孝，不仁不義，不畏天命，不畏大人，不畏聖言」的忤慢，「出口則以無稽之言為新聞，談天則以閨閫之說為妙語；稱富貴則拋姓而諂媚，提君子則呼名而誹謗」的社會失序，道德淪喪、物欲橫流的種種惡習，「處豐亨則日就華靡，不計家中升斗；論人品則多生嫉妒，每求賢士瑕疵。笑貧趨富，恬不知羞，竟無一人挽其氣習：人面獸心，伊於胡底！並不喜指出迷津。喪事用鼓吹，以人死而為樂；祝壽演雜著，忍害禮而不衰。奢侈成風，何況人貧財乏：天良喪盡，尚求富貴榮華。」呼籲救亡續絕，「當作頂天立地之男兒，勿為自暴自棄之凶子。」

值得注意的是，此文還借關公之口，嚴厲指責世人敬奉不管善惡果報，唯知修廟祈福的荒謬：

每年觀吾兒所奏，問田宅、問官事、問功名、問求財富，無一個問及陰陽果報；一月計周倉所稱，許掛袍，許送對，許上油，許修廟宇，無一個許開勸善經文。人心風俗，大概如斯，盡其奸險，萬言莫罄。決洪澤之波，不足以洗盡其澆薄；縱橫河之水，不足以蕩其凶汙。[070]

對於乾隆以後遍及城鄉的關公供奉只注重形式，卻忽視內涵的現象深表不滿。而語氣之嚴厲，又適足與清廷當時風雨飄搖、險象環生之政局成為正比。

與此同時，咸豐六年（西元一八五六年）在邊陲雲南還刊刻有一

070　《中國關林》第 126～127 頁。石碑共有 8 塊，鑲於鐘樓臺基西牆。刻石者署「西亳李顯基」。篇中以關公口吻自述來源言：「昨四月十五日赴瑤池晏［宴］，遇呂、冷諸仙，方及此事，皆為太息。今遇吳生可師，周生大掄，虔誠祈請，因再降筆於此，以昭前意。」則生員吳可師、周大掄應為始作俑者。

部道教勸善書《關聖大帝返性圖》十卷。再刻於粵東，曾在滇、粵一帶傳布。光緒四年（西元一八七八年）京師人王伍喬（別號洗心道人）遊歷至粵，發現該書，認為它是「眾善之魁」，於是募資重鐫，欲其流布海內。此為假托關聖大帝約同文昌帝君（張亞子）、孚佑帝君（呂洞賓），並特邀儒、釋、道三界神仙佛祖共同飛鸞降喻，勸化世人的。其主旨為返性，主張「返回人的天賦之本性，返回到仁義忠孝的倫理道德之中。以關帝等天神降世告誡的方式，講述孝悌忠信的道理，從而勸世人返回其本性，棄惡從善，由此人心向化，社會穩定，世道昇平。」

此書另外一個特點便是集合了三教的許多神祇，以設壇降乩的方式傳達「聖諭」。據統計，「按照先後降筆的大小神靈統計，總共有一百三十七位聖賢仙佛臨壇乩示，其中道教神仙就占有一百零九位，儒教聖賢有十八位，佛教佛祖有十位。按照降臨壇場的次數多寡統計，其中臨壇訓諭次數最多的神是馬天君（馬靈官），共降臨二十九次；其次是關帝，共臨壇二十二次；再次是孚佑帝君，十九次；文昌帝君，十六次；再者是土神十四次，周將軍十四次，王天君十三次等等。」[071] 可知也是由此書開始，關公信仰開始與其他神祇組合而漸趨廣泛，為後世義和團抗禦外來宗教侵入、捆綁多種本土民間神靈信仰創立了範本。

071　具體內容、介紹可參中國社會科學院世界宗教研究所道教研究室王卡、汪桂平〈從《關聖大帝返性圖》看關帝信仰與道教之關係〉，載《關羽、關公與關聖》，社會科學文獻出版社（北京）2002年，第 88 ～ 98 頁。

《桃園明聖經》與道德救亡

　　於後世民間影響最大的關公鸞書，當為《關聖帝君應驗桃園明聖經》，又以《武帝明聖經》、《明聖經》、《桃園經》、《明聖桃園經》、《桃園明聖經》、《蓋天古佛應驗明聖桃園經》、《古佛應驗明聖經》等名目流傳於世。有學者據咸豐年間山西太原府忻州的一個刻本研究，以為錯雜的名稱反映了該典籍流通的廣泛與岐雜。所以現存咸豐本首有「神諭鑑定真經善本」字樣，表示只有該本才是正統無誤的真經。亦不能確定起於何時。自述來歷為：

　　漢漢壽亭侯，略節《桃園經》。書於玉泉寺，夜夢與僧人。

　　其強調與玉泉寺佛教授受之源，最初或許出於佛教為適應其信眾對於關公道德神形象日益增長的需求而造的。研究者注意到，光緒壬午年（西元一八八二年）刻本卻將「僧人」改為「凡人」，或許與當時民間宗教崇奉關帝者，不欲讓僧人獨擅傳播《明聖經》之美有關。[072] 但我認為更明顯的是反映出此經在不同宗教間傳布過程中的泛化。證據便是該書首敘，即以關帝口氣諭令：

　　太上老君三界靈，眾聖五嶽雷電神。五湖並四海，日月門星辰。天下城隍聽號令，萬方土地各遵行。萬聖朝真均奏議，普天之下盡頒行。於是救苦大仙、太上真君、太白金星公同注解，復奏明章，行於四海。皇圖鞏固，萬民永賴。

　　實際上已捆綁了道教系統三界五嶽、城隍土地神祇，都與佛教無虞。何況其後刊登《文昌應化張仙寶誥》、《靈官王天君寶誥》、《聖

072　參中國社會科學院世界宗教研究所佛教研究室方廣錩、周齊〈介紹清咸豐刻本《武帝明聖經》〉，載《關羽、關公與關聖》第 122 ～ 145 頁。

帝寶誥》等三種寶誥，亦皆道教神靈，包括「寶誥」之稱，亦與佛門毫無瓜葛。

《桃園明聖經》的起源不能考實，但忻州刻本中刊載有道光八年（西元一八二八年）因平息張格爾亂，加封關公「威顯」的「上諭」。[073]而方廣錩、周齊據該書四序探考，第一篇署為「道光二十年庚子（西元一八四〇年）」，正是「鴉片戰爭」發生的當年。其後有分別題署為咸豐二年（西元一八五二年）、五年（西元一八五五年）的序文，分別對應著太平軍占領南京改稱天京之年，及太平軍占領武漢後聲威席捲長江中下游之年，顯然有以關公神威顯靈，平息當時的內憂外患之意。考慮到咸豐刻本序二盧昌榮聲稱他是於咸豐二年始得該《明聖經》，曾於咸豐五年特意到江西關帝廟求正補遺，然後印刷傳送。而序三鄧顯隆則稱是於咸豐五年得到《明聖經》，並稱該書「從外省傳來」，可見最遲至咸豐初年，本經已經在南方諸省廣泛流傳。這就更加顯露出在當時外來宗教侵蝕中國的情勢之下，儒、道有亟須合一，連手阻擋的趨勢。後文又附有前述《覺世經》、《戒士文》等，亦可以逕視作同期類似經文後出而集其大成者。

《明聖經》經文雖然不長，內容卻頗駁雜。其大旨可由其末所附「王燨欽奉漢室漢壽亭侯關聖大帝敕令（嘉慶十五年正月二十四日）」窺知：

> 大帝曰：吾曾言，日在天上，心在人中。心者，萬事之根本。儒家五常，道釋三寶，皆從心上生來。仁莫大於忠孝，義莫大於廉節，二者五常之首。聖人參贊化育者，此而已；仙佛超神入化者，此而已。自有天地以來，這個無極太極之理，渾然包羅，古今長懸。

073　碑原在北京正陽門關帝廟，中國國家圖書館藏有該碑原拓，中文碑拓索取號「北京1176」。

　　明確以「忠孝、廉節」詮釋儒家「仁、義」之大要。其中「漢室漢壽亭侯」之稱，已寓有強調正統之義了。又在篇首〈功德文〉中明言：

　　聖經所言：孝弟〔悌〕忠信，禮義廉恥，八個字化解。願世人敬而誦之，體而行之，庶足挽人心而維風俗。

　　正式推出儒家「八德」之目，繼續顯現出儒道合流的一貫趨勢。

　　經文除了多次、反覆引用當時已十分流行的《三國志演義》、戲曲中人們熟悉的關公及其組合的形象、情節之外，還為關公另加封號，增加神格。如《聖帝寶誥》介紹關公說：

　　太上神威，英武雄文；精忠大義，高節清廉；協運皇圖，德崇演正。掌儒、道、釋教之權，管天、地、人才之柄。上司三十六天星辰雲漢，下轄七十二地冥壘幽酆。秉注生功德，延壽丹書；執定死罪過，奪命黑籍。考察諸佛、諸神，監製群仙、群職。高證妙果，無量度人。至靈至尊，伏魔大帝關聖帝君，大慈大悲，真元顯應昭明翼漢天尊。

　　這顯然是由元末皇帝敕封之號，尤其是明中葉《關王忠義經》賜號沿襲發展而至的。事實上已將關公置於上天諸神之首，人間萬事之主，陰界諸司之掌的至尊位置了。「翼漢」二字又突出了民族主義主旨，不過此時明清之際的滿漢隔閡已近消失，所以可逕視作代表中華本土傳統文化。

　　毫不誇張地說，這部經文也將中國民間的關公信仰推到了極至。近年臺灣鸞壇所以堅執認定世界儒、道、釋、耶、回五教教主曾公推關公為第十八代玉皇大帝（亦稱玉皇大天尊、玄靈高上帝），且上溯至道光四年（西元一八二四年），或同治三年（西元一八六四年），亦當秉此而來。[074]

074　臺灣《時報週刊》1981年第170期曾發表〈漏發的選舉公報 —— 關公歷代封典謚號考釋〉及

這套經文還仿照佛教誦經日課的形式，創立了一套《誦經款式》，包括奉像、齋戒沐浴、點燭上香、茶酒鮮果、三跪九叩，並要求信徒先跪誦《王靈官寶誥》與《關聖帝君寶誥》。這大體相當於佛教在誦經前奉請八大金剛，做法事時奉請諸天神祇之類。接著唸誦《關聖帝君降筆真經》，最後唸誦《關聖帝君應驗桃園明聖經》。誦完一遍之後，「叩頭起身，又停一息間，養順其氣，然後再誦」。要求「總以心到氣到為第一要緊」。還要求最好在四更後、五更初誦經，說「此時養足精神，元氣清醒，萬物靜寂，煩躁不生。兼以彩燭清香，光輝朗照，心專氣聚，誦之倍覺神靈英爽」。方、周論文認為：「這說明這種誦唸法實際相當於一種宗教的修持，且這種修持是以道教的修持法為基礎發展而來，這也是值得注意的。」

這部經書畢竟是託言神靈「降乩」而來，文詞不免通俗鄙俚，但也毫不隱諱流傳初期曾經受到質疑。如咸豐忻州刻本序一就承認該經雖然文字並不文雅，但無非欲傳正氣。希望誦此經者，以四書五經目之。而在《王燡欽奉漢室漢壽亭侯關聖大帝敕令》中，又針對時人批評，諸如文字「驕矜」、「淺近」，以及「投胎轉劫」之說，作了一番辯解。一方面說「以我為驕，我固不辭；以我為淺，我亦不辭」；另一方面又恐嚇說：「如再有擅行詆毀者，輕則令瘟火滅之，重則命周倉斬之。毋悔。」由此亦可窺知，《明聖經》在初期流傳過程中並非一帆風順。

或許意識到畢竟文詞亦須雅馴，此經方能廣其流播。於是後來有好事者因「書於玉泉寺」一語，嫁名宋儒朱熹，又造出〈朱子刪正《桃園

覃雲生〈替關聖帝君封號——專家談玉皇大帝改選〉等文討論這一現象。王見川〈轉變中的神祇——臺灣「關帝當玉皇」傳說的由來〉縷述了這一過程（臺灣中央研究院文哲所，「宗教與二十一世紀臺灣」研討會論文）。當代佛教的回應，則可參看范純武〈近現代中國佛教與扶乩〉（臺灣《圓光佛學學報》第三期第 283～285 頁），有興趣的讀者可以自行翻檢。

明聖經》奏議〉一文，意圖補苴罅漏，爭取儒生支持，至少減弱他們的反對聲浪。該文駢四儷六，將經文之始上接漢魏，中歷五代北宋，迤邐至清。且謂儒生之〈小學〉、〈格言〉篇目，不如道教之〈陰騭〉、〈覺世〉經文通俗易懂，化人既迅且捷矣。[075]

尤以臺灣通行的《桃園明聖經》，對於「忠孝廉節」一段增飾特多。其言：

> 君使臣以禮，臣事君以忠。日用朝廷祿，當思補報功。
> 報國臣之本，惜卒將之宏。不飾文臣過，不減武將功。
> 記錄文華殿，舉劾建章宮。丹心如赤日，位必至三公。
> 秦檜世為犬，岳飛四帥中。
> 為人子，孝為先，孝順兩字緊相連。
> 勿惱怒，常使歡，暖衣飽食毋飢寒。
> 病醫藥，必自煎，即須嘗過獻親前。
> 夜不解衣朝不食，時時刻刻在身邊。
> 爾能孝順爾子孝，點點滴滴看簷前。
> 大舜孝，帝傳位，二十四孝極周全。
> 在生不供養，死後祭靈前。
> 不孝子，惹災愆，虎唅蛇咬病相纏。
> 官刑牢獄遭充配，水火之災實可憐。
> 或自懸梁刀毒死，不孝之人苦萬千。
> 速速改過莫遲延，世人孰無過？改之為聖賢。

075　臺灣鍾奕坤〈朱子刪正桃園明聖經奏議 —— 講解〉，標點錯字有所更正。其解釋言：「《桃園明聖經》在清朝末年之前，可說是斷簡殘篇，次序不合，故朱熹朱夫子於清末時期，奉第十七代玉皇大帝，刪正這本《桃園明聖經》，並將刪正的經過與成果，以《奏議》方式作報告。我們由經文『孔明原是廣慧星，即是前朝嚴子陵，此生諸葛亮，再宋朱文公』中，可知朱夫子在清末時期已經成神。所參照的版本為天聖七年（1029）的玉泉真本。」（http://www.pro-confucius.com/course/tymsj20040329.htm）可知踵事增華之跡。

人無過，篤行全。

廉生畏，潔生嚴。細檢點，避疑嫌。

希賢希聖由天命，學禮學詩聽自然。

卻周粟，隱山川，為人似玉無瑕玷，立志如同鐵石堅。

守己祿，莫徇偏，損人利己子孫冤。

廉者不受嗟來食，志士不飲盜之泉。

辭俸原憲潔，畏金楊震廉。

坐懷不亂柳下惠，閉戶無容魯仲連。

鶉食曾如蟠李美，瓜祭何勝菜根甜？

俸祿止堪供禮儀，舉家食費僅盤桓。

百簀抬回失節物，滿箱裝裹昧心錢。

笞杖徒流誰不怕？勸爾抬頭看上天。

縱容男僕如狼虎，謀占軍民地與田。

勢敗運衰參詰告，拔塚平房冤報冤。

婦男窮極為娼盜，恨殺當初惡要錢。

人之節，如竹又如月。廣大與高明，圓容更清潔。一生直不彎，挺挺欺霜雪。一勁參天秀，舞風弄明月。娥英泣竹林，點點斑皆血。即如蘇武杖，數有十二節。李陵汙其奸，蘇武敬其烈。仲升使西域，三十六國卻。節義全，神聖悅。或掌天曹事，或補城隍缺。或生公與侯，富貴千年業。亂臣弄賊子，每把忠良滅。一見虛歡喜，心口各相別。心藏丈八矛，意存三寸鐵。舌下有龍泉，殺人不見血。貪酷克奸讒，自殞兒孫絕。

吾不吃長齋，吾不信異說。地獄即城隍，三寶星日月。救濟急難人，就是解冤結。

其中所引歷史典故甚多，如言「忠」之秦檜、岳飛，「孝」之舜帝繼位，「廉」之原憲、楊震、柳下惠、魯仲連，「節」之蘇武、李陵、

班超（字仲升）等，多是儒家經典中耳熟能詳的中國故事，敘來也的確平易親切，滿足了非佛徒、非異教的信眾心理。

《桃園明聖經》民國以後在大陸究竟有何影響，訖無專門研究，姑存闕疑。但此後在臺灣的發展卻非常迅速，而且至今不衰。臺灣學者蔡相煇言：

> 日本統治時期，臺灣善堂甚至佛堂都廣泛流傳一本《關聖帝君明聖真經》。善書理論上是扶鸞請神降臨乩示，再由筆生筆錄整理成書，通常都不會有作者署名，其著作年代也不會被署上。以其經文較前述《覺世真經》多出許多，加上降乩過程繁複，添加許多咒語，且以書籍形式流傳，其撰述年代可能在日治時期的大正年間（大正元年為民國元年）……這本書從一八九五年臺灣割讓日本後一直流傳至今，為關聖帝君信仰被用為社會教化的重要數據。

分析箇中原由時，他指出：

> 臺灣光復後，日本留下的神社被改為忠烈祠，但卻無法取代政府祀典及指導官箴的意義，僅成重要節日政府慰問遺族的象徵；民間廟宇雖多恢復，但清朝祀典只文廟獲政府認同，於孔子誕辰遣官致祭，其餘皆任其自生自滅。為民間普遍敬仰的關帝，其廟貌雖仍興盛，信徒也曾因應時代變化將《關聖帝君明聖經》以白話批注流通，並在信徒集會場合宣講。

表明實際上正是由於日治時代刻意的文化阻隔，加之民國十六年（西元一九二七年）政府廢棄武廟祭典傳統，光復以後的臺灣大量堅持傳統信仰的民間關公崇拜信眾，已經無由皈依、接續中華傳統，只能仿照其他宗教誦經方式將熟稔之《桃園明聖經》重新翻造，自行解釋。並

逕自溯源，以為經書的「編造年代為道光二十二年二月間，由同安籍的蘇廷玉撰寫，其子蘇士準請人摹鐫於泉州關岳廟」。[076] 這應當出自泉州籍信善之口。可知民族重要信仰的變更，會在歷史上造成多大的隔閡和斷裂。

正是透過這一系列的民間經文善書，使儒家以「四維」、「五常」、「八德」為象徵的價值體系，借助關公形象的文化符號，終於深入普及到中國社會下層，使他成為了名副其實的全民道德神。

善書寶卷和民間宗教中的關公信仰 ━━━━━━

與民間托經並行的另外一條線索是善書寶卷。這似乎是在萬曆年間突然出現的，如《護國佑民伏魔寶卷》、《三義護國佑民伏魔功案寶卷》及《銷釋萬靈護國了意至聖伽藍寶卷》等，編撰傳述關公超凡稱神入聖的種種經歷。《護國佑民伏魔寶卷》逕以劉關張結義為第一、二品，「三官保本，玉帝封神」為第三品，「轉凡稱聖」第四品，成神第五品，封帝為第六品，岳飛替職為帥第七品云云。但接下來則話題一轉，卻談及關羽先後得到師羅、觀音點化，轉世先以「養氣」結為「聖胎」，「從海底，往上返，滾上崑崙。霹靂響，金門乍，開關展竅。養嬰兒，成正覺，滾出雲門。」然後「男兒懷孕，委實稀罕。懷孕整三

076　蔡相煇〈臺灣的關帝信仰及其教化功能〉，亦載《關羽、關公與關聖》第163～187頁。按此經至今仍然盛行於臺灣，而後又成立「社團法人中華《桃園明聖經》推廣學會」，聲言「時值末法，世風日下，人心澆漓，綱常淪喪。殺父弒母，貪贓枉法，見利忘義等事，時有所聞。爾虞我詐，唯利是圖者，亦處處可見。致世界有如殺戮戰場，實在令人悲嘆。關聖大帝不忍世人墜陷萬丈深淵，特慈悲著述《桃園明聖經》，以發揚忠孝廉節、五常八德之旨，實乃導正時弊、淨化人心之最佳南鍼。其經文不僅氣勢磅礡，雄偉浩蕩，且處處隱藏奧妙玄機，使人出迷省悟，雖一字半語，皆足以感天地動鬼神。讀誦起來，更令人震撼身心，熱血沸騰。誠心持誦，即可感應靈驗；恪遵力行，更能返回本來，以達聖賢仙佛之境。」並準備「博采眾議，訂定最正確之《桃園明聖經》版本，作為全球統一版本。」

年，先小後大，不方不圓。功圓德滿，入聖超凡。玄門開放，滾出天外天。」降世凡塵，最終皈依無生老母名下的大段經歷：

> 伏魔爺，根基深，不是凡人。元是南方火帝君。臨凡下世在東土，保國護民。（第十三品）

這意味著關公已非「過去神」，而是「現世神」了。他與無生老母的關係也頗不尋常：

> 超了凡，入了聖，皈家認祖，七寶池，洗盪了，六根六塵。聚佛牌，標了名，答查對號，伴定了，無生母，永不沾塵。（第二十二品）

此外還有「答查對上號，嬰兒見了娘。摔著手走西方」（第十品）、「嬰兒靈山會上我親娘……嬰兒見娘，赴到靈山不回鄉」（第十五品）等句，直白地將無生老母與關公之關係比擬母子。

這些顯然超出歷史及文學範疇，屬於新起的民間宗教神話。其中「無生老母」所指為何，值得推敲。

《明史‧后妃列傳》言：

> （李太后）顧好佛，京師內外多置梵剎，動費巨萬，帝亦助施無算。居正在日，嘗以為言，未能用也。

她曾宣稱夢授《九蓮菩薩經》（即《佛說大慈至聖九蓮菩薩化身度世尊經》），後又有《太上老君說自在天仙九蓮至聖應化度世真經》（今存萬曆四十四年御刊本），萬曆初年遂建京西慈壽寺，立「九蓮聖母像」及「伏魔帝君像」碑，為之祈壽祝禱，碑背面分別刻有「瑞蓮賦」和「伏魔偈」。此外在京師長椿寺「李太后之牌位」，畫軸寫明「九蓮菩薩之位」。顧炎武〈聖慈天慶宮後記〉也證實了這一點：

（泰山）碧霞元君之宮前一殿奉元君。萬曆中尊孝定皇太后為九蓮菩薩，構一殿於元君之後奉之。[077]

可知李太后生前已被視作「九蓮菩薩」化身，亦猶乾隆、慈禧願意被人稱作「老佛爺」之意。又《酌中志》卷十六：

大內西北之隅，建有英華殿一處，前菩提樹兩株，聞係九蓮菩薩慈聖皇祖母所植，高二丈，枝幹婆娑，下垂至地，儼若佛菩薩慈悲，接引眾生也者。[078]

即是說此。故美國羅格斯大學教授于君方言：

這一點值得我們注意。因為這是因為李太后和她的兒子萬曆皇帝曾推動「九蓮菩薩」的信仰，而這個菩薩不但是觀音的化身，而李太后在她生前和她死後都被稱為九蓮菩薩。[079]

李太后由何處獲取《九蓮經》，亦有蹤跡可尋，這就是順天保明寺（亦稱顯應寺、皇姑寺）。乾隆時奉敕修撰的《京城古蹟考·顯應寺》言：

寺在黃村，俗呼皇姑寺。明正統八年，駕親征也先，陝西呂尼叩馬諫而死。及復辟，肉身不壞，乃塑而建寺焉。賜額保明寺，康熙五十一年災，五十三年奉敕重建……配殿二：一為漢前將軍關侯，一為灌口二郎神。[080]

---

077 《日知錄》卷十。

078 《酌中志》第 119 頁。

079 〈「偽經」與觀音信仰〉，載《中華佛學學報》（臺灣）第八期（1995 年 7 月出版第 126 頁）。其中敘述到李太后寵信保明寺（即皇姑寺）呂尼，而呂尼崇信白蓮教系統寶卷。

080 勵宗萬《京城古蹟考》，北京古籍出版社 1981 年排印本，第 20 頁。

　　據《中國祕密社會》考證，該寺創始人「呂尼」實為直隸開平中衛屯，生於嘉靖四十一年（西元一五六二年）之張氏，九歲「志脫塵寰」，發願創經、十二歲帶經入順天保明寺祝發修行，法名歸圓、萬曆元年（西元一五七三年）將所創五部六冊寶卷刊刻成帙的。該寺屬於西大乘教，組織以「三花五葉」（或三宗五派）、九幹十八枝為特色，「這一組織名稱在《九蓮經》中也有提到」。[081] 但這個考據並不確切，至少推論呂尼與張氏的關係上有誤。皇姑寺早已與關廟有關。嘉靖十九年（西元一五四○年）親信太監黃錦所立京師〈重建關王廟記〉中，就赫然列有「皇姑寺住持張氏」與內官監太監五十八人的名字。[082] 萬曆五年（西元一五七七年）李太后建慈壽寺時將關羽殿設為護法伽藍，說不定就是仿照皇姑寺來的。

　　按保明寺一向與內宮女眷關係密切，沈德符《萬曆野獲編》曾載嘉靖六年（西元一五二七年）一道上諭，略謂桂萼既奏請毀尼寺，亦不應令皇姑寺獨存：

> 乃旨出之後三四日，不知何人哀奏兩宮，皇伯母見諭，以皇姑（寺）為孝宗所建，似不可毀。聖母亦以孝宗為言。蓋小人進禍福之言，故兩宮一時傳諭。次日聖母又諭：欲建一寺，即將此寺與我，亦好。蓋此寺乃皇親內宮供給布施，必有請告之者。[083]

081　《九蓮經・三華五齊朝真品第十六》，可參譚松林主編《中國祕密社會》第二冊，第213～218頁。明人蔣一葵《長安客話》言：「自平坡東轉，望都城，平沙數十里。中經黃村，有保明寺，是女道尼修道處……凡貴家女緇髡皆居其中，人不易入。」按嘉靖〈敕賜順天保明寺碑記〉言，該廟係「順天府宛平縣香山鄉黃村呂氏於正統年間於此置買田產」而創立，則張氏實為第二代住持。

082　碑原在北京市西城區西四北大街雙關帝廟，中國國家圖書館中文拓片資料庫索取號「北京324」。

083　《萬曆野獲編》卷二十七「毀皇姑寺」條。又談遷《棗林雜俎》智集「呂尼阻駕」、蔣一葵《長安客話》卷三「皇姑寺」及西大乘教《普度新聲救苦寶卷》等亦有記載。據說朱祁鎮復辟，改元「天順」後，曾為該寺賜額「順天保明」，倒讀即是「明保天順」。

　　嘉靖佞道，故於佛寺興廢，了無縈懷。不料弘治皇后與嘉靖生母同時出來為皇姑寺保駕，逼迫嘉靖收回成命，可見其於內闈影響之深。沈德符也感慨此事內情頗不簡單：「按世宗此旨，已洞見宮內隱情。」弘治十二年（西元一四九九年）有〈保明寺碑記〉，嘉靖四年又有〈敕賜順天保明寺碑記〉，敘述該廟及呂尼之始末淵源，[084] 應該較沈德符得於傳聞之言更為準確。嘉靖十二年（西元一五三三年）內監還曾為皇姑寺鑄鐘，該鐘現存北京市大鐘寺博物館。可知其與歷朝宮廷內闈關係極為密切。則李太后應當也是由皇姑寺接觸到《九蓮經》的。

　　譚松林主編《中國祕密社會》言，《九蓮經》有「嘉靖二年五月吉日重刻本」，原名《武當山玄天上帝經》，簡稱《皇極經》或《皇極寶卷》，萬曆年間才改稱《九蓮經》的。「此教以無極、太極、皇極為三世教義」。[085] 在明代二十四品的《九蓮經》傳本中，嘗預言「皇極佛」將要替代現世的「太極佛」，成為世界的新主宰。「皇極」之說，恰與進關前清太宗皇太極之漢文書寫名諱極為相近。但究竟是努爾哈赤為其子命名之初，即已有意於此名，還是後來滿洲立朝，附會成改朝換代、有利新朝的讖語？亦未可知。洪承疇順治八年為京師關帝廟撰碑，為昭聖皇太后（即太宗之妻孝莊文皇后）祝釐，也用了「力扶皇極」這樣字樣，未必無因。

　　按皇太極生於萬曆十八年（西元一五九〇年），正值努爾哈赤首次來京師朝貢領封之際。明廷九蓮菩薩之賜及《九蓮經》教義，亦或由此際得知。事實上滿洲皇族命名，著意於漢語之文意有解，正是由皇太

084　碑原在北京市石景山區西黃村。中國國家圖書館中文拓片資料庫索取號分別為「北京 6719」、「北京 6725」。康熙五十二年改由清宦陳枝盛夫人張氏獨立供養，逕稱關帝廟。

085　《中國祕密社會》第二冊，該書還探討了《皇極經》的原作者為正統至正德間（1444～1510）人。參第 233～238 頁。

極開始的。孟森嘗考證遼東舊門善友會（流傳關外的聞香教一支）曾投書後金，以天聰皇帝為「天遣真主」，「五百年間必生之聖人」，並有「牛八江山功滿回天宮，天聰掌教，各位諸祖下世，擁護當今天聰皇上掌教」等等說詞，亦為一證。[086]「大清」國號得名之由，或者亦應從循此線索搜尋探祕。無關本題，枝蔓不贅。

此外臺灣發現的《皇極金丹九蓮正信歸真還鄉寶卷》三十二品，係民國十年（西元一九二一年）由河北傳入。其中系統增添「八牛」為未來佛的讖言，則具有明顯「反清復明」宗旨而偽造入書的。近年學術界對此經卷的研究爭論，可參《中國祕密社會》第三卷〈清代教門〉之〈清代教門代表性經卷──《九蓮經》〉一節。[087]唯該書似未注意到萬曆李太后所奉之「九蓮菩薩」與其間的連繫，是為憾焉。

關羽還在其他祕密會社中得到尊崇。如白蓮教是元代以來影響甚廣的一個民間宗教，清代中葉在川陝鄂豫一代勢力發展很快，起事亦聲勢浩大，嘉慶、道光年間成為清廷的腹心之患。其經卷中也有關羽崇拜的明確內容。喻松青先生在其研究白蓮教的著作中就曾提到：

白蓮教經卷《護國佑民伏魔寶卷》和《三義護國佑民伏魔功案寶卷》，即奉關帝為伏魔神，他降伏妖魔，法力無邊。其中《護國佑民伏魔寶卷》，頌揚關帝出苦斂眾、化人為善、安邦定國、保今護民、顯靈降聖、萬神擁戴等等。

這種內容讓視關羽為清皇室保護神的官員十分惱怒，以致痛斥為「邪教造經，反誣關聖為邪教」，「褻汙聖人，罪大惡極」。[088]喻師還介紹說：

086　詳參孟森〈滿洲老檔譯件論證之一〉，載《明清史論著》，中華書局 1959 年出版，第 338～352 頁。

087　《中國祕密社會》叢書，共七冊，福建人民出版社 2002 年出版。

088　喻松青《明清白蓮教研究》，四川人民出版社 1987 年出版，第 274 頁。

清茶門教還誦唸《伏魔寶卷》和《金科玉律文》。《伏魔寶卷》全名《護國佑民伏魔寶卷》，分二十四品。卷內臚述關帝事蹟並善因自種、福慧自修等思想……頌揚關聖的寶卷，除《護國佑伏魔寶卷》外，還有《三義護國佑民伏魔功案寶卷》。此卷前半照《三國演義》鋪敘成文，後半部說觀音化為師羅，度他還源。清茶門教所誦唸的《伏魔寶卷》，卷文多三字兩句、四字一句組成的十字調，與梆子腔中十字亂彈相同。如：「拈著香，來哀告，青青天天。大慈悲，來加護，可可憐伶。俺三人，願不求，富富貴貴。只求俺，弟兄們，平平安安。」「俺三人」即指劉、關、張三人。還有：「手打著，蓮花樂，口把佛念。動不動，發現出，無字真經」等，確實是「鄙俚不通，俗陋已極」。它之所以在民間祕密宗教中傳誦流行，是因為它所宣揚的桃園結義，異姓兄弟的忠義堅貞，正是祕密結社中勞苦群眾所嚮往和需要的情操。[089]

一些規模較小的祕密教派信仰中也有關公：

長生教是明代萬曆年間汪普善即汪長生創於浙江衢州的一個民間宗教教派。創教後，很活躍，流行於衢州及太湖周圍各地。徒眾有男有女。創教之韌，曾得力於一個女教首姜媽媽（即汪長生的表姐姜徐氏）。雍正五年間，曾遭清廷查明飭禁，但不久徒眾變相崇奉。乾隆三十三年再次被查禁。長生教吃齋誦經，希求長生，設有齋愛，主持人稱齋公，供奉彌陀、彌勒、關帝、韋陀、三官、觀音等神，所誦經卷有《心經》、《金剛經》、《下生經》、《普靜如來檢教寶經》等。[090]

從流行地域及供奉神祇的情況看，這個教派也許是與漕運相關的一個明顯帶有佛教傾向的修行群體，而無政治上的訴求。

089　同前，第 159～169 頁。寶卷引文見黃育楩《破邪詳辯》卷一。或許正因清廷嚴禁的「邪教」屢有崇拜關公的說法，清中期道咸年間才不斷有儒士托為關帝《桃園明聖經》等「正經」出現。

090　同前，第 201 頁。

　　又晚明有綜合佛道的新興宗教「黃天教」者，教主為萬曆時萬全縣（今屬河北省張家口）守備軍人李賓，亦有「普靜」或者「普淨」之名，民間宗教專家李世瑜先生一九四八年曾專程作過調查。萬曆年間正為關羽崇封「伏魔大帝」、《三國志演義》小說戲劇大流行之時，頗疑其立教之初，亦曾借小說名頭，藉以傳法，點化世人。故其傳播極為迅速，其教義以寶卷形式流布，延續至清乾嘉年間，始治以「邪教」之名，並影響至江南「長生教」。但無實證，姑置存疑。任繼愈主編《中國道教史》有專章論及，參該書第十八章〈黃天教與道教〉，枝蔓不贅。

　　清代道光年間河北巡撫黃育楩抄收了六十八部民間祕密宗教的經典，在他的《破邪詳辨》中曾斷定「無生老母」是萬曆年間創立還源教的弓長與弘陽教飄高杜撰出來的。其他祕密宗教的領導者如普明、普靜、呂菩薩、米菩薩等，也都將無生老母奉為教主。[091] 李世瑜與韓書瑞研究認為，這些人都受到羅清與他的「五部六冊」所影響，或自稱是他的後代。而「老母」之名明嘉靖二年（西元一五二三年）早就出現在《皇極金丹九蓮正信皈真還鄉寶卷》中了。[092] 該卷大意是說宇宙初創，乾坤冷清，上天發下九十六億仙佛星祖菩薩臨凡，並安排「三會收元」接濟歸天。現值皇極世，由彌陀負責收仙，故造經演卷，普度世人，並安排「三宗五派」、「九幹十八枝」預為準備。亦民間偽造之經書寶卷一種，但為明清祕密宗教如金丹道、聞香教、八卦教、青蓮教、先天道、金幢教以致近世一貫道等奉為經書，影響甚大。這又開出關羽崇拜的一派別枝。不但在晚明社會與宮廷合作，對於當時的關羽崇拜有推波助瀾之功用，且直接影響到清廷及後世祕密社會。

091　《續刻破邪詳辨》第 71 頁。

092　此本後為周紹良收藏（吳曉鈴有藏抄本）。參見周著〈明萬曆年間為九蓮菩薩編造的兩部經〉，《故宮博物院刊》（北京）1985 年第二期，第 37 ～ 40 頁。

一九四九年以後，官方大力掃除民間會道門，民間信仰的經文及寶卷也鮮現於世。而在臺灣開放教禁以後，還陸續出現了一些以關公信仰為皈依的新興宗教或團體，如玄門真宗、桃園明聖經推廣協會等。筆者赴臺學術交流時，曾有過交往。枝蔓不贅。

第三章

國家封祀

唐宋封祀

封祀是儒家視為國家大事的重大典儀，《春秋左傳·成公十三年》記載劉子曰：

「國之大事，在祀與戎。祀有執膰，戎有受脤，神之大節也。」

認為君主的基本職責，就在於運用祭祀來宣示文化政策，運用戰爭來表達領土和統治意志。除了例行敬天法祖的「嶽瀆」、「祖先」崇拜之外，唐王朝一項影響深遠的文化建設就是宣布以國家大典來祭祀孔子和姜尚（太公望，即後世俗謂「姜太公」、「姜子牙」），以明示價值體系的引導取向。孔子祀典以後雖然也陸續有所增改，但總體趨勢是穩定的。而唐祀姜尚，凡有四變：《新唐書》卷十五〈禮樂志五〉：

開元十九年，始置太公尚父廟，以留侯張良配。中春、中秋上戊祭之，牲、樂之制如文宣。出師命將，發日引辭於廟。仍以古名將十人為十哲配享。……上元元年，尊太公為武成王，祭典與文宣王比，以歷代良將為十哲像坐侍。秦武安君白起、漢淮陰侯韓信、蜀丞相諸葛亮、唐尚書右僕射衛國公李靖、司空英國公李勣列於左，漢太子少傅張良、齊大司馬田穰苴、吳將軍孫武、魏西河守吳起、燕昌國君樂毅列於右，以良為配。後罷中祀，遂不祭。

此時於三國唯配孔明，頗合於太宗李世民對他的褒揚。

安史之亂後的形勢變化，使國家祀典的價值取向也發生了相應偏移。首先是在禮儀使顏真卿的倡議下大幅度增加了武成王廟祀，尤其是興唐保唐諸將的配饗反映出顏真卿的孤旨苦心[093]。他意圖獎掖歷史上功

---

[093] 顏氏實不迂腐，安史亂前他曾以平原太守預偵其謀，亂起又募死士萬人防河津，並聯合十七郡推為主帥，「橫絕燕趙」，《唐書·顏真卿傳》充滿了他糾劾儀禮的記敘，萬曼《唐集敘錄》（中華

臣名將，用榜樣的力量引導握有實權的各路藩鎮節度忠心保國：

建中三年，禮儀使顏真卿奏：「治武成廟，請如〈月令〉春、秋釋奠。其追封以王，宜用諸侯之數，樂奏軒縣。」詔史館考定可配享者，列古今名將凡六十四人圖形焉……魏徵東將軍晉陽侯張遼，蜀前將軍漢壽亭侯關羽，吳偏將軍南郡太守周瑜、丞相婁侯陸遜……魏太尉鄧艾，蜀車騎將軍西鄉侯張飛、吳武威將軍南郡太守屛陵侯呂蒙、大司馬荊州牧陸抗……禮部尚書聞喜公裴行儉、兵部尚書同中書門下三品代國公郭元振、朔方節度使兼御史大夫張齊丘、太尉中書令尚父汾陽郡王郭子儀。

擴大配饗的結果是魏蜀吳並立，而且吳人居然占據了半數。關羽也在這時和張飛一同進入了廟祀，這也許與當時叛亂藩鎮多出於河北的情勢有關。頗疑李商隱〈驕兒詩〉描述的「或謔張飛胡，或笑鄧艾吃」的元和間唐人說書，亦與這次擴大配饗的背景不無關聯。不料詔令頒布次年即發生了李希烈、朱泚等人大規模叛亂，提出這個政策的顏真卿也命喪強藩驕鎮之手。配饗的歷代諸將也跟著吃了苦頭，被毫不客氣地撤去祀位，請出武廟：

貞元二年，刑部尚書關播[094]奏：「太公古稱大賢，下乃置亞聖，義有未安。而仲尼十哲，皆當時弟子，今以異時名將，列之弟子，非類

書局1982年版），顏真卿「（唐）代宗晏駕後為禮儀使，前後所制儀注，令門生左輔元編為《禮儀集》十卷」。可知顏是勤勤懇懇地做這項工作的。五代後亡佚，宋人吳興沈氏輯其佚稿編著為《顏魯公集》，劉原父為序。

094　奇怪的是關播明明是提議撤銷關羽配享的，卻在宋人《佛祖統記》中被列入關羽後裔。《乾隆解梁關帝志》卷之一〈子孫傳〉：「關播，（關興五世孫）康之後，唐德宗時為平章政事。《（山西）通志》稱為解州人，雲長後裔。」按《舊唐書·關播傳》：「關播，字務元，衛州汲人也。」他曾得到過顯宦內眷的特別關照，「大曆中，神策軍使王駕鶴妻關氏，以播與同宗，深遇之。」和著名的奸相盧杞關係也不錯，「盧杞以播柔緩，冀其易制，驟稱薦之。……時政事決在盧杞，播但斂衽取容而已。乏於知人之鑑，好大言虛誕者，播必悅而親信之。」他推薦「可致將相」的人才卻在李希烈、朱泚的叛亂中敗得一塌糊塗，以致「中外哂之」。德宗遣咸安公主和親回紇，關播曾奉命持節護送，如後來胡證護送太和公主然。

也。請但用古今名將配享，去亞聖十哲之名。」自是，唯享武成王及留侯，而諸將不復祭矣。

趙宋代周，結束了五代紛亂局面，不久即開始上承唐統，郊祀天下，再次將關羽、張飛列入武成王配祀。也許出於「杯酒釋兵權」的需要，趙匡胤不久又改了主意。李燾《續資治通鑑長編》卷四「太祖乾德元年（西元九六三年）」言：

初，上幸武成王廟，歷觀兩廊所畫名將，以杖指白起曰：「起殺已降，不武之甚，胡為受饗於此？」命去之。左拾遺、知制誥高錫因上疏論王僧辯不克令終，不宜在配饗七十二賢之列。乃詔吏部尚書張昭、工部尚書竇儀與錫別加裁定，取功業始終無瑕者。癸巳，昭等共議請升漢灌嬰……凡二十三人；退魏吳起，齊孫臏，趙廉頗，漢韓信、彭越、周亞夫，後漢段紀明，魏鄧艾，晉陶侃，蜀關羽、張飛……凡二十二人。

這立刻招致了反對意見。兩天以後，祕書郎、直史館梁周翰上言表示異議：

臣聞天地以來，覆載之內，聖賢交騖，古今同流，校其顛末，鮮克具美。……關羽則為仇國所擒，張飛則遭帳下所害。凡此名將，悉皆人雄，苟欲指瑕，誰當無累，或從澄汰，盡可棄捐。況其功業穹隆，名稱炬赫，樵夫牧稚，咸所聞知；列將通侯，竊所思慕。若一旦除去神位，擯出祠庭，吹毛求異代之疵，投袂忿古人之惡，必使時情頓惑，竊議交興。[095]

梁周翰旗幟鮮明反對「吹毛求異代之疵，投袂忿古人之惡」。不但「法祖」舊制，也是針對「兵革未靖，宜右武以起忠烈」的宋初現實。

095　《宋史·梁周翰傳》。

趙匡胤考慮的重點不同，他建立武成王廟是滿足武將也能「功業不朽」的要求，變革「配饗」的標準不啻警告他們千萬注意要「保持晚節」。否則即使你是老臣名將，也可能撤其禮遇。所以他對梁周翰的上書採取了「冷處理」的方式：

> 上以升降之制，有所懲勸，不報。

「懲勸」二字包含的現實內容，不言而喻。不過他在修復歷代帝王陵寢及功臣烈士宗廟時，也包括劉備、關羽、張飛和諸葛亮。[096] 趙光義又推恩及遠，「至道二年（西元九九六年）制曰：『五嶽四瀆、名山大川及歷代聖帝明王、忠臣烈士有祠宇在處，並令精潔致祭。近祠廟陵寢處並禁樵採。』」[097] 這也是玉泉寺關羽祠宇能夠延續至宋的原因吧。

時與勢移，康定、慶曆年間宋廷用兵西夏招致慘敗，內亂亦起，亟須「右武以起忠烈」，於是宋仁宗按照范仲淹建議頒行「新政」（西元一〇四三年），對武成王廟配享也進行了調整：

> 初，建隆議升歷代功臣二十三人，舊配享者退二十二人。慶曆儀，自張良、管仲而下依舊配享，不用建隆升降之次。[098]

這也意味著恢復了關羽等人的配享。其實早在大中祥符七年（西元一〇一四年）真宗親祀汾陰后土廟時，已在關羽故鄉解州新建了關廟，鄭咸〈元祐重修廟記〉提到關羽事蹟已經廣泛傳誦，「老農稚子，皆能道之」，特別強調他不事強主，不計爵祿富貴，對「漢之宗種」生死相從的忠義氣節，足以傳世。請注意其中「廟久不治，里中父老相與經

096　參馬端臨《文獻通考》卷一百三〈宗廟十三〉。
097　《宋太宗實錄》卷七十六。
098　《宋史》卷一百五〈禮志八〉。

營，加完新焉」數語。[099] 這也是關羽崇拜由葬地當陽向故里解州，或者說是由楚地向中原的一次重要轉移，也成為後來道教「關公斬蚩尤」神話的契機。

宋神宗欲強兵耀武，所以特地頒定歷代功臣祠廟的等級及升降爵次，並明確劃分了「人」與「神」的政策界線。《宋史・禮志八》言：

> 諸祠廟。自開寶、皇祐以來，凡天下名在地志，功及生民，宮觀陵廟，名山大川能興雲雨者，並加崇飾，增入祀典。熙寧復詔應祠廟祈禱靈驗，而未有爵號，並以名聞。於是太常博士王古請：「自今諸神祠無爵號者賜廟額，已賜額者加封爵，初封侯，再封公，次封王，生有爵位者從其本封。婦人之神封夫人，再封妃。其封號者初二字，再加四字。如此，則錫命馭神，恩禮有序。欲更增神仙封號，初真人，次真君。」

也就是說，公、侯、王三爵尤為功臣之封賞，而真人、真君則已為「神仙」名號矣。以此觀之，關羽由人而神的區分，正在後來道教加封其為「崇寧真君」之際。李燾《續通鑑長編》記載，宣和五年（西元一一二三年）關羽曾被敕封為「義勇武安王，從祀武王廟」，但旋以禮部奏啟，「從祀將例，不顯謚號」，故除「義勇」，仍稱「武安王」。也許是在玉泉和廣西的關羽祠廟宋仁宗時已經「賜額」且漢代業已封侯的緣故吧。蘇東坡門下弟子李廌《濟南集》已有〈關侯廟〉詩，其云：

> 三方各虎踞，猛將皆成群。屹然萬人敵，唯羣稱絕倫。
> 仗節氣蓋世，橫矟勇冠軍。艱難戎馬間，感慨竹帛勳。
> 鳳闕控蠻楚，廟食漢江濆。神遊舊戰地，庭樹起黃雲。[100]

099　文淵閣四庫全書本《山西通志》卷二百〇二，第 67～68 頁。該碑未繫年，明正德間韓文撰解州關廟碑言「乃宋祥符甲寅敕建，元祐壬申重修。」元祐壬申為 1092 年。

100　四庫本《濟南集》卷一，第 11 頁。

其集未編年，故難以驟定寫於何時，由詩意看應當是遊楚之作。按李廌文字雖然曾得蘇軾激賞，但一生科名未遂，故遊歷有限。現存李廌集有其應趙德麟邀約，曾去襄樊一帶遊歷，或者作於此時。李廌逝於宋徽宗大觀三年（西元一一○九年），其時中原尚稱承平，但瞻仰關廟已勾起他的無限感慨。

明代國祀

唐宋兩代關羽都曾進入武成王廟陪祀，但位次並不顯赫。北宋雖然已為關羽封王，爵次高於其他陪祀，但也還不唯此獨尊。元代封敕甚為雜亂，則因主奉藏傳佛教，而道教也熱心參與之故。明代開國即以理學建構制度，朱元璋在南京初立十廟而無關廟的情況曾引起後人猜測。故傳言：

明初，英靈坊十廟將成，高帝夢神謁陛前，求立廟。帝曰：卿於國無功，是以不及。神曰：陛下鄱陽之戰，臣率陰兵十萬為助，何謂無功？帝領之，神乃去。明旦命工部為立祠。[101]

蓋緣朱氏久立長子朱標為嗣，並指定宋濂為首的一批理學重臣為其講經，目的是培養出中國第一個「理學皇帝」。不料洪武二十五年（西元一三九二年）朱標因病早逝，經過反覆考慮權衡，朱元璋決意按照西周宗子之法，屏棄已立藩王之諸子，逕以朱標十六歲的次子允炆為帝嗣，以齊泰、黃子澄、方孝孺為其師傅。但他也唯恐主弱臣強，重蹈元代泰定帝以後強臣廢立、繼位失序的覆轍，故於次年再開殺戒，這就

101　《古今圖書集成》492 冊第 34 頁中。又清人褚人獲《堅瓠祕集》卷一「關王廟」條亦言：「南京十廟將成，剋期祭告矣。高皇夢一人赭面綠衣，手持巨刀，跪而謂曰：『臣，漢壽亭侯關羽也。陛下立廟，何獨遺臣？』上曰：『卿於國無功，故不及。』神曰：『陛下鄱陽之戰，臣舉陰兵十萬為助，何謂無功？』上乃領之，神去。明早，命工部別立一廟於旁，限三日而成。」這當是後人對於朱元璋刻薄寡恩而善於託夢的演繹。

是明史著名的「藍玉案」。洪武二十七年（西元一三九四年）復關羽廟祀，應當是為餘下的武將樹立忠君尚義的典範，以確保建文嗣位時能夠有一批忠心武臣保駕。殊不料百密一疏，禍起蕭牆，起兵篡位的卻正是皇子朱棣，也應了那句「千慮一失」的老話。洪武三十五年（西元一四〇二年），建文面臨破城危急之時，唯有禱神以冀奇蹟時，京師關羽祠也果然派上了用場：

辛卯，遣江陰侯吳高祭開平忠武王；神樂觀提點周原（玄）初祭北極真武之神；後軍提督陳旭祭漢壽亭侯之神；禮部員外郎宋禮祭都城隍之神。[102]

可謂「臨時抱佛腳」。朱棣即位不久即開始在北平營建京師，永樂十九年（西元一四二一年）正式遷都。《明史·禮志四》載：

漢壽亭侯關公廟，永樂間建。成化十三年，又奉敕建廟宛平縣之東，祭以五月十三日。皆太常寺官祭。[103]

北京故宮博物院除收藏有宣德時期宮廷畫師商喜繪製的大幅〈關公擒將圖〉，還有戴進繪製的〈三顧草廬〉圖軸，尺幅斐然可觀。其中有關羽幞巾葛袍之另種風格形象，與〈擒將圖〉迥異，可資比較。頗疑此兩幅畫均是宣德帝為重修京師「壽亭侯廟」（或另有「三義廟」計畫，如後世正統帝修建者然）準備的壁畫粉本，但不知何故未能建廟，所以沒有派上用場，遂閒置於大內庫藏之中。一般而言，廟宇更新都是在

102　《太宗實錄》卷十。載《明實錄類纂·宮廷史料卷》，1019～1020頁。按朱棣篡位後將建文帝四年從官修史書抹去，逕承朱元璋年號。故有洪武三十一年閏五月（戊寅，1398）至洪武三十五年七月（壬午，1402）的記載。

103　《宛署雜記》卷十八〈萬字〉亦語焉不詳：「敕祭漢壽亭侯廟……永樂年，廟祭於京師。成化十三年，奉敕建廟宛平之東，中塑神像，前為馬殿，外為廟門。」規制仍然不高。而同書〈言字〉中則說「在積慶坊，宋建。我朝英宗皇帝夢神騎白馬至是地，因敕賜重修。有御祭，名為『白馬關帝廟』。商輅記」。英宗一段似指「土木堡之變」時「救駕」傳說，亦是附會之言，不必深究。

原址翻修，而非移址另建，故知以護佑明廷著稱之白馬關廟實由明憲宗（年號成化）朱見深在洪武初所建關廟的基礎新修。也許經歷「土木之變」和「奪門之變」，皇室對於關公的信奉更上層樓。《萬曆野獲編》卷一「復辟誅賞之濫」條言：

　　天順元年正月，南內奪門之功，升賞過濫，不必言矣。乃至無目人劉智，亦拜漏刻博士。以致教坊司樂工高鑑升司樂，俱見之明旨。不亦重辱此盛舉哉！以故朝天宮道士朱可名、大興隆寺僧本金，皆以誦經所祝乞官。而山西按察司俞本，亦以曾禱關羽廟祐上還京，且錄告神詩文以獻矣。

　　證實當時「勤王」，還的確有拿關公崇拜說事者，亦可見出道士、樂工在擁立皇帝中亦有作用。據載正統年間朱祁鎮曾於紫禁城西南隅建立了一座「三義廟」，專門祀奉劉、關、張君臣兄弟。[104]

　　作為朱祁鎮事先冊立的太子，成化帝朱見深在這次帝位承繼的反覆中一度失去東宮儲位，一定對究竟什麼才是「帝與二人，寢則同床，恩若兄弟……隨帝所往，艱險不避，君臣義氣，彼此固結，久而不替……炎鼎已失而復存，漢祚已絕而復續」[105]深有所感，故樹立忠節榜樣的同時，也在宗教各派中廣結善因，左右逢源。就是他首先開啟了明廷「傳升」道官的制度，又命勳舊與嗣漢天師結為姻親。[106]成化十七年（西元一四八一年），朱見深又特為京師關廟頒賜祭文，云：

104　徐階嘉靖四十年〈重修三義廟記〉，載沈榜《宛署雜記》第二十卷〈志遺四〉，北京古籍出版社1982年排印本，第258頁。

105　成化二十二年〈御制重建三義廟碑〉語。載《宛署雜記》第十八卷〈恩澤〉，第202～203頁。

106　四十七代嗣漢真人張玄慶成化十三年「入覲，錫燕內庭。遣中官梁芳傳旨，聘成國公朱儀女為配。」事見《漢天師世家》卷四，《皇明恩命世錄》卷七亦載。按成國公朱能以翼輔朱棣奪位封公，征云南死，其子朱勇在「土木之變」中戰死，故能與明廷共始終。據載朱勇「賴面虯須，狀貌甚偉，勇略不足，而敬禮士大夫。」亦仿《三國志》所載之關羽。《明史》列傳三十三有傳。

　　唯神天挺英豪，而號萬人之敵，理涵麟史，以興一國之圖。酬德報功，烈侯嘉諡。逮於有宋，敕命靈魂，復統陰符之兵，剿滅蚩尤之怪。妖氛既絕，旱虐隨消，天降甘霖，池水若鏡。生民獲利，國課充輸。公快私忻，唯神是賴。尤冀佑皇圖永固，更希眷靈祚之悠長，遣使達誠，持香致敬，靈威顯赫，昭格是祈。

　　既肯定了關羽知曉《春秋》（亦稱「麟史」或者「麟經」）大義，又宣示出正一派託言「關公斬蚩尤」的神異佑民，顯示出儒道合流的趨勢。從此明廷的關羽崇拜正式走上了儒道合一的軌道。關羽祭祀既然沿此兩途開始升溫，重心也開始第二次大轉移，形成以全國政治文化核心地帶 —— 京師為中心的國家崇拜，並持續影響四百餘年，直到清末。

　　《明武宗實錄》卷五載：「（弘治十八年九月辛丑）禮部進孝宗敬皇帝梓宮發引祔享儀注」時，已把關羽廟列為太常寺祭告對象。這次祭禮提升雖然並不引人注目，卻為後世皇室供奉打開了閘門。成化年間，禮部侍郎倪嶽曾上〈正祀典疏〉，把很多熱門神靈列入「淫祀」，包括梓潼帝君、文昌之星、張天師、大小青龍神、東嶽泰山神、北極佑聖真君（真武）、崇恩（薩真人）、隆恩真君（王靈官）、洪恩靈濟真君（二徐），甚至城隍神，但卻特別聲明：

　　正大之神漢壽亭侯、宋文丞相，俱祀典應祭。[107]

　　洪熙至弘治期間，關廟一直得到地方官員的維修或者復建，還有詞臣學士苗衷、商輅、李東陽，翰林錢福，主管大僚如禮部尚書周洪謨，江南名士如祝允明等，為之立碑撰記。祭祀雖不顯赫，卻為中明關羽地

107　《青谿漫稿》一，轉自《皇明經世文編》影明本第一冊。（中華書局1987年再版，第658～663頁）
　　倪岳，《明史》有傳。

位的提升預設了前提。朱棣自北方取得帝位,故立真武為主神。嘉靖則是自南方承嗣取得帝位的,所立重神為誰?按照規制,他出生之鍾祥(潛邸)也因之升格為承天府,與應天府(南京)、順天府(北京)並立為三,即所謂「升州為府,擬兩京兆,聲名文物,非列郡可比」。[108]只是承天府辟處一隅,地瘠人寡,不足以稱通都大邑,故將荊門、沔陽等三個府州歸入承天府轄治。關羽殉難之地當陽原屬荊門,亦於嘉靖十年(西元一五三一年)歸併入承天府治下。[109]按朱厚熜原擬將其父興獻王陵(後稱顯陵)移葬北京昌平帝陵一系,以徹底完成轉移帝系,以「皇太孫」身分繼承大統的願望。為此他曾專程回鍾祥謁陵,進行考察,也是唯一的一次離宮遠巡。途中曾經遭遇火災,被隨駕錦衣衛指揮陸炳冒死救出:

十八年從帝南幸,次衛輝。夜四更,行宮火,從官倉猝不知帝所在。炳排闥負帝出,帝自是愛幸炳。屢擢都指揮同知,掌錦衣事。[110]

但在最後關頭,嘉靖還是因為怕斷了「龍脈」而放棄遷葬,決定其母死後仍然歸葬顯陵,規格為帝陵。這就更加突顯出帝嗣南來的意義。徐階曾有〈重修當陽廟碑〉,談到當陽關廟曾在嘉靖年間大規模重修,捐助者則為:

黃公名錦,在司禮務德而奉公,陸公名炳,有文武才,其志在安社稷,觀於茲舉,可以得其人之概矣。[111]

---

108 萬曆《承天府志》李維楨序,輯入《日本藏中國罕見地方志叢刊》。
109 《明史·地理志五》:「承天府:安陸府,屬荊湖北道宣慰司。太祖乙巳年屬湖廣行省。洪武九年四月降為州,直隸湖廣布政司……弘治四年,興王府自德安府遷此。嘉靖十年升州為承天府。十八年建興都留守司於此。領州二,縣五。東南距布政司五百七十里。」
110 《明史》卷三百七〈佞幸〉。
111 《解梁關帝志》卷之三,第215～216頁。

　　請注意，這兩個人正好都是嘉靖歸省的隨駕，也是他身邊最有權勢的親近權侍。他們聯手重建當陽關羽祠廟，或者是知悉嘉靖的真實想法，甚至得到嘉靖本人的默許。[112] 現存關廟碑帖中已有嘉靖十九年（西元一五四〇年）由黃錦之弟、錦衣衛指揮同知黃鏞用其二子黃澄、黃淇祈福名義，在京師修造關廟的〈重建關王廟記〉，共同參與者亦有「內官監等衙門太監等官」共五十八人。[113] 其事「恰好」踵接在嘉靖歸省之後，不為無因。只是事關帝胄「移祚」，改神護佑，當時或為皇室不宣之祕，只有貼心近侍可得窺知而已。

　　另外前明官方禱雨儀典通常是致禱龍神，而嘉靖（十二年）卻開啟了京師祭祀廟宇遣官致祭時增加關公祈雨的先例。

　　庚子，上遣中官傳諭禮部曰：朕唯時雨未降，麥槁矣。已敕順天府官率屬祈請，久未感通。自二十九日為始，致齋三日，其遣尚書言祭北極佑聖之神，侍郎若水祭東嶽泰山之神，侍郎春祭都城隍之神，卿道瀛祭漢壽亭侯之神，務秉潔誠以迓神貺。以來月三日行事。[114]

　　另有證據表明，此時京師的祀典關羽封諡已經由「侯」而「王」，且關廟也被錫以「護國」之名：

　　〈明護國關王廟記〉：存。嘉靖十七年五月立，徐錦書。碑陰題名。在西皇城根白馬關帝廟。[115]

112　陳夢雷《古今圖書集成‧博物彙編‧神異典》第三十七卷〈關聖帝君〉言：「嘉靖三十五年重新當陽墓廟：按《關聖帝君聖蹟圖志》：嘉靖十年稱漢關帝壽亭侯。又於三十五年司禮監太監黃錦、太保都督陸炳出白金二千五百兩，重新當陽墓廟。前知縣黃恕原議，準建。」志以備考。

113　碑原在北京市西城區西四北大街雙關帝廟，中國國家圖書館索取號「北京 324」。參與者還有「皇姑寺住持張氏、信女張氏」等。證實皇姑寺與明後宮的特殊關係。

114　《明世宗實錄》卷一四九。

115　吳廷燮《北京市志稿‧金石志》卷七〈祠廟金石〉，第 427 頁。

　　而京師白馬關廟恰好是國家祭祀關廟。將皇室護佑神已然轉移為關羽的訊息公開釋放出來的人，是嘉靖兒媳、萬曆生母親李太后。京師正陽門小關廟的興起，這更是一個代表性實例。

　　嘉靖佞道，無所不至，五行風水自然是題中必有之義。從登基伊始一系列「爭大禮」的行動中，已盡可見出他在維護出生地及血緣世系方面的不遺餘力。而此刻既已認定帝系由北轉南，則護佑皇室之主神，亦應代表南方。

　　萬曆間焦竑〈漢前將軍關侯正陽門廟碑〉說：

　　國朝受命宅中，百靈效職，乃太微、營室之間，侯實居之，儼如環衛。蓋四方以京師為辰極，而京師以侯為指南，事神其可不恭！[116]

　　以正陽門與紫禁城的位置關係，證明關羽此時已經成為南方之神，替代了北方真武大帝地位。因而正陽門關廟起初雖然只有三楹，但地位之尊崇，卻出於全國關廟之上。萬曆在理學群臣及太后逼迫之下，不得已令愛子福王朱常洵離宮就藩時，託言夢母后傳言，敕封關羽為「三界伏魔大帝」，也令親信太監在此頒詔設醮。

民國時期撤除甕城後的正陽門，左側（西偏）為關帝廟，右側（東偏）為觀音廟。

116　《澹園集》卷十九。臺灣偉文圖書出版社有限公司《明代論著叢刊・焦氏澹園集》，民國六十六年影印本，第 765 頁。按焦竑（1540～1620）字弱侯，明代江寧（今江蘇南京市）人，萬曆十七年（1589）殿試第一，官翰林修撰，曾貶為福寧州同知，歸家不出。藏書豐富，皆親手校訂，有《焦氏藏書目》二卷。著作集為《澹園集》。

以史官自命的錢謙益也說：

> 唯壯繆侯，虎臣國士。王封帝號，崇我明祀。
> 羯奴蛾賊，盜賊之靡。遊魂未滅。唯帝之恥。
> 都山鐵刀，東沸黑水。長沙銅柱，肅鎮南紀。
> 陰護金繩，陽耀玉璽。佑我皇明，億萬年只。[117]

「王封帝號，崇我明祀」以及「金繩」、「玉璽」之說，毫無疑問是指明室子嗣世祚，綿延不絕。儒臣釐定關羽封號應為「漢壽亭侯」而非洪武祀儀之「壽亭侯」，並訂正祀儀也正好在修建正陽門關廟這年。《明世宗實錄》嘉靖十年（西元一五三一年）九月條言：

> 南京太常寺卿黃芳言：「漢關羽宜稱漢壽亭侯，蓋漢壽地名，亭侯爵也，今去漢而稱壽亭，誤也。」疏下禮部，復如其議。[118]

關公何時正式成為明廷護佑神的？明清兩代文士大夫紛紛揣測，說法不下十幾種。但最有權威的說法，還是出自萬曆四十五年（西元一六一七年）皇帝朱翊鈞本人撰寫的碑記。此碑至今猶立，可惜無人道及。這就是北京宣武區萬壽西宮的〈御製勅建護國關帝廟碑記〉。其中說道：

> 朕唯立天綱，扶人極，流行今古而不息者，唯此正氣。人稟是，生而豪傑，歿為名神。往往憑山川顯靈，翼蕩氛祲，驅妖屬，拯災厄。致令疑者卜，懼者禱，歲時昏旦，士女走集，邀福鼎功，遠邇響應，無問裔夷華夏。廟食歷千百載，崇奉不衰，則雲長關帝一人而已……唐宋迫

117　《牧齋初學集》卷八十二，第 1735 頁。
118　這個考證實際上早在弘治時已由程敏政作出。程歷授翰林院編修，內閣掌書誥勅。卒贈禮部尚書。著有《宋遺民錄》、《休寧志》等。

今，歷著靈跡。曩朕恭謁祖陵，俄頃空中彷彿金甲，橫刀跨赤，左右後先，若護蹕狀。朕感荷靈威⋯⋯帝秉火德，熒惑應之。顏如渥丹，騎曰赤兔，盡其徵也。陽明用事，如日中天，先天則為南，當乾；後天則重明麗正，天且弗違。朕志符定，詢謀僉同⋯⋯赫聲濯靈，郁蒸磅礴。朗照所及，朕明正午之運，歷萬古而常存。真有如日得天，而能久照者，廟食並無窮云。[119]

明確說明關公不僅地位最崇，護佑帝祚，而且位證南方，永保大明。如果聯想此刻蒙古喀爾喀部和建州女真來自北方的威脅，這個認定就更加意味深長了。

回念明清易代之際，關羽作為「聰明正直之神」，理應是非分明，拯漢抗虜。為什麼竟然兩邊都予以護佑？或者究竟應該護佑明廷，還是襄助滿洲？當初肯定困擾過關羽神的信眾。文秉《烈皇小識》崇禎十二年（西元一六三九年）紀事提供了這樣的答案：

歲底，上於宮中符召天將。宮中每年或召仙，或召將，叩以來歲事，無弗應者。以前一召即至，至是，召久之不至；良久，帝下臨，乩批云：「天將皆已降生人間，無可應者。」上再拜叩問：「天將降生，意欲何為？尚有未降生者否？」乩批曰：「唯漢壽亭侯受明深恩，不肯下降，餘無在者。」[120]

119　碑原在北京右安門護國關帝廟。拓片載首都圖書館「北京記憶」網站（http://www.bjmem.com/ bjm/yjjs/my/200711/t20071113_4105.html）。承網站負責人王煒提供，謹誌謝忱。案明代護國關帝廟在今宣武區白紙坊路北側盆兒胡同西。其東原有正一玄教總廷敕建宏仁萬壽宮（萬壽東宮），故俗稱「萬壽西宮」。

120　《烈皇小識》卷六，第173頁。按萬曆成書之《三界伏魔關聖帝君忠孝忠義真經》已稱關羽為「三界伏魔大帝」，而《關聖帝君誥》更稱其為「太上神威，英文雄武，精忠大義，高潔清廉，協運皇圖，德崇演正。掌儒釋道教之權，管天地人才之柄。上司三十六天星辰雲漢，下轄七十二地土壘幽酆。」早已統領三界，變理陰陽。

此年正值明廷與農民軍及皇太極兩面作戰，且呈戰爭膠著狀態之際。而關羽雖「受明深恩」，卻不肯降生護佑，顯然天意已決。文秉在崇禎十七年（西元一六四四年）三月紀事復言：

> （崇禎十七年三月）十五日癸卯，日色益晦。正陽門外伏魔廟杵，忽自中劈。又南京孝陵夜哭。[121]

正陽門關廟自嘉靖以來即被明廷視作帝祚護佑的象徵，南京明孝陵則為朱元璋陵寢，更是明皇室祖先崇拜的象徵。兩地同時發生異兆，分明證實明廷大勢已去矣，勢難回天。當天李自成正叩居庸關，明守關總兵唐通、提督太監杜之秩開關迎降。此刻距李軍入城，只有四天。

《關聖帝君聖蹟圖志》是盧湛在康熙朝編著的，代表著降清明臣對於「奸臣誤國」的看法。其中也談到關公降乩：

> 明崇禎皇帝請仙，問國祚。呂祖降乩曰：「當問之伏魔帝。」崇禎曰：「若何致之？」云：「可遣大興令往正陽門廟迎請。」是夕，廟祝夢帝曰：「急起開門。有大興令奉旨到此，汝可令其復旨，云我即見駕也。」崇禎設香案，以迎中堂。周延儒跪，左右無人。俄而帝降，拜行君臣禮，崇禎亦答拜，以國事問。帝曰：「妖魔太多。不可為矣。」延儒問：「妖魔何在？」帝微笑曰：「你就是第一個妖魔。」延儒驚駭，不能起。[122]

這位周延儒就是後來被錦衣衛關押在關帝廟的首輔。也是證明「天不佑明」，是以必敗。這顯然是明朝遺民的無奈嘆息。但是又不甘願接

121　《烈皇小識》卷八，第231頁。又《卍新纂續藏經》卷八十七明初《山庵雜錄》卷之下：「宋度宗為北兵攻急，命道士設大醮，奏章天庭，問國家重事。是時高公伏章久不得報。既立易事。問故。高公云：『為天門不開。』」亦猶斯意，只不過把宋末「天公」換成了明末「關公」。

122　《關聖帝君聖蹟圖志》成書於康熙三十一年（1692）。編著者盧湛，江南桃源（今江蘇泗陽縣）人。

受改朝換代的事實，於是關羽又有拒絕大清旗號的新「神蹟」出現。談遷記載順治四年（西元一六四七年）事說：

> 丁亥正月初三，仁和臨平鎮戍主寓東大橋之關廟久矣，是日小卒忽作神語，責數其罪。戍主怖謝，請修廟。小卒素不知書，至是手疏里人名，釀建揭旗以募。或書國號，即裂之，但書神號而已。戍主因避他舍。其事予友人目睹。[123]

雖然強調「目睹」，未嘗不明白其實也是自欺欺人。而偏偏滿人也自信「關帝佑我」，吳振棫《養吉齋叢錄》之八：

> 金陵有在房山者。明人遼東一役，惑於形家之說，疑與本朝王氣相關，遂劚斷其地脈，且建關帝廟為厭勝之術。此誠愚極，不知天命之有所歸也。順治十四年，遣官修復，立金太祖、世宗陵碑，並令有司時祭。

但是作為歷史上的「扶漢功臣」，關公在明清易代中究竟應該護佑哪方？這個灼人的疑慮，相信始終縈迴在信眾的腦際，成為折磨他們兩百年之久的心病。直到清末，還有人關心此題，並且做出了一個合乎「民本」而非「國本」的解釋：

> 祀典則以前清為盛。有清入關，戰時每顯靈助戰，以後遇有戰役顯應，則必加封號，祀典漸隆。他處廟像皆坐像，京城官祭之廟則用立像。因其廟皇上或親詣祭也。或疑曰：「壯繆顯靈助戰，如果有其事，然不助明而助清，則又何說？」應之曰：「壯繆助清，亦助明也。明不能制闖賊，借助於清，以拯民水火，謂之『助明』，亦何不可？」此說亦言之成理。總之，正直之謂神，壯繆一生殆不失「正直」二字。當其始從昭烈，旋為魏武所羅致，嗣覺魏武不軌於正，以昭烈為彼善於此，

---

123 《棗林雜俎·和集》「漢壽亭侯」條。

復從而為之戮力。伐吳之役，亦以當時大局尚紛，民生塗炭，不得不冀得一當，以致太平。秭歸蹉跌，則關乎天數，死有餘恨也。[124]

也算是為明清之際關羽崇拜的恩怨糾葛，做出一個了斷。不知讀者諸君以為然否？

西洋教士與關羽崇拜

晚明關羽崇拜還曾遭遇另一重挑戰，這就是一批西洋教士深入中國，由於「一元神教」的原因，對於當時方興未艾的關羽崇拜想亦應有相當介紹評價。可惜這一部分的資料還沒有「浮出歷史」。這是一個時代的特殊問題，無由擱置，姑繫於此。

有關明清之際耶穌教會或其他西方傳教士來華問題的研究，一直受到中外學人的重視，但卻較少涉及天主教與中國本土宗教的衝突磨合。尤其是其與當時洶湧澎湃的關公信仰有無牴牾軒輊，更是鮮有道及者。也許囿於聞見，筆者唯見李天綱的著作稍微涉及這個問題：

在《摘出問答彙抄》，耶穌會士從三部漢語舊作中抄錄了四個題目；「答敬城因並嶽瀆火土之神」（摘錄《口鐸日抄》），「答拜天地」（自《辨敬錄》），「答擇地」（自《答客問》），「答祀關公」（自《答客問》），全都是持反對態度的。[125]

又說：

124　何剛德《客座偶談》，上海古籍書店 1983 年影印本，第 316 ～ 317 頁。按何剛德為光緒進士，曾在京任京曹十九年，後官江西建昌及江蘇蘇州知府。此書為民國刊刊。還著有《春明夢錄》等四種。

125　《中國禮儀之爭：歷史・文獻和意義》第二章〈中國禮儀之爭的漢語文件〉。上海古籍出版社 1998 年，第 204 頁。

像「關帝」這樣連國家也承認可以祭祀的「古名賢忠義，雖祀之，可也」。對此，耶穌會明確地說：「是淫祀也。」[126]

據李文介紹，《答客問》全名為《祭祖答問》。作者署名「文都辣、徐慕義」：

文都辣即西班牙方濟各會士，和李安堂一造成達福建的兩個最早的西班牙傳教士之一。文都辣後期到山東濟南傳教。一六五九年回歐洲報告「中國禮儀之爭」。一六六九年帶了六名年輕的方濟各會士回中國。該會反對中國禮儀，後逐漸與耶穌會合作。作者自署「逸民文都辣」，「逸民」即為天主教徒，而作者籍隸「雲陽」則表示入籍中國。

並認為：

《祭祖答問》應該是在康熙朝羅馬發布禁令之後，天主教會不得已而請中國人勸解中國人的小冊子。[127]

這應當是聖方濟各會士的態度。他們也的確以羅馬宗教裁判所決定的審查標準，對每一種信仰方式仔細考察後，決定在教區內令教民棄置或焚毀中國本土神像。許大受的《聖朝佐闢》有「闢廢祀」一節，抗議天主教毀滅中國民間社會的偶像崇拜，可以代表教外的儒家士大夫對天主教禁止中國禮儀制度的反感。其中特別談到最近封敕的「關聖帝君」：

經傳所定五祀、方社、田租等位，《祀典》所載「捍大災、恤大患、死勤事、勞本國」等諸靈爽以上，及吾夫子之聖神。凡從夷者，概

126　《中國禮儀之爭：歷史·文獻和意義》第二章〈中國禮儀之爭的漢語文件〉。上海古籍出版社 1998 年，第 207 頁、第 128 ～ 129 頁。

127　同上。

指為魔鬼，唾而不顧，以為詔天主之妙訣，必督令棄之廁中。其有龕室者，令昇至本邑戎首之家所私設天主堂內雜燒之，嗟嗟！以大聖大賢、精忠仗義之神明，或受人彘之刑，或受秦火之烈，何慘也！舉歷代我朝所襃崇之聖哲，即關公為神皇，近年所新加帝號之英靈，而恣意私戕，又何逆也！[128]

　　許言「人彘」是指呂后虐待戚姬，「秦火」是指秦始皇焚書，可謂氣憤已極。而耶穌會嚴謨的〈草稿〉（抄白）中則說：

　　目今我國祖宗外祭祀已死之人，類有兩樣，須為分別。一樣是國家祀典。如先聖先賢，及本處忠孝節義等祀法古常典禮者。此可祀者也。一樣是流俗邪祀。如將人類名流作神靈供事，祈籤焚楮，下願求福等，為魔鬼之借託，欲以僭古上帝百神之事者，則不可祀者也。又有一種原是常典所祀者，被人入邪其中，變作淫祀，處處遍祀，一用祭野鬼之法矣，則當悉禁其邪祀邪禮，以仍歸於常典中而後可祀者也。[129]

　　因此，李天綱認為：「這樣三類劃分，可以看出，耶穌會對官方的祭祀沒有辦法，只得妥協，而對民間的祭祀，則借助儒家，採取了有限的妥協措施。」[130] 耶穌會士由於在中國連續傳教時間較長，對於中國文化浸濡較深，也善於向中國官方妥協，至以「西儒」身分周旋於宮廷廟

128　輯入徐昌治編《聖朝破邪集》卷四（香港建道神學院・1996 年出版）。按許大受是浙江湖州府德清縣人。其父許孚遠曾在萬曆年間任福建巡撫，因之他對「中國禮儀之爭」有所了解。

129　同前，第 211 頁。署為「乙亥秋月」（康熙三十四年，1695）。這是福建泉州人嚴謨（教名保祿）等六人給當時的福建代牧主教穆若瑟（Jose Monteiro, 1646～1720）的一封信，作者因為為耶穌會寫了大量為中國禮儀辯護的文章，受到了後來到達福建的著名的閻當主教的迫害，不讓他們按教會規矩生活。他上書耶穌會請求幫助，並與別的修會爭論中國禮儀細節問題的。（第 148、158～164 頁）此外嚴氏還特地寫有《天帝考》呈送羅馬教廷。李天綱說嚴氏「全面介入了禮儀之爭」，也是他堅持主張用「上帝」一語翻譯 God 的。（第 221～224 頁）方豪：《中國天主教史人物傳》有〈嚴謨傳〉（中華書局影印公教香港真理學會編，臺北：光啟出版社 1970 年出版本，第 105～107 頁）。

130　同前李天綱書，第 211～212 頁。

堂及民間儒士之間。他們後來對於祭祀關羽採取某種默許態度，也是可以理解的。

　　崇禎早年曾篤信天主教，隨著他入登大寶，徐光啟又於崇禎五年（西元一六三二年）以禮部尚書兼內閣大學士，參預機務。天主教的勢力開始深入內苑禁掖，從來沒有像這一時期那樣，有機會實現合於中世紀歐洲的「政教合一」，可以視為耶穌會士宮廷傳教之歷史性的機遇。故其排佛斥道之舉也一度毫無顧忌，達於斯極。徐宗澤《中國天主教傳教史概論》說，崇禎初年天主教所以大舉進入宮闈，是出於對萬曆、天啟間由南京禮部侍郎沈㴶兩次發動「南京教案」，[131] 天主教士及信奉華人受到迫害以後，由徐光啟策劃採取的反擊措施：

　　自南京教難平息後，徐文定益知西士在中國傳教，非籌劃一永久堅固之基礎，不能平安無事。朝廷之寵幸，官紳之友誼，終不可恃公。又見利瑪竇已故世，楊廷筠、李之藻亦相繼離開人世。李之藻臨終之際，又握公手以聖教相托。徐公自沈㴶失寵後，雖入閣拜相，而年已經古稀，於是深謀遠慮，欲為聖教籌一久安之計。此計維何？即令明廷正式承認傳教士之永久居留問題也。會欽天監推算日月食，屢屢錯誤，乃從修曆方面進言。……自徐文定公薦舉湯若望等修曆，湯公得皇上寵幸，出入宮禁，頗形利便。與太監等往來，常乘機與言聖教道理，聖教化行禁內。約在一六三〇年（崇禎三年）太監龐天壽首倡奉教，同時領洗者十人，龐天壽取聖名 Achillēe（筆者按：龐氏於永曆四年庚寅，即

「南京教案」是天主教入華後首次與中國本土信仰發生嚴重對抗衝突，其間又夾雜著東林與浙黨的紛爭，情況比較複雜。主要事件是萬曆四十四年（1616）五月沈㴶《參遠夷疏》，題為「奏為遠夷闌入部門，暗傷王化，懇乞聖明申嚴律令，以正人心，以維風俗事」。攻忤傳教士以「大西洋」與「大明」相抗，「詭稱天主」，是將「駕軼」在「天子」之上。開局翻譯西書則為「舉堯、舜以來中國相傳綱維統紀之最大者，而欲變亂之」，「暗傷王化」。又言傳教士用天主教「誑惑小民」，不祭祀祖先，「是教之不孝也」，「是率天下而無君臣，由後言之，是率天下而無父子」。當時柄政者內閣首輔方從哲遂下令包圍南京教堂，逮捕信徒，驅逐傳教士，押往澳門。

一六五〇年，上書教皇，謂「信心崇奉二十餘年」）。初由十人，漸至四十人，妃嬪皇子亦有奉教者。禁中安治聖堂一座，湯若望屢次在內舉行彌撒，施行聖事。數年之內，宮中之受洗者有五百四十人之多。此皆當日神父所記載，並非虛語。[132]

可見崇禎初年天主教在宮禁活動頻繁，頗有成效。但李天綱之論尚有瑕疵。按天主教士對於關羽崇拜的態度，從苛嚴到寬容之間發生的一百八十度轉變，或者和當時一件宮廷祕聞有關。文秉《烈皇小識》嘗披露過崇禎初年的一件軼事：

上初年崇奉天主教，上海（按即大學士徐光啟籍貫），教中人也。既入政府，力進天主之說，將宮內俱養諸銅佛像，盡行毀碎。至是，悼靈王病篤，上臨視之，王指九蓮華娘娘，現立空中，歷數毀壞三寶之罪，及苛求武清云云，言訖而薨。上大驚懼，極力挽回，亦無及矣。時閣臣皆從外入，素不諳文義。上既痛悔前事，特頒諭內外，有「但願佛天祖宗知，不願人知也」等句，幾不成皇言矣。[133]

---

132 《中國天主教史概論》第七章〈中國天主教——自利瑪竇逝世至明末〉，上海書店 1990 年覆商務印書館 1938 年排印版，第 199、202 頁。宮中傳教事，其注謂「蕭若瑟神父《天主教傳行中國考》」；又龐天壽即永曆時請命願命赴羅馬教廷請求援兵者。永曆四年，卜彌格司鐸齎帶亦已受洗之永曆皇太后及龐氏致羅馬教皇及耶穌會總會長書赴歐，略效申包胥哭秦廷之意，搬取救兵。原件攝影曾刊載於《東方雜誌》八卷五號。此正所謂「病急亂投醫」。

133 文秉之父文震孟亦於崇禎元年以侍讀召。改左中允，充日講官。一度貶歸，復於五年即家擢右庶子，進少詹事，八年特擢禮部左侍郎兼東閣大學士，入閣預政。未幾忤溫體仁辭歸。著有《文文肅公日記》，故文秉所記宮廷爭議事獨詳。又〈明宮詞〉注「福王可似悼靈王」句引《彤史拾遺》：當妃居啟祥宮時，皇五子有疾，兩河催餉者，日三至。武清侯孳子李國正，許其兄國瑞，藏禁物。自莊房土地外，精環寶累萬萬。上召見國瑞，諭以輸餉。辭不能，上怒責之。既而國瑞死，皇五子疾劇。有憑之為言者曰：「吾九蓮菩薩也！上待吾家薄，吾將逝去。此皇五子慧，隨我行！」先是，神宗時孝事慈聖皇太后。有言慈聖為「九蓮化身」，遂以慈聖像，裝九蓮菩薩祀之。武清侯即慈聖家也。至是宮中禱九蓮，徹三晝夜，而皇五子終不起，諡曰「悼靈王」。後上至妃宮，思悼靈哀之。值寇亂甚，河南諸王多被害。愴念骨肉，呼老宮婢能言宮中往事者，使言之。因言福王之國時，神廟鍾愛王，出宮門召還者三，且約三歲當入朝。當大漸時，猶顧視貴妃以河南為念，今如何矣！上唏噓而起。又《崇禎宮詞注》載，田貴妃所遺二子，托懿安撫養，十六年元旦，朝懿安於仁壽殿，行四拜禮畢，復四拜，謝撫皇子也。（史夢蘭《全史宮詞》，中國戲劇出版社《中國古典文學名著百部》之一，第 227 頁）

《明史·悼靈王傳》亦言：

生五歲而病，帝視之，忽云：「九蓮菩薩言：帝待外戚薄，將盡殤諸子。」遂薨。九蓮菩薩者，神宗母，孝定李太后也。太后好佛，宮中像作九蓮座，故云。

聽起來並不像五歲小兒的言語，頗疑是太監宮女為反對崇禎改信天主教，毀像滅佛，利用皇子生病所作的警示。案明清宮廷太監向來就是崇信關公最篤的一個特殊社會群體。

太監（古稱閹寺或宦官）是被逐出中國家族制度的一個特殊群體。他們自幼淨身入宮，作為皇室的個人奴隸失去人身自由，從事大大小小的雜役苦差，永難出頭。但也有極少數幸運兒一步步接近天咫，從而襄贊機密，掌握要樞，位極人臣。尤其明宮十二監以司禮監為首，並特設司禮監秉筆太監充任皇帝私人祕書，有權在內閣「票擬」上代皇帝「批紅」。[134] 明代太監影響宮廷的大事很多，不僅有盡人皆知的鄭和、王振、汪直、劉瑾、魏忠賢等人專信之寵，還有英宗復辟的「奪門之變」，崇禎自縊時王承恩之殉，都證實著皇帝與親近太監之間實際上有著一種生死相依的關係。關羽「桃園結義」之事蹟雖不相類，但在他們心目中也許正是「忠義護主」的合格榜樣。有記載說「明朝費用甚奢，興作亦廣，其宮中脂粉錢四十萬兩，供應銀數百萬兩……宮女九千人，內監至十萬人。飯食不能遍及，至日有餓死者。」[135] 萬曆時「內府

---

134 司禮監職能本為監督、管理皇城的儀禮、刑法、關防門禁之責，並掌管書籍字畫、內府印刷等事務。呂宓《明宮史》「司禮監」言：「司禮監提督一員，秩在監官之上，於本衙門居住，職掌古今書籍、冊頁、手卷、筆、硯、墨、綾紗、絹布、紙札，各有庫儲之。選監工之老成勤勉者，掌其鎖鑰。」後來隨著皇帝「荒政」，職權逐漸延伸至掌理內外奏章、照閣票批朱等，還控制東廠、錦衣衛，相當於外廷的內閣，故時人稱秉筆太監為「內相」。治所在今北京市東城區吉安所右巷 10 號。清代改為宮眷死後停靈的處所。

135 余金《熙朝新語》卷四。

二十四監棋布星羅，所役工匠、廚役、隸人、圉人，以及諸璫僮奴親屬不下數十萬人。」[136] 明廷亡，「時中璫七萬人皆喧譁出走，宮人亦奔走都市。」[137] 可見明宮太監宮女數量之多。是故明代宮廷愈演愈烈的關羽崇拜中，太監也是一支不可忽視的推動力量。

趙世瑜〈黑山會的故事：明清宦官政治與民間社會〉致力於宦官退老贍養組織黑山會的組織形式時，曾接續梁紹傑研究，探及京西護國寺的問題，[138] 這是一處自明以來太監贍老的所在。《酌中志》卷二十二言：

京師墨〔黑〕山會地方，有贈司禮監太監剛公諱鐵之墓焉。寺中藏有遺像三軸，皆曰靖難時有功之太監，至今宛平縣有祭，凡掌司禮監印者繼續修葺。又曰「三義廟」，蓋祠先主、關、張君臣也。其五虎將軍像，龐士元先生像，皆先監掌印時令經營內官率塑匠往鐘鼓司，仿漢時裝束服飾以塑之，非出自古本流傳也。[139]

趙世瑜認為：

在明清各碑文中，這裡並沒有出現過三義廟的名稱，但由於黑山神祠或護國寺的神譜在佛教諸神中，還有忠義之神武聖關羽，可能其伽藍

136　《萬曆野獲編》卷二十四。

137　王譽昌《崇禎宮詞》下。序署「康熙壬申（1692）」，所述為「白頭宮女在，閒坐說玄宗」之意。輯入《甲申朝事小紀》，北京：書目文獻出版社 1987 年出版。

138　梁文全稱為〈剛鐵碑刻雜考——明代宦官史的一個謎〉，載趙令揚、梁紹傑輯錄《明代宦官碑傳錄》，香港中文大學 1977 年出版，第 314 頁。

139　《酌中志》卷二十二，第 203～204 頁。按剛鐵墓在今北京八寶山革命公墓「褒忠護國寺」內，現存殿堂一百四十餘間。傳剛鐵為永樂朝太監。原名剛炳，因其常手持百餘斤的鐵槍衝鋒陷陣，永樂嘗稱之為「鐵」，遂名剛鐵。其墓坊圖額刻有「敕建開國元勳司禮監太監剛公神道」十五個大字。民間俗傳「當初遼國武將大耳韓昌進攻北京，在老山紮營，剛鐵在八寶山抗擊。打了一天一宿，韓昌終於被剛炳削掉了腦袋。無頭的韓昌騎著馬又跑了二里地，身子才從馬上掉下來。後來掉腦袋的地方叫上莊，掉身子的地方叫下莊。剛炳脫下戰袍，晾了三天才乾，這地方就叫掛甲店。」《酌中志》復獻疑曰：「《宋史》列傳有云：某與遼剛鐵大戰於某處云云。則此墓得毋遼將塚耶？抑剛公亦是遼裔，而名偶同，英猛同耶？」查《宋史》列傳十三〈薛懷讓傳〉，謂後漢薛懷讓守邢州時，有契丹於留麻答守鎮州，「遣副將楊安以八百騎攻懷讓，又命剛鐵將三百騎繼之。懷讓戰不勝，退保本州島。」則其本事遠在五代，亦無關北京。

殿或後來的武聖殿中確塑有劉關張的塑像，而民間對於關羽的熱衷遠超神話了的宦官剛鐵和釋迦牟尼，因此以訛傳訛，使其俗稱「三義廟」。[140]

據現存碑拓資料，有嘉靖八年（西元一五二九年）張鵬舉撰文的京師〈關王廟重修記〉，已言：

> 我邑東村名曰饒樂府，古來有之，而義勇武安王廟，亦古之遺址也。成化十七年六月，內府甫政修之，仍其舊。

這也是太監熱心修葺關廟的明證。嘉靖以後更見熱衷，如嘉靖十九年（西元一五四〇年）蔡文魁撰寫，有多名「內官監等衙門太監等官」及錦衣衛官員參立的京師關廟碑文，額題亦為〈重建關王廟記〉。三十五年（西元一五五六年）內官監太監鄭璽在為宮廷修繕準備石料的房山建立關廟，有〈大石窩關王廟暨立碑碣記〉存世。四十三年（西元一五六四年）又有掌外廠太監楊寅捐資，在京城帽兒胡同建廟，御馬監、尚衣監、內官監、外廠掌廠官等內監四十三人立碑。[141] 同年又有太監盧添保供用庫外廠諸臣供奉香火。萬曆三十年（西元一六〇二年）「御馬監衙門太監等官」五人、「內府供用庫署庫事、御馬監衙門太監等官」三十七人，「掌庫太監二等官」數十人及其他太監立碑重修。[142] 事煩不絮，讀者可自行翻檢。可知明代太監、錦衣為關羽立廟，已經蔚然成風。

140　趙世瑜《狂歡與日常——明清以來廟會與民間社會》，三聯書店（北京）2002 年出版，第 341～342 頁。

141　燕儒宦〈義勇武安王廟記〉，原在北京市西城區大帽胡同關帝廟。中國國家圖書館中文拓片資料庫索取號「北京 385」。唯漫漶已甚，無復辨識矣。按《明清進士題名錄》載嘉靖三十八年己未科（1559）丁士美榜第三甲有燕儒宦。

142　趙鵬程〈重修關王廟記〉。碑原在北京市西城區大帽胡同，中國國家圖書館中文拓片資料庫索取號「北京 384」。按《明清進士題名錄》載，隆慶五年辛未科（1571）張元忭榜二甲一名為趙鵬程。（第 2554 頁）

萬曆年間關羽被崇封為帝君，事實上也有太監的推波助瀾。《明宮史》「道經廠」條言：

習演玄教諸品經懺。凡建醮做好事，亦於隆德殿或欽安殿懸幡掛榜，如外之羽流服色。而雲璈清雅，儼若仙音。此廠掌廠林朝者，神廟時最有寵，如漢壽亭侯關君為「敕封三界伏魔大帝」之號，實朝所奏請也。光廟登極，升朝乾清宮管事。[143]

則崇禎容忍耶穌會士在皇宮內任意毀像滅佛，無論招致什麼宮廷力量對抗，導致何種後果，都不該忽視太監的力量。

至於撤像原因，也有不同說法。耶穌會編《聖教史略》說，崇禎十三年（西元一六四〇年）湯若望上書勸崇禎信仰天主教：

皇上因左右不乏奉教之人，已習聞其說，閱若望奏本，頗為心動。雖未能毅然信從，而於聖教之真正，異端之無根，固已灼有所見。有一事可證，時有以軍餉乏絕告急者，皇上即命將宮中多年供奉之金銀佛像悉數搗毀，以充兵餉。遠近哄傳崇禎皇上棄絕異端，要奉天主教。

將宮內毀像之舉推諉於軍餉不繼。文秉所述卻迥然不同：

京師天主教有二西人主之，南懷仁、湯若望也。凡皈依其教者，先問：「汝家有魔鬼否？有則取以來。」魔鬼即佛也。天主殿前有青石幢一，大石池一，其黨取佛像至，即於幢上撞碎佛頭及手足，擲棄池中。候聚眾多，然後設齋邀諸徒黨，架爐鼓火，將諸佛像盡行熔化，率以為常。某年六月初一日，復建此會。方日正中，碧空無纖雲，適當舉火。眾共聳視，忽大雷一聲，將池中佛像及諸爐炭盡行攝去，池內若掃，不留微塵。眾皆汗流浹背，咸合掌西跪，念阿彌陀佛。自是遂絕此會。[144]

---

143 《明宮史》第 54 頁。按北京古籍出版社排印本《酌中志》卷十六不載。
144 《烈皇小識》卷六，上海書店覆本第 160 頁。

劉若愚《酌中志》卷十七說得比較平緩：

隆德殿舊名立極寶殿，供三清上帝諸尊神。崇禎五年九月內，將諸像移送朝天等宮，六年四月十五日更名中正殿。

王譽昌《崇禎宮詞》吳理注則敘述玄妙：

乾清宮梁拱之間遍雕佛像，以累百計。一夜殿中忽聞樂聲鏘鳴，自內而出，望西而去。三日後奉旨撤像，置於外之寺院。

《崇禎宮詞》注言：

內玉皇殿，永樂時建。有旨撤像，內侍啟鑰而入，大聲陡發，震倒像前供桌，飛塵滿室，相顧駭愕，莫敢執奏。像甚重，不可動搖，遂用巨絚拽之下座。時內殿諸像並毀斥，蓋起於禮部尚書徐光啟之疏。光啟奉泰西氏之教，以闢佛老，而上聽之也。

此中有無關公神像，不得而知。但永樂所建玉皇殿都敢動用暴力撤毀，其他可知。

耶穌會士所以會利用崇禎奉信時機，採用激烈手段滅佛傳教，且敢把正在隆盛的關公崇拜也列入「淫祀」，可見毀壞佛像神像的真實原因還是出於宗教鬥爭。而毀佛滅神之舉戲劇性的收煞，當然不會有「大雷攝物」之類神異，推測很可能是出於崇禎信仰之突然改換又不願意聲張，並有嚴詞禁止天主教洩露於外之故。經此一役，耶穌會士終於明白了關聖帝君這樣的神像雖未正式列入佛道之列，但宮廷地位亦難動搖，自然對此莽撞之舉噤若寒蟬。甚至連「崇禎入教」這樣的「特大喜事」，載記也諱莫如深。所以有關天主教傳教論著雖有多種，似乎都未明確道及於此。

　　明清之交的激烈戰事，逼使天主教士不得不暫時偃旗息鼓，待時再起。但滿洲新貴入關前已接受喇嘛教，對於佛教正在興頭之上。耶穌會只能退而求其次，重新以修曆、製炮和工程規劃獲得新朝廷的信賴。但是自雍正元年（西元一七二三年）卻以關羽比隆孔子，以儒家禮儀、諡法尊崇以後，驅趕宮外傳教士於澳門，宮廷傳教士則淪為才藝侍從，天主教士也根本沒有機會再提關公崇拜是否「淫祀」的問題了。

　　崇禎毀壞宮內佛像之事，《明史》本紀未載，或者出於乾隆時清代館臣對於天主教一度滅佛的顧慮。

清代崇封

　　萬曆四十四年（西元一六一六年）努爾哈赤在赫圖阿拉（今屬遼寧新賓）建都稱汗時，已經修建有關帝廟。崇禎九年（西元一六三六年）皇太極定都盛京（今遼寧瀋陽），建國號為「大清」，亦建有關帝廟，並於崇德八年（西元一六四三年）賜額「義高千古」。

　　順治八年（西元一六五一年）正月十二，十四歲的順治皇帝開始親政。也是在這年，洪承疇為地安門原明廷祀典關帝廟撰碑言：

　　恭唯關聖帝君殫心漢室，力扶皇極，□煏煏於史冊間。英風正氣，昭垂今古，威靈顯應，震懾中外。是以歷代以來，追王追帝，精禋□□也。至於京師內外，廟宇頗多，而於此建而祀，祀而復修者，大都以北面居中，具瞻尤切，各致其誠云爾。我國家開基定鼎，示民向化，凡神之能庇於人，人得祀之。荷茲姘懞，誰不祝願我後，安社稷於靈長，受共求於無疆。於此□等所以樂於從事也。[145]

145　原碑在北京西城區舊鼓樓大街大覺寺，陰題名，周刻二龍戲珠。中國國家圖書館中文拓片資料庫索取號「北京498」。按洪承疇為萬曆十四年進士，崇禎十一年入衛京師，後調任薊遼總督御清

　　此刻洪承疇本人官銜，署為「少師兼太子太師、實支正一品俸、內翰林祕書院大學士、兵部尚書兼都察院右副都御史」，碑陰則有以「內翰林院學士院掌院事大學士范文程」領銜具名的官員三百五十餘人之多，但盡為漢官，不雜滿人。這時江南抗清已漸平息。回念當初洪承疇帶著「招撫南方總督軍務大學士」的頭銜前往招安時，曾有多少故人朋友唾棄勸降，不屈而死。在這塊碑記文字的背後，已經走過了黃道周、金正希、江天一、顧咸正、孫兆奎、閻應元、夏完淳、張煌言等一長串烈士忠魂。[146]

　　關羽崇拜曾經振奮過明代士子大夫的綱常節義，將帥兵丁的團結奮戰，鄉社里民的保境綏靖，這在朝代交替的血雨腥風中經受著又一番蕩滌。歷史沉重的一頁，就這樣被翻過去了。

　　順治九年（西元一六五二年），敕封關羽為「忠義神武關聖大帝」。三年以後，年輕的順治皇帝還親自撰寫了一篇簡短的〈皇帝御制重建忠義廟碑記〉：

　　朕聞國家靈長之運，必憑藉高穹元貺，而乃永於無疆者，其明社崇報，當何如耶？茲都城北德勝門外土城前，舊有關聖廟一座，創自明朝，已歷多年。其間汙漫傾頹，瞻禮不雅。朕念神威赫奕，忠義昭然，有感必應，有禱即靈。隨發誠意，遣官重飾廟宇，莊嚴聖像。

文從字順，典雅得體。只是樹碑地方原為明代于謙修建的中央禁衛部隊祀關之所。《日下舊聞考》一百七言：

一在西紅廟東，舊稱團營關帝廟。考明景泰間，于謙迎三大營兵，分十營團練。英宗復辟廢之。成化間復立，增為十二。此廟乃明代團營所祀之神，俗稱東紅廟，與西廟對峙者也。本朝順治十二年奉敕重建，賜名「忠義」。[147]

無疑宣告清軍正式承襲明軍傳統，以關羽為「護佑軍神」。

康熙八歲倉促登基，在接受皇帝教育的期間是否受到關羽崇拜的影響，尚不能確知。但洛陽關林現存一方碑刻，多少透露出一些消息。這就是康熙五年（西元一六六六年）立碑的〈敕封碑記〉（全名為〈忠義神武靈佑仁勇威顯關聖大帝林〉，又名〈關聖帝君行實封號碑記〉）。該碑洋洋灑灑，長達四千五百餘言，幾乎把《三國志》及《三國志通俗演義》甚至小說戲曲不載，只在宗教或民間傳說中才有的關羽所有故事神蹟都複述了一遍。[148] 即稱之為當時流行之《三國志演義》縮編本，料亦不為過分。而撰碑者董篤行的具銜中，有「陪侍經筵」一職，恐怕也就是現今中學老師的意思。尤其引人注目的是石碑體量宏大，通高四點七公尺、身高三點一公分、寬一公尺，厚零點三公尺，實屬關廟碑石中的「巨無霸」。加之立於八角碑亭內的規格和碑後具銜列名眾多官員，無論如何都應當算作今存關廟的「第一碑」。也就是在這塊碑額之上正式將洛陽關廟命名「關林」，比配曲阜孔林。[149] 毫不誇張地說，這篇碑

---

147 于敏中《欽定日下舊聞考》，第 1776 頁。

148 《中國關林》第 109 ～ 111 頁。現立於關林八角碑亭內。

149 按光緒《順天府志》言：「順治九年封忠義神武；乾隆三十三年加封靈佑；嘉慶十八年加封仁勇；道光八年加封威顯。（《禮部則例》百二五）咸豐二年加封護國；三年加封保民；六年加封精誠，七年加封綏靖。同治九年加封翊贊。光緒五年加封宣德。」獨缺康熙封諡。

文為同時代而稍後的毛綸、毛宗崗父子編定《三國演義》提供了相當自由寬鬆的想像空間。[150] 同時開啟了清代官方民間崇尚關羽的又一輪高潮，也預示著今後以《御纂性理精義》、《聖諭廣訓》等為代表的程朱理學及其史觀再次君臨天下。《欽定日下舊聞考》載，二十多歲的康熙還曾為正陽門關廟賜額：

> 康熙十六年御書「忠義」匾額。(《大清一統志》)

從方志記載看，各府州縣未建或者頹圮復建的關廟，大都是在康熙年間新建或復建起來的。這也為雍正年間關羽崇拜的再次升溫預伏了條件。錢鍾書曾注意到，雍正是熟讀《演義》而不讀《三國志》的，也同乃父少年時一樣：

> 姚伯昂《竹葉亭雜記》卷八：「雍正間，札少宗伯因保舉人才，舉孔明不識馬謖事。憲皇帝怒其以小說入奏，責四十，枷示。」原奏語不識如何措辭，若夫孔明忽先主遺誡，不察馬謖之「言過其實」，致貽後悔，事見《蜀書》謖本傳，非《演義》臆造也。雍正知小說有之，而渾不知正史亦有之，足見其曾讀小說，復見其未曾究正史。挾人主之尊，淺學自雄，妄作威福，其不信《演義》與京朝士夫之誤信《演義》，楚固失而齊亦未為得矣。此段掌故是《演義》膾炙眾口之一證，雍正與札某君臣均熟讀斯書也。[151]

這從某層面上證實了《三國志演義》在當時朝野的流行程度。雍正雖然在處治兄弟政敵上，大有違背「三年無改於父道，可謂孝矣」的古

150　陳翔華的《諸葛亮形象史研究》(浙江古籍出版社 1990 年出版) 考證出毛宗崗生年當在崇禎五年 (1632)，卒年當在康熙四十八年 (1709) 春之後。考慮到順治間江南尚不安定，則其評點編定《三國演義》的時間，應當在康熙中期。

151　《談藝錄》，1996 年增訂本，第 641 頁。

訓，但在「守制三年」中卻極表恭敬之儀。每月朔望必親詣恩佑寺拜禱康熙靈位，對於祖廟也畢恭畢敬，以此顯示「孝為天下先」。他正式追封關公三代的時機，其實也與此有關。《清世宗實錄》卷三十一：

（雍正三年四月）庚午……禮部議覆給事中李蘭奏，追封關帝祖父爵號。據稱：《聖蹟圖志》一書所載關帝係夏臣關龍逢後裔，祖諱審，父諱毅，世居解梁常平村寶池里等語。查《聖蹟圖志》乃係近時盧湛所撰，與正史不合。尊崇正神，理宜詳慎。亞聖孟子之父，未詳名諱，止稱先賢孟孫氏，所以闕疑也。應照此例，追封關帝三代俱為公爵，牌位止書追封爵號，不著名氏。於京師白馬關帝廟後殿供奉，遣官告祭。其山西解州、河南洛陽縣塚廟，並各省府州縣擇廟宇之大者，置主供奉後殿，春秋二次致祭。從之。[152]

不假時日，急切如此。而這些官祀廟宇則受北京地安門國家祀典關廟統轄，[153] 這顯然是在模仿朱元璋對於城隍神的制度設計。

由於雍正正式排除了盧湛《關聖帝君聖蹟圖志》傳說及解州知州王朱旦等造出的「關帝祖系」，於是官方重新釐定關羽誕辰為五月十三，三代祖考也仿孔孟之例，只寫封贈，不書姓名，並且成為後世制度。於是解州關廟、當陽關陵、洛陽關林也與曲阜孔廟、孔墓、孔林「三孔」一樣，成為國家重要祀典所在。此外還在這三處以及許昌、荊州命地方官員尋找關氏後裔，受封世襲五經博士，以承關帝廟血胤之祀，也是仿照孔廟祀典。經此封祀，除了祭孔為三跪九叩，祭關為二跪六叩的差別外，其餘皆與尊孔相當。以致稱為「武聖」、「關聖人」，也由此而起。

152　《清世宗實錄》，中華書局影印件，第 483～484 頁。
153　《大清歷朝實錄》卷三十一，雍正三年（1725）條。偽滿 1937 年瀋陽印行。

　　據趙慎畛《榆巢雜識》記載，康熙初禁戲劇「不得裝（扮）孔子及諸賢」。雍正五年（西元一七二七年）「禁演關帝」，也是依樣畫葫蘆，沿著尊孔路數走的意思。[154] 事實上，正是雍正這次不次崇封，奠立了關羽在儒家中的尊隆地位，也使關羽崇拜達於斯極。自此關羽崇拜正式進入了國家祀典，全國府州縣關廟又掀起了一輪重修關廟後殿，官方春秋致祭的高潮。這是比配儒家祭孔祀典，與明代崇奉關羽的意義已截然不同。如果沒有儒家議禮的正式參與，關羽也絕不會登上華夏民族的最高聖壇。其實現代以後中國學者對於關羽崇拜現象的敘事、議論或者分析，每每大談官方正統意識形態的影響云云，也正是以此作為源頭的。清人葉名澧《橋西雜記》言：

　　雍正三年，奉上諭，孔子聖諱，理應迴避……嗣後除四書五經外，凡遇此（丘）字，並加阝（邑）為邱……庶乎允協，足副尊崇先師至聖之意。

　　又民國年間齊如山先生撰寫《京劇之變遷》時，曾特意講明了一個典故：

　　戲中每遇關公的戲，皆不許直呼其名。本人則稱「關某」，通名時則名只稱「關」字，別人或敵方則都稱其「關公」。比如《戰長沙》，黃忠則說「來者可是關公？」一般學者對此極端不滿，且譏為不通。其實這也有個來源，在清朝以前，文廟武廟，幾乎是一樣的鄭重。故孔、關二人的名字，皆須避諱。「翔」字雖不能嚴避，而特將其筆劃缺末兩筆。「翔」字本為三撇，後特改為兩點，就是因為關公名字的關係。所以乾隆年間，張得天奉旨編《鼎峙春秋》，每遇關公之名，皆不敢直

154　徐珂《清稗類鈔》卷七十八〈戲劇類〉「禁演聖賢之事」條亦言：「優人演劇，每多褻瀆聖賢。康熙初，禁止裝孔子及諸賢。至雍正丁未世宗則並禁演關羽，從宣化總兵李如柏請也。」

書。自己則說「關某」，他人則呼「關公」。戲界至今，尚相沿襲。但此亦不必譏其無知，如果譏其無知，則學界現在寫「羽」字仍寫為兩點，是與戲劇界無知等。[155]

至於關公名諱禁忌，乾隆是否特別在意，還有另一條史料可供參酌。嘉慶丁丑（西元一八一七年）翁方綱為法式善所著《陶廬雜錄》作序，曾言：

> 梧門姓孟氏，內府包衣，蒙古世家。原名運昌，以與關帝（雲長）字音相近，詔改法式善。法式善者，國語「奮勉」也，其承恩期望如此。[156]

連諧音都要「詔改」，可知關帝「避諱」之說得自傳言，或非虛妄之語。

而同時關羽避諱事雖未見載記，至少也應當在此崇祀關羽之際。明萬曆刊印之《三才圖會》關像說明，也的確為三撇之「羽」。但康熙初年奉敕編纂刊刻的《古今圖書集成・神異典》卷三十七、三十八俱為關公事蹟，其名即刻作兩點「羽」。康熙五十五年敕編的《康熙字典》未

155　《京劇之變遷》，北平國劇社 1935 年出版，上海書店 1990 年重印。按齊如山（1875～1962），高陽（今河北保定）人。早年入北京國文館學習德語和法語。後經營商業。三次旅歐。曾涉獵外國戲劇。歸國後致力於戲曲工作。1912 年在北京經常為梅蘭芳的表演及劇本提出修改意見。1916 至 1917 年間與李世戡等為梅蘭芳編排時裝戲及古裝戲多部。1931 年與梅蘭芳、余叔岩等人組成北平國劇學會，並建立國劇傳習所，從事戲曲教育，編輯出版了《戲劇叢刊》、《國劇畫報》，蒐集了許多珍貴戲曲史料。同時還是歷史學家，專注於社會史研究，著述亦豐贍可觀。曾在北平女子文理學院任教，1962 年於臺灣去世。生平著作輯為《齊如山全集》。又張照（1691～1745）字得天，華亭（今上海松江）人。歷仕康、雍、乾三朝，通法律，工書法，尤精音律。卒諡文敏。

156　《陶廬雜錄》，中華書局 1983 年排印本。按法式善（1753～1813）字開文，又字梧門，號時帆。蒙古烏爾濟氏，隸內務府正黃旗。乾隆四十五年進士，官至侍講學士。著名的蒙古族學者，長於史學，尤熟掌故。曾多次奉命參與《全唐文》等圖書的編纂工作。著有《清祕述聞》、《槐廳載筆》、《存素堂集》等。亦以詩名，號為「詩龕」。又翁方綱（1733～1818）字正三，號覃溪，晚號蘇齋，順天大興（今北京市）人。乾隆十七年進士，官至內閣學士。長於考證金石，富藏書。著有《兩漢金石記》、《復初堂集》等。

集中，41頁「羽部」內文均作「羽」，但是篇首篆字卻作「🦅」。[157] 或為清代書體導致「羽」字寫法不同。另有作者說，連滿文中「羽」原來書寫為「🦅」，後來也因避諱寫成了「🦅」。[158] 此方面真相尚待發覆，姑志以待方家指教。

乾隆中期是弘曆對於關羽話題最感興趣的時期。他在三十四年（西元一七六九年）十一月親撰〈御製重修關帝廟碑記〉，再次褒崇關羽，並由儒家立場剖明所以崇祀之由：

人之道，非聖無以臻其極，至聖不可知而謂之神，如《書》所謂「乃聖乃神」，與夫炎帝之謂神農，夏帝之稱神禹者，希焉。若神之道，旼旼穆穆，自日星河岳，虔逮坊庸門溜之各職其職，靡不緣司契以定主名，則純乎神，而非人之所得預者。生為英，殁為靈，其功德勿沫於世，世亦相與俎豆屍祝以神之，然未有不推本乎正直聰明，足立萬禩人倫之表，故景仰睪然，尊而宗之，以為聖神焉。蓋聖而神之，所以著聖道也；稽神而聖之，所以明神道之正若是者。嘗求諸先聖先師而外，厥唯關聖大帝，克以當之。

把「神」看作「至聖不可知」，無法解釋之現象。同時又宣布從關羽事蹟中屏除「其他稗野所載，怪偉荒忽，事蹟不見正史者，闕而不書，懼褻神並誣聖也」。並強調指出關羽作為道德榜樣的作用：

宋臣蘇軾言：「神在天下，如水之在地中，無所往而不在。」顧由斷港絕潢，達乎河濟江淮，不能不以溟瀚觀其匯；由墟落塵市，赴乎赤畿望緊，不能不以都會統其歸。於焉求神之所憑依，詎唯是褒大其封，

157　《康熙字典》，中華書局1958年影印本。

158　張淑新、張淑媛《紫禁城內外——皇朝·關帝·騷窩子》，北京：中國社會出版社，1998年出版，第73頁。

鼎新其宇，用備昭報之靡文云爾哉！將闡夫神與聖之所從來，所以為人道扶植綱常，助宣風教，即致祀之原，胥不外是。[159]

文中特別提及關羽「至我朝而愈顯，且神蹟不可殫記，而於行師命討為益彰」。「我國家久仰靈威，近於西師之役，復昭蒙佑順，因特敕封曰忠義神武靈佑，並太常議於地安門外神廟，恭書新號神牌，門殿易蓋黃瓦。」碑末自署「乾隆三十四年歲在己丑仲冬之月上澣御筆」，即十一月上旬寫就的。

配合乾隆日程考察，此所謂「西師之役」是指征緬。他曾為大軍受阻，親信主帥傅恆染病焦慮，一度考慮撤兵。不意三天之後，忽得傅恆奏疏報告「緬王請降」。[160] 度其日程，即便「八百里飛驛」，乾隆旨意也不可能到達雲南，正好自下臺階。於是乾隆另降堂皇諭旨，體面收兵。這本來屬於兩方僵持之局，誰更能堅持，便能獲取全勝的問題。但孔子注《易》之《繫辭傳》有謂：「陰陽不測是為神。」又說：

知幾其神乎？君子上交不諂，下交不瀆，其知幾乎？幾者，動之微，吉之先見者也。君子見幾而作，不俟終日。

乾隆當然也樂意甘居「見幾而作」的君子，而以「陰陽不測」之「神」功歸於關羽「佑順」。這是對於關羽神功的又一解釋。故其撰寫碑文中，喜悅感服之情由衷而生。

傅恆本為孝賢純皇后富察氏之弟，即乾隆小舅子。其信用之專，賞賜之重，乾隆一朝，無出其右。[161] 坊間稗史小說更於其間多有傳言揣

159　原碑在北京市西城區西黃城根北街白馬關帝廟，漢滿兩種文字書寫。中國國家圖書館中文拓片資料庫索取號「北京 474」。光緒《順天府志》卷六〈祠宇〉錄有全文，據以補齊。（第 149 ～ 159 頁、第 345 頁）

160　同上。

161　傅恆（？～ 1770）滿洲鑲黃旗富察氏。乾隆孝賢皇后弟。直軍機處二十三年，日侍左右，以謹慎

測，枝蔓不贅。傅恆家族亦世崇關帝，傅恆及其子福隆安、福康安均親撰有關帝廟碑文，並家奉景山東街關帝廟一座，不為偶然。

乾隆崇敬關羽可謂不遺餘力。由於濡染漢文化程度較乃祖乃父都深，又特好附庸風雅，顯示文治，既然在追贈封蔭上雍正已經按照儒家禮儀做足了尊關文章，於是他就決心干預歷史。光緒《順天府志》記載，乾隆二十五年（一七六〇年）改關羽原諡「壯繆」為「神勇」，三十三年（西元一七六八年）加封「靈佑」。又御書正陽門關帝廟聯：「浩氣丹心，萬古忠誠昭日月；佑民福國，千秋俎豆永山河。」四十一年（西元一七七六年）特令改諡「忠義」。到了編纂《四庫全書》的時候，他實在按捺不住，特諭更改蜀漢封贈關羽的「壯繆」諡號，嚴厲指責陳壽修史「不公」，並把自己的理解強加於《三國志》，並希望能夠「傳信萬世」：

> 乾隆四十一年七月二十六日，奉上諭：關帝在當時力扶炎漢，忠節凜然。乃史書所諡，並非嘉名。陳壽於蜀漢有嫌，多存私見，遂不為之論定，豈得為公？從前曾奉世祖章皇帝諭旨，封為忠義神武大帝，以褒揚盛烈。朕復於乾隆三十二年降旨，加「靈佑」二字。用示尊崇。夫以神之義烈忠誠，海內咸知敬祀，而正史獨存舊諡，隱寓譏評，非所以傳信萬世也。今當抄錄《四庫全書》，不可相沿陋習。所有《志》內關帝之諡，應該為「忠義」。第本傳相沿已久，民間所行必廣，慮難以更易。著武英殿將此旨刊載傳本，用垂久遠。其官版及內府陳設書籍，並著改刊，此旨一體增入。欽此。[162]

得上眷。屢立功勳。封一等忠勇公。卒諡文忠。子福靈安、福隆安俱尚公主，福長安當過十九年軍機大臣。另一子福康安屢立戰功，卒後封為異姓郡王。為乾隆朝最受寵信，且最為顯赫的家族。

162　文淵閣四庫全書《三國志》16冊，第57頁。

頒布這條上諭時，乾隆正在巡行東北，一定多有感觸。我猜想中國各地民間關於「關羽與龍」的種種傳說神話，也正是在道教的煽動下豐富其「想像」的。

關羽「改謚」之議，其實始於北宋，宋徽宗當初追封關羽為「義勇武安王」，就是有意避開蜀漢的「壯繆」封謚。明人於此也有討論，如以史家為己任的朱國楨就說過：

《三國志》：雲長謚曰「壯繆」，其義謂壯於出兵，繆於料敵云爾。眾以穆穆之義解之。夫以穆為褒詞耶？不足重。以繆為貶詞耶？不足輕。大抵英雄不能違時，時命大繆，則雲長取曹仁而不足，且有陸遜擬其後。時命大順，則石勒取王浚而有餘，孫緯以勁兵邀，極罷，不能得之掌股間也。[163]

從漢前文籍記敘，則壯繆之「繆」，實非褒義。乾隆改謚「忠義」，亦秉承康熙十六年（西元一六七七年）為正陽門關廟御書之題匾，雖然非如他所希望的「傳信萬世」，但是畢竟釐定以「忠義」為關羽形象的核心價值。兩百年來，迄無大變。此舉也在正統儒家士大夫中獲得了好評。如梁章鉅《退庵隨筆》卷十就認為：

今吾鄉街巷，皆有關帝祠。有但呼為「老爺」，皆未免近褻。即士大夫無不知敬關帝者，而尚以當時之舊謚為稱，亦斷不可。

光緒《順天府志》還言及此後幾朝封謚關羽的經過。如果配合當年國之大事，就知道這種封謚不啻祈求關羽為清廷「救亡」：

163　《仿洪小品》卷二十，「關雲長四則」之二。

年 代	加謚關公	大事記
道光八年 （1828）	加封「威顯」	河督張井報稱：乾隆間洪澤湖尚可洩清刷淤，有利漕運。嘉慶間黃水稍漲即易倒灌。現淤積已高，不能涮淤。
咸豐二年 （1852）	加封「護國」	太平軍於道光三十年（1850）起事於廣西金田，次年占領廣西，本年北攻湘鄂，清廷震動。黃河決口。
咸豐三年 （1853）	加封「保民」， 升入中祀	太平軍順江而下，東取金陵，3月29日入城，隨即定都，開始北伐。冬，頒布《天朝田畝制度》。
咸豐六年 （1856）	加封「精誠」	太平軍回援「天京」（金陵），破清軍江南營，清軍主帥向榮敗走丹陽，憂憤而死。天京「洪楊之變」。
咸豐七年 （1857）	加封「綏靖」， 進帝三代王爵。	太平軍石達開率部數十萬人脫離洪秀全，清軍攻克武漢、九江，盡收江西、湖北。太平軍由盛轉衰。
同治九年 （1870）	加封「翊贊」	長江重慶—宜昌段發生特大洪災。天津望海樓教案。李鴻章任直隸總督，編練新軍，及「洋務運動」開始。
光緒五年 （1879）	加封「宣德」	日本乘隙吞併琉球。清廷設立海軍事務衙門，命醇親王奕譞總理。李鴻章籌辦北洋水師。派遣學童赴美學習。

　　謚法雖然起源於周，但後世卻為儒家所獨推重。儒家所以講究並不斷嚴明謚法，意圖就在盡力提倡儒家價值體系，以樹立符合其價值觀念的榜樣。每字亦各有其義。梁章鉅《南省公餘錄》卷五「列聖尊謚取焉」則反映了清中後期對於「謚法」的重新釐定，如「安仁立政曰神，則天廣運曰神；克定禍亂曰武，保大定功曰武，刑民克服曰武，德威遐暢曰武；如天好生曰仁，教化溥浹曰仁」等等。如果有人將關羽謚號所有的涵義整理一遍，就會發現褒獎於他的品德究竟有些什麼內涵外延值得總結。

　　比較特別的是咸豐一朝，內憂外患，接踵而至。先是為太平軍所迫，朝政風雨飄搖；接著又遇英法聯軍直攻京師，倉皇出逃熱河，可謂

狼狽之極。所以此際接連四次加封關羽。

當太平軍以金陵為都，改稱「天京」，舉兵北伐，與清軍激戰於黃淮地帶時，《清文宗實錄》中突兀出現了這樣一條記載：

> （咸豐四年四月）癸酉，諭內閣太常寺奏，「遵旨呈進關帝廟圖式一折。關帝顯佑我朝，神威疊著。上年加崇封號，升入中祀，一切典禮悉照中祀舉行。」前據太常寺奏請展拓廟制，以示尊崇致敬之道，以實不以文。關帝廟奉有年，若遽易舊規，轉不足以妥神靈而昭誠敬。所有廟宇規模著悉仍舊制，無庸增拓。樂器一切，均照本年春季陳設。至跪拜禮節，僅行二跪六叩，雖係照中祀例，然滿洲舊俗於祭神時俱行九叩禮，嗣後親詣致祭，亦朱定為三跪九叩禮，用伸儼恪之誠。

並以中祀之禮，追贈祖上三代王爵，將關公祀儀完全追比孔子：

> 躋列中祀，行禮三跪九叩，樂六奏，舞八佾，如帝王廟儀。五月告祭，承祭官前一日齋，不作樂，不徹饌，供鹿、兔、果、酒。旋追封三代王爵，祭品視崇聖祠。[164]

自此在國家級儀禮上，關帝崇祀已經達於頂點。既然關羽崇拜升格，太常寺拓展廟制的要求也不過是照章辦事。可憐咸豐愁兵愁餉，愁將愁帥，哪裡還有財力餘裕來為遍布全國府道州縣的官建關廟拓廟增制？所謂「崇奉有年，若遽易舊規，轉不足以妥神靈而昭誠敬」云云，不過是掩蓋財力窘迫的堂皇藉口罷了。於是允准用儒家最高禮儀進行虔敬參拜，以致誠禱。

這道諭旨還無意中透露出，滿洲皇家私下進行的堂子祭關儀典，對關聖帝君早已超越雍正釐定的制度，採用「九叩」大禮了，只是漢臣包

164　《清史稿·禮志三（吉禮三）》。

括負責制禮的太常寺官員還被蒙在鼓裡而已。順帶一說，也正是此次國庫窘迫，官建關帝廟不得不「悉仍舊制，無庸增拓」，才使後世府道州縣城的孔廟保持了一廟獨大的場面。

清末胡思敬《國聞備乘》卷三還談到咸豐皇帝的寵妃那拉氏（即慈禧）也十分崇敬關公：

> 正陽門外關帝廟，屋甚卑隘，相傳神像為明熹宗手塑。車駕出城，必入廟拈香，祈籤者甚眾，孝欽亦篤信之。

說起慈禧對於關公的崇信，也有不少軼事可說。「庚子之亂」，列強調兵進入使館，清宮已在其大砲射程之內。可她仍然在頤和園逗留觀望，似乎期待著什麼奇蹟出現。光緒庚子《都門紀變百詠》：

> 頤和園裡鬧神仙，疑有疑無鼎沸傳。
> 衛士倉皇宮監走，大家跪請佛爺前。

自注言：

> 皇太后、皇上駐蹕頤和園。五月十二日夜二鼓後，喧傳神仙下降。附近居民爭購香紙，向空跪拜。喧嚷之聲，達於大內。翌日遂有回鑾之諭。旋步軍統領拏獲造言生事之李群仔一名，立即正法。宮中稱太后為老佛爺。[165]

此雖未明言傳聞所降，究為何神，但以「五月十二日夜」見之，其必為關羽無疑。這一耽擱，使那拉氏連熱河行宮都無暇顧及，只得倉皇間經河北、山西，遠颺西安。不知為何，他們在途中沒有恭謁山西解州的祀典關廟，而是拜禱了洛陽關林。據沈德本洛陽〈奉委重修關林記〉言：

---

165 《清代北京竹枝詞（十三種）》，第108頁。

　　光緒二十七年秋，皇太后、皇上鑾盟幸洛，詣關帝陵廟拈香，發帑銀千兩，命太守蘇完瓜爾佳氏文公（字仲恭）重修廟宇。乃於二十八年夏，札委德本任其事。[166]

　　諭旨敕命的修廟工程，居然一拖再拖。亂世修繕，其弊可知。待到慶親王和李鴻章與列強談妥條件以後，慈禧、光緒終於可以起駕回鑾的時候，又鄭重其事在洛陽拜謁關林。剛剛獲得御帑補貼修繕的洛陽關林，只有駐錫僧人才知道落下了什麼樣的「後遺症」。光緒三十三年（西元一九〇七年）〈重修關陵聖廟記〉言：

　　辛丑歲，皇太后、皇帝聖駕西巡回輦，駐蹕河洛，登臨伊闕，瞻禮聖廟。見垣宇多半墮落，即發帑金千兩，命太守文升憲督工，將前後殿宇盡行補葺，煥然一新。不意修者未察其毫末，葺者未審其幽渺。僧在廟焚香禮拜，驀見聖帝正三殿背後金剛牆西北角，擎天玉柱朽崩摧壞，金梁難支，如不急為修理，恐致殿宇有患。[167]

　　待到慈禧、光緒兩宮回鑾，抵達京師時，城闕殘破，已非舊時幽燕。母子倆面對的正陽門外城，也非市井繁榮，車水馬龍景象。清人尚有筆記載記此事。略謂慈禧回京，先在馬家堡車站下了火車：

　　旋允直督袁世凱之請，帶鐵路洋總管進見。太后謝其一路料量之妥善。洋總管退，太后始升輿，輿旁有一太監隨行，指點沿途景物。太后注視，道逢外人，太監呼曰：「老佛爺快看洋鬼子。」太后微笑不語。過南城，直入前門，至所謂關帝廟者下輿，入內拈香。太后跪於神前，有道士數人讚禮。時正陽門樓上立西人頗夥，下視院中，歷歷可睹。太后仰見之，俯首而笑，遂登輿直入大內。到萬壽宮，確係下午二點鐘也。[168]

166　《中國關林》第 132 頁。石碑鑲嵌於三殿後牆西側。
167　《中國關林》第 132 ～ 133 頁。石碑立於甬道西側。
168　《十葉野聞》。

德國人衛禮賢同時記載則是：

慈禧太后從西部的避難所回到了自己的都城北京。這是次勝利的回師，使團的女士們可都不想錯過這個大場面。儘管太后一度被大家極度仇恨，認為她是想滅絕外國人的惡魔中最大的一個，可現在她卻成了好奇心的焦點。女士們聚集到皇城南邊最大的門道前門。太后乘著黃色的轎子，誇耀著皇家的威嚴，順著筆直的大道進入了皇宮。她甚至忘記了祖宗關於聖駕光臨時，所有的人都應該迴避的訓誡。她在前門側面的兩個小廟裡舉行了獻祭活動，一個給慈善之母觀音，一個給王朝的保護神關帝。事實上，她還向聚集在一起的陌生人群和藹地點頭致意。使團的女士們則興奮地揮動手中的手絹。[169]

這時距離宣統三年庚戌冬月隆裕太后正式宣布清廷遜位，只有九年。《我的前半生》中溥儀回憶說，清室遜位以後：

陳（寶琛）師傅最信卜卦，並為我求過神籤，向關帝問過未來祖業和我自己的前途。

袁世凱去世那天，消息一傳進紫禁城，人人都像碰上了大喜事。太監們奔走相告，太妃們去護國協天大帝關聖帝君像前燒香，毓慶宮無形中停了一天課。[170]

恐怕這也就是紫禁城裡四百年關公信仰的最後回聲了。

169　《中國的改革》，輯入《外國人眼中的中國》，吉林攝影出版社1999年，第一卷，第356～357頁。按衛禮賢（Richard Wilhelm, 1873～1930）著名德國漢學家。原是德國同善會傳教士，在德國占領青島後到中國傳教。在華期間曾創辦禮賢書院，潛心研究中國儒家學說。1903年起開始發表有關中國和中國文化的論文，著手翻譯中國古代哲學經典。出版有《論語》（1910）、《老子》、《列子》（1911）、《莊子》（1912）、《中國民間故事集》（1914）和《易經》（1914）等。

170　《我的前半生》，北京：群眾出版社，1964年版，第69頁。（承該書整理執筆者李文達先生持贈，謹誌謝忱）可見清室及前朝遺老還始終把逐清復興的希望寄託於關羽「顯靈」上。

民國祀典

宣統三年清廷宣布遜位，次年元月民國宣告成立。中國歷史又鄭重其事地翻過了一頁。

民國三年（西元一九一四年），北洋政府海陸軍部「呈請崇祀忠烈，並祀武廟」獲得批准時，袁世凱以大總統身分致辭，說：

允陸海軍部之請，特將關帝及岳王合祀武廟。凡有軍人宣誓的大典，均在武廟行禮。

且言：

關帝一生忠義，護國保民，千古為神的根本，在此忠義二字……我們軍人要學關帝，唯有一心盡忠於國家，一心盡忠於元首。[171]

武廟增加岳飛，當然是為了為他當年力戰金兵正名，也是與清代極端崇祀關羽劃清一條不大的界線。國家祀典武廟也是在倉促間設在醇賢親王廟（後為西藏駐京辦事處，現列入全國文保單位）中。陪祀有二十四將，據《察哈爾通志》第二十六卷記載：

民國四年奉文，關岳祭祀每年春分後第一個戊日，各地方長官及軍警官一體致祭。近年廢。正殿正中位次：關壯繆侯、岳武穆王。兩序從祭位次：東序，張飛、王浚、韓擒虎、李靖、蘇定方、郭子儀、曹彬、韓世忠、旭烈兀、徐達、馮勝、戚繼光；西序，趙雲、謝玄、賀若弼、尉遲敬德、李光弼、王彥章、狄青、劉錡、郭侃、常遇春、藍玉、周遇吉。

其廢祀年代則為民國十七年（西元一九二八年），即國民革命軍率

171　袁世凱〈關帝史略講詞〉，輯入《關帝文獻彙編》，北京：國際文化出版公司，1995年出版，第498頁。此文乃民國三年十一月廿日袁世凱應「海陸軍部呈請崇祀忠列，並祀武廟」之講詞。

師北伐，以國民黨為主的中央政府改組，統一政令之際。但蔣介石播遷臺灣二十年後，又撥官方資助在日月潭重建「文武廟」，前殿孔子，後殿關岳。筆者也曾參觀此廟，氣勢恢宏，廟貌一新。近年歸還民間社團管理，改以關公作為主祀之神。

又有相關插曲，聊以補闕。民國廢止關岳廟祀十一年後，日軍在侵華建立「華北臨時政府」期間，曾於民國二十八年（西元一九三九年）恢復「武廟」祭祀，其令文略謂：

唐代崇祀武成王，佩哲沾饗，比隆文宣。宋元相承，明初始罷。民國合祀關、岳，未定武廟之稱，但為將士忠烈之型，而非兵家韜鈐之祖。國之大事，在祀與戎。宜正萬眾之觀瞻，永作三軍之典範。茲特興復武成王廟，制定祀典，頒行各省市，虔繕廟宇，春秋時享。

並釐定配祀：「左為漢留侯張良、清靖海侯施琅；右為漢武鄉侯諸葛亮、清大將軍岳鍾琪。」此外十二將分別為「齊上卿管夷吾、燕昌國君樂毅、吳將軍孫武、秦大將軍蒙恬、漢丞相蕭何、漢淮陰侯韓信、漢大將軍衛青、漢驃騎將軍霍去病、漢壽亭侯關羽、唐軍師李靖、唐胡國公秦叔寶、宋少保岳飛。」還有從祀歷代名將七十二位。[172] 這種替代，固然有故示復古以與清朝、民國拉開距離的表示，但亦不無顯示「文人掌軍」之矜持。尤其明知關岳為「將士忠烈之型」，恐為抗日將士榜樣，卻偏要賣弄「兵家韜鈐之祖」，以消弭道德榜樣的影響。配祀諸將不倫不類，也是倉促間拉在一起的。這次廟祀也沒有什麼值得一提的影響，但是盡量貶低、消除民間關羽、岳飛影響之意卻很顯豁。這與日本人明治維新以後對於關羽的排斥態度是一致的。

172　馬重厚〈日偽興復北京武成王廟的醜聞〉，載北京市政協文史資料委員會編《文史資料選編》第二十五輯，北京出版社 1985 年出版，第 136～143 頁。

第三章　國家封祀

第四章
近代民間的關公信仰

天地會

　　近世俗語每以「青紅幫」聯稱，鄙以「黑社會」（美國俚語 dark
social）之名，其實不確。原其初始，如果說「青幫（清幫）」是由漕
幫轉化，以經濟互助體為形式出現的「自治組織」的話，那麼「紅幫
（洪門）」初始，則是以「反清復明」的政治訴求連繫一體的「自治組
織」。自從孫中山在《建國方略·有志竟成》中推重洪門三合會（即
致公堂）為反滿革命組織以後，民國以來探索會黨起源的專著便不絕
如縷。

　　儘管會黨主要是在中國活動，但對其進行近代方式的調查研究卻是
自海外開始的。有介紹說：

　　在國外，荷蘭人施古德（Gustave Schlegel, 1840～1903）最先對
天地會進行了研究。一八六三年荷局東印度政府在蘇門答臘巴東地方，
從一個華僑家中搜獲了一批天地會文件，荷蘭殖民當局把這批資料交給
施古德進行翻譯。後來施古德又蒐集了一些其他地方天地會材料，寫成
了《天地會》（*Tian Ti Hwui, The Hung League, or Heaven Earth Lsague*）
一書，對天地會的歷史、章程、暗語、歌訣等作了敘述。後來英人畢麒
麟（Pickering, 1840～1907）在福建加入天地會組織 —— 興義會，蒐
集了許多天地會內部活動情況的材料。其助手斯特林（Stirling, 1887～
1951）與沃爾德（Ward, 1885～1949）稍後合寫了《洪門》（*The Hung
society*）一書。辛亥革命前日本人平山周又到長江流域對哥老會進行了
實地調查，寫成《中國祕密社會史》一書。近年日人佐佐木正哉發表
《清末祕密結社》一書，其前篇專述天地會起源的歷史。[173]

173　《天地會》前言（實據蕭一山《天地會起源考》寫成）。近年出版的新著尚有秦少卿《中國祕密社
　　會》（浙江教育出版社 1989 年）、秦寶琦《中國地下社會》（北京：學苑出版社 1993 年）、胡珠生

但學界關於「天地會」起源說法歷來不同。一說天地會祕笈自稱係福建少林寺僧於康熙甲寅年（西元一六七四年）或雍正甲寅年（西元一七三四年）年創立；另一說是民國以後洪門成員稱其會創自鄭成功；還有一種說則根據檔案以及清代官書記載，為福建漳浦僧提喜（即洪二和尚）於乾隆二十六年（西元一七六一年）或三十二年（西元一七六七年）創立。

近幾年來透過田野調查發掘史料，已有學者認為關公信仰極為盛行的福建東山島正是天地會的主要發源地。一九九○年代學者羅炤運用田野調查在福建詔安縣官陂鎮長林村發現的順治甲午（西元一六五四年）〈長林寺記〉，證實了天地會係由「萬五和尚道宗創造」的傳說屬實。故其與清代社會盛行之關公崇拜，雖形似卻神異。

我曾多次去東山，也有機會進行一些田野調查。鑑於前述福建東山對於關公信仰的特殊歷史和獨特風習，則銅陵關廟與天地會早期組織有無關係，值得思索。羅炤自敘言：

自一九九一年以來，筆者赴閩南、閩中調查十二次，前後歷時十五個月，在山區和海島發現很多有關天地會早期歷史的石刻與祕密文獻；同時，將天地會「會簿」與清宮檔案中的有關記載做了初步的對照研究。透過以上工作，找到了鄭成功與天地會相關的若干材料。

我以為，他的發現有三項值得特別注意：一是於福建省最南端的詔安縣北部官陂鎮深山中（詔安、雲霄、平和三縣鄰接處）找到了長林寺遺址，發現順治（永曆）時期題署「長林寺開山僧道宗」的石刻多通，證實達宗即《臺灣外記》所述的「萬五道宗」；二是發現東山縣銅陵鎮

《清代洪門史》（遼寧人民出版社 1996 年）等。

漁民周炳輝家世代珍藏的抄寫於嘉慶戊寅年（西元一八一八年）「香花僧祕典」，並據此闡明「香花僧」乃是天地會初期的中堅力量；三是鈎稽出天地會「洪船」與鄭成功、洪旭的特殊關係。[174]

二〇〇六年六月我再次應東山銅陵關帝廟邀請往訪，在當地文史工作者劉小龍的引領下參觀了銅陵鎮九仙岩的相關遺址。據介紹，東山至今仍然存在著大量早期天地會活動的遺址遺跡。綜合以往天地會研究及東山遺址的發現諸情況，願踵赫治清、羅炤研究之續，結合天地會對於關公的特殊信仰，勾勒出這樣一幅輪廓：

道宗（萬五）雖然為平和縣人，但東山苦菜寺才是他的出身之所。該寺位於龍潭山南麓，天順六年（西元一四六二年）南少林莆田九座禪院明雪熙賢法師於此掛錫坐法，「授徒五十餘人，戒律精嚴，文武同修」。據傳道宗為熙賢法裔，少年時亦曾拜師學法於此。現存民間的天地會祕笈《會簿》載有贊曲：

長林寺枝節開，苦菜寺冬筍埋；
雲龍虎躍天台，天地會遍地開。
（按以上各字左旁原均加三點水，係天地會祕密書寫符號）

該寺即為天地會初期的重要活動地點之一，於康熙三年（西元一六六四年）「遷界」被焚。羅炤認為：

福建省東山縣銅陵鎮九仙岩現存永曆壬辰歲（六年）摩崖碑刻〈仙嶠記言〉，早於〈長林寺記〉二年，同為記載道宗建寺之事，也有洪旭、張進、甘輝、萬禮等鄭成功麾下數十位文武大員的捐施芳名。值得

174　詳參羅炤著〈鄭成功與天地會〉（《中國史研究》1997 年第 4 期），又有〈天地會的兩個源頭〉（《清史論叢》第 10 輯，中華書局 1993 年出版）、〈天地會探源〉，（《中華工商時報》自 1994 年 10 月 19 日起分 139 期連載）等專論陸續闡發。筆者認為很有創見，有興趣的讀者自可翻檢。

注意的是，〈仙嶠記言〉中沒有關於鄭成功的記載。這一差異顯示，詔安長林寺與東山九仙岩的地位不同，長林寺地位更加重要。[175]

理或然矣。但由另外角度看去，也說明道宗在銅陵九仙岩建寺之舉實早於詔安長林寺，而且並非依附於鄭成功。即便視東山為天地會發端之地，亦無不妥。

按九仙岩在東山銅陵鎮水師大寨，明朝滅亡之後，鄭成功即在此操練水師。捐修的九仙岩觀音堂及外殿就在鄭成功操演指揮臺下的石室中，為一組隱蔽極深的天然建築。「互勴增闢」、「興少室而昌宗業」，藉此號召各處山門南少林派下加盟抗清陣線，匡扶明室，「誅滅清魔」，並題鐫「復興天族」四字於「長林寺」石室大門後額，以表心志。其原址仙宮石室至今猶存道宗所祀少林祖師達摩像，石壁「長林寺道宗書」、「悟石飛來」、「視天門」等題刻。另有兩方道宗所撰石刻文字，惜已風化剝蝕，無可辨識。室外周圍亦存道宗題鐫的「仙道歸宗」、「障淨光純」、「燕泉」等多方石刻。

東山仍存一些寺院遺址，據稱也與早期天地會有關。如山庵廟坐落於城堆鷹仔山東麓，始建於明天啟初年。由古來寺派下香花僧住持。其位於官港佛塘澳（俗稱白塘澳）係東山島北通雲霄、漳浦的海上渡口，遂成為天地會會眾祕密出入東山接頭聯絡的重要據點。康熙間「遷界」被焚毀。廟中大殿神座後的石碑上刻有天地會標誌洪鷹一隻。乾隆年間重修，由香花僧宿菊和尚住持，一度香火鼎盛。乾隆五十二年（西元一七八七年）臺灣天地會起義失敗後，又被清官兵焚毀。後重修。今存。此外還有靖海寺（又稱松柏庵）、龍山大廟（亦稱龍山寺）、南正

---

175 〈鄭成功與天地會〉，《中國史研究》1997 年第 4 期。

院等遺址為縣級文物保護單位，也都各有天地會傳說及遺存。限於篇幅不贅。故劉小龍認為東山是明末清初漳南「萬姓同盟會」及其後來興立天地會開展反清復明之爭的重要活動地點之一。[176]

聚焦於東山、雲霄、詔安、南靖這一區域，會發現與銅陵關帝廟頗有淵源的一批關廟，如雲霄縣雲陵鎮即有三座關廟，頂關帝廟始建於嘉靖年間，殿前外金柱間的前枋梁上仍懸明代遺物金字木匾一方，題刻楷書：

敕封三天總制、監察西天諸佛、兼管什殿閻羅、伏魔大帝神威遠震天尊關聖帝君。天啟四年月置。

下關帝廟又稱霞港武廟，嘉慶《雲霄廳志》載：

關帝廟，一在下港城內，本朝康熙元年總兵蔡祿建。

順、康「遷界」時，銅山關帝廟僧侶及士紳奉護關帝神像遷避雲霄，暫寄下港居民方某家中，一時焚香膜拜者絡繹不絕。方姓戶主因無暇日，遂向蔡祿求助。此時下港蔡姓正為修建學堂大興土木。經蔡祿與族人議定，康熙元年（西元一六六二年）將神像迎入臨近竣工的蔡氏私爨廟祀之。自此銅山帝君像便成為雲霄下港武廟崇祀的聖像，展界開放。銅山方面多次來人交涉，欲迎帝君神像返位。但聖筊顯示不願返回銅山，雲霄方面只好另雕一座大小一樣的神像，讓銅山信眾迎回。詔安關帝廟建於明代嘉靖年間，萬曆三十三年（西元一六○五年）重修。懸鐘關帝廟建於洪武十一年（西元一三七八年）守禦千戶所城內，據傳神

176　以上東山材料參《漳州文史數據》第 29 輯（總第 34 輯）《漳州古蹟名勝專輯》之劉小龍文〈東山縣天地會活動遺址〉，漳新出（2004）內書（刊）第 99 號，第 289～291 頁。著者持贈，謹誌謝意。

像與東山銅陵關帝神像為同一株樟木所雕。南靖關帝廟始建於明中期。此數處均為明軍守禦所駐紮地，嘉靖年間共同抗禦倭寇，後來又追隨鄭成功反清復明，都是天地會早期活動的重要場所。其祭祀關公儀禮特殊，甚至神像淵源也都與東山略同。[177] 或者換句表達方式，即早期天地會活動的範圍與特殊關公信仰的流行地域基本重合。

第二點需要引起重視的是「香花僧」的問題。[178] 東山銅陵關帝廟自正德以來便由僧人住持，至今仍存正德年間明碑。咸豐八年（西元一八五八年）〈保安堂世系譜序〉是「二十二世孫」淨波自述其世譜之碑，稱其始「祖由漳郡開元禪寺第九世諱圓球公，字肖岐，號月堂。幼入桑門，頓悟真空之心；長契神情，常存禮義之節。計齋糧難以濟眾，命徒子飛錫地方。」獨守空門，父子傳襲，正是「香花僧」的當行。而在明清鼎革之際——

國朝康熙甲辰歲，（十三世祖大陸）遷徙入內地，負聖像抵雲溪，借蕭齋權納陛，銅之殿宇遂廢，復有營謀肇建之志。乃卜擇於雲霞港社，一年之間，殿宇告竣。聖駕駐蹕雲霄，旁則紺宇，號為「銅雲室」，從銅入雲之義根本。閱甲寅年（西元一六七四年），忽聞復藉之命，仍迎聖像回銅，構數椽於舊殿基址，蓋茅為屋，以安聖像。[179]

177　同上注，第 239～242 頁、第 244～248 頁、第 482～486 頁。

178　臺灣師範大學楊士賢〈娛樂、教化、儀式——析論臺灣釋教「挑經」科儀的三個面向〉介紹，臺灣民間宗教，「可追至大陸閩粵一帶的『民間佛教』，此一系統的神職人員，其崇祀之神衹以佛教的佛祖，菩薩，護法為主，兼奉道教及民間信仰的仙聖，具有佛、道融合的特性。而民間佛教與正信佛教之最大區別，在於前者夥居，不用剃度、吃齋，可以結婚生子，採用父傳子承世襲制度，或拜師學藝傳受模式，研習各類佛教經懺與祖本宗師所傳下之科儀，並於家中設增承攬法事，以主持喪葬拔渡和廟事法會為職業。在閩粵地區，民間佛教的神職人員俗稱『香花僧』、『香花和尚』（鄉化和尚）。」（www.ndhu.edu.tw/~dchin/stu_essay/1.doc）

179　錄自劉小龍《海峽聖靈——東山關帝廟志覽》，福州：海風出版社 2002 年出版，第 138～139 頁。著者持贈，謹誌謝意。

　　這裡所說的「聖像」即指銅陵廟世奉關公神像，而其贊助者為總兵黃鎬，則是在鄭成功堂弟鄭泰被鄭經誘殺後，隨鄭鳴駿等由金門降清，隨後又曾從施琅征臺的，也類於早期天地會「萬姓集團」中的郭義（萬二）、蔡祿（萬七）一流的人物經歷。[180]

　　《香花僧祕典》所以會保存在銅陵鎮，不為偶然。羅炤認為：

　　永曆十五年「銅山之變」的主要原因是鄭成功誤聽讒言，認定萬禮在南京之戰中臨陣逃跑，貿然將其神位撤出忠臣廟。對於效法劉、關、張桃園結義的道宗等萬姓兄弟來說，這是極大的侮辱，無法接受。「萬姓集團」結義兄弟把他們之間的義氣置於至高無上、甚至高於國家、民族的地位，而這是中國傳統的、一向被認為是做人的最高道德。道宗主謀叛鄭降清，也正是在這種道德觀念的驅使之下，因此他才會在「銅山之變」中吟誦出「何物釋子壞長城，畏死何堪見乃兄」的詩句。而天地會成員之間奉為圭臬的，恰恰是這種「忠心義氣」。[181]

　　歷史學者王春瑜亦言：

　　東明寺住寺道玉師傅，多年來他一直大力支持學者深入福建民間調查天地會起源，研究天地會的中堅「香花僧」的歷史。蒙他出示民間祕密流傳的海內孤本《香花僧祕典》，其中盛讚關羽「威名滿華夏，真義士，真忠臣，若論千載神交，合與睢陽同俎豆；戎服讀《春秋》，亦英

180　郭義、蔡祿本為鄭成功心腹將領，但道宗何以策劃郭、蔡叛鄭投清，始末因由撲朔迷離。最早見於清初江日昇《臺灣外記》，近年羅炤〈鄭成功與天地會〉及謝重光〈明鄭集團與天地會關係考〉有所考析，可以參看。值得注意的是，蔡祿後在河北總兵任上因有隨從吳三桂等「三藩反清」嫌疑，被康熙覺誅殺。可見清室對他並不信任，但似未連及其子孫。漳浦頂馬場下店介紹說：「本社有蔡氏祖祠一座。以前每年正月初一日張掛總兵蔡祿畫像，供子孫瞻仰。蔡祿俗稱『蔡萬七』，清康熙間官至左都督、河北總兵。蔡宗琚，祿長子，蔭官治中。蔡功，祿次子，官烽火門參將。蔡興邦，祿孫，襲都尉，任太湖協副將。」（http://www.cs138.net/Article/ArticleShowasp?Arti.cleID=608）可知後世族人猶在供奉。
181　〈鄭成功與天地會〉。

雄，亦儒雅，試論九霄正氣，當隨奎壁煥光芒。」並在每年五月十三日關羽誕辰時特設法壇，貼出此聯語。關羽對天地會的深刻影響，於此可見一斑。[182]

有文章說，近年福建平和縣大溪鎮高隱寺又發現了包括一批會簿在內的天地會文物，《會簿》中亦有「萬道宗主持五祖上岩關聖帝君前立會，約定暗號，令旗寶劍。後五祖在三點地上仙岩、高隱岩、長林岩三合會。眾僧密拜立天地在高隱岩，後分開各省召集起義，暗立會名天地會」等語。[183] 兩相參證，更能證實「香花僧」中亦流行有對關公之特別信仰。

第三點是羅炤撰有〈「洪船」與鄭成功、洪旭〉一節考索洪旭與鄭成功、道宗之間的關係，著重探及「《貴縣修志局本》有一段關於航船（後來的『會簿』稱為『洪船』）的問答，其中描述有『左邊有仁義禮智信，右邊共同和合結萬』」。「航船的『右邊共同和合結萬』，顯然與『萬姓集團』有關。『左邊有仁義禮智信』，這其中有何含義呢？」結論是與「鄭成功的仁、義、禮、智、信海上五商有關」。不過似乎沒有考慮到其中蘊含的價值體系問題。

按「仁義禮智信」本為儒家「子思五行（五常）」，唐人孔穎達注《尚書·甘誓》「有扈氏威侮五行」句言：「五行在人，為仁義禮智信。」楊倞注《荀子》「謂之五行」句，亦曰：「五行，五常 —— 仁義禮智信是也」，自宋儒編定的《三字經》「曰仁義，禮智信，此五常，不容紊」，就已把這個觀念推向普及，深入城鄉民心。故其標舉價值體系，亦須樹有形象代表，最適合的榜樣當然就是關羽。

182　王春瑜〈劉、關、張的人神之變〉，《中國史研究》1998 年 11 月號。
183　盧岸川〈天地會創始人萬五道宗〉，網路資料。

　　蕭一山《近代祕密社會史料》卷四洪門「口白」中談到「大洪船」時，就幾次提及船中供奉的神位。船頭供奉的是「華光大帝，左有千里眼，右有順風耳」，船尾供奉「安天后元居（按即媽祖），左有朝江神將，右有望海神將」。而船艙正中地位，供奉的神祇卻是關羽：

　　「船艙安乜神聖？」「安關聖帝君。左有關平太子，右有周倉大將。又有一對：諸公肝膽真忠義，扶明四海一家人。」[184]

　　而「洪船」正艙供奉關公而非媽祖，正是以東山為中心的漳州船民風習。至今猶然。據介紹：

　　拜謝天公最誠敬最隆重當為東山的漁船與商家。年年歲首開春，各漁船商家頭家（老闆）到關帝廟晉香許願；年終歲尾，於農曆十二月廿四日眾神上天述職之前擇吉舉行拜謝天公的祭禮。此日之前的臘月每日，各漁船頭家率全船夥計，各商號老闆率全體員工，載全豬全羊（「豬公」、「豬媽」、「羊公」、「羊媽」）等牲禮，抬雞鴨魚蝦、糕粿酒餅和金屯金船等供品，輪流抵達關帝廟進祭，供品如山，高香大燭，三跪九叩十二拜，甚至一百二十跪叩禮拜，禱聲喃喃，頌語不斷，報謝天公賜福與關帝恩典。東山銅陵全城數百上千漁船商家，都在此間進祭（現來東山經商辦廠的臺人亦然），故關帝廟每天得安排好幾場祭禮。常常從早到晚香火雲蒸霞蔚，人眾川流不息，其熱鬧隆盛場面令人嘆為觀止。[185]

184　《近代祕密社會史料》，第241頁。又《海底》中另一首同題「口白」談到船中央安置「觀音佛祖」，船尾安置「天上聖母，左右哼哈二將」，船首則是：「五顯華光大帝，左有千里眼，右有順風耳。又有關聖帝君在，左有關平太子，右有周倉大將。」這是將就佛教信仰，逕以華光為「情報訊息」收集，關羽為降魔除妖之開路先鋒矣。（第181頁）

185　劉小龍《海峽聖靈》，第119頁。

前述關公崇拜自嘉靖、萬曆以後久已深入福建民俗，而天地會首批會眾亦與前述東山銅陵衛所的將士兵丁一樣，早已脫離了家族宗法，也決定了關羽崇拜的主導地位。故天地會信條首先標舉的，就是「忠義為大，義氣為先」。

現存「天地會」第一批文件，即嘉慶十六年（西元一八一一年）五月初七日記錄的「廣西東蘭州天地會成員姚大羔所藏《會簿》」中，敘述信仰由來的「真主聯」已出現了「項羽擁衾，千載說仁義之風；關公秉燭，萬古表精忠之名」。而「關聖對」則言：「英雄豪傑定乾坤，萬里江山共一輪。爭天奪國一點紅，路〔露〕出根機劍下亡。」[186]

《洪門志》言其「大聚會」的規定，也有「每年五月十三日，為關帝聖誕；每年七月二十五日，為五祖紀念，即紅花亭紀念」兩個大型聚會日。[187] 可知關羽在隱祕社會中之地位顯赫。天地會文件中最為神祕的描述，是其組織根基「木楊城」。不但會眾之間盤詰時要不厭其煩，反覆盤問木楊城內的布置陳設，而且汲引新的會眾也必須在模擬木楊城的環境中進行，可謂會眾心目中的一方聖地、信念源頭。只是木楊城究竟實有其地，還是一個虛擬所在，一直不甚了了。[188] 但有一點始終是明確的，這就是木楊城敬奉關羽：

滴血盟心本姓洪，木楊城裡拜關公。

藤牌寶劍千斤重，鏡剪綾花兩邊功。

186　《近代祕密社會史料》，國立北平研究院史學研究會 1935 年版，岳麓書社 1986 年簡體重排，第258 頁。原件為倫敦大不列顛博物院藏抄本 Oriental 827G（1）。按蕭一山抗戰勝利後一度出任李宗仁北平行轅祕書長。1948 年赴臺灣大學任教，後任臺灣中央研究院近代史所研究員。

187　朱琳編著《洪門志》，1990 年河北人民出版社覆民國三十六刊本。第十三章，第 105 頁。該書記述以民國初年的習俗為主，已多有增飾。

188　王學泰考據此係套取《說唐後傳》第五回「貞觀被困木楊城叔寶大戰車祖輪」，理或有之。參《游民文化與中國社會》第 483 ～ 493 頁。

斗內公平與秤尺，米糧漕足壯軍容。

五方旗傘分顏色，四寶文房立正中。

桃李松柏千古秀，百花燈燭萬年紅。

長錢金扇靈前草，四大忠良盡受封。

木楊城內有關公，花洪寶燭在其中。

四大忠賢扶左右，松柏長錢掛西東。

銅牌寶劍高低插，鏖戰巾扇剪金絨。

五尺煙筒和桃李，結綵燈花滿城洪。

五色彩旗三軍命，黃羅寶傘插正中。

煙兵茶酒和玉箸，左桃右李壯軍容。

三牲酒醴來奉敬，五菜五果奉五龍。

斗上洪燈同結義，召集英雄見太公。[189]

說的其實都是一回事情。平山周在敘述天地會分支「三合會」的入會儀式時也說：

凡富貴人、學問家、官吏、農夫、商人、士兵、莠民、盜賊、乞丐，苟存忠義之心，思反清復明者均得勸誘，令入會為洪家兄弟。會場則臨時設於郊外，其大約五丈見方。分為外部、中央、內層三區。其行儀式之祕密室，則取陳近南之亭名作隱語，謂之「紅花亭」。室中祀關帝……有桃枝，以明昔劉關張桃園結義之意。[190]

---

189 《近代祕密社會史料》第 247、263 頁。詩句其實僅止鋪敍附圖中的香堂布置，所有器物的功用在蕭著卷五「詩句」中均有交代（第 299～301 頁）。

190 《中國祕密社會史》，河北人民出版社 1990 年覆民國元年商務印書館譯本，第 36 頁。

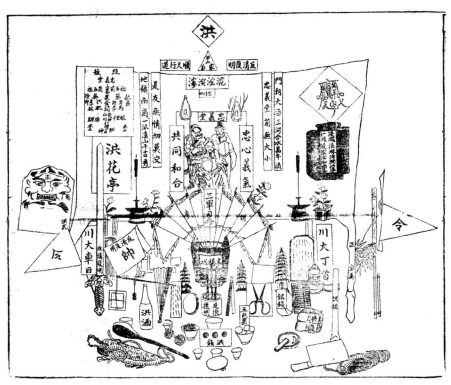

蕭一山《近代祕密社會史料》卷首附圖之七〈天地會入會儀式·會場陳設圖〉，原件為倫敦大不列顛博物院藏抄本 oriental 8207（3）。請注意正中設立的關羽神像和兩旁對聯，其坐姿仍然保留著金代神像的大概。可知民間信仰，於典籍外自有別傳。

　　可見在儀式上關羽神位具有特殊意義。此外明清隱祕社會由於脫離了家族與宗法社會，行遊於江湖之間，故需結為虛擬血緣關係，師徒擬父子，同幫擬兄弟，親屬擬姑嫂等。其間的道德標準也仿照相應的血緣宗法倫理制定了嚴格紀律，如哥老會「議戒十條」中就規定「一不准欺兄滅弟，二不准咒罵爹娘……四不准以大欺小」，[191] 對於男女關係限制尤嚴。此外在財務來往、解困紓難、救濟遺孤、保守祕密上也有詳細

191　《中國祕密社會史》第 111 頁。

規定。[192] 這種精誠團結，前仆後繼的意志信念，在辛亥革命前後的確造成了引人注目的作用。但是自那以後，便失去了高遠宗旨，逐漸變成一個個小型利益團體，直至一九四九年以後基本退出社會。只有洪門致公黨完成了現代化改革，成為持續發生影響力的政黨。時代丕變，社會演進，已不須詛盟設誓。但在一個更為廣闊，技術條件也更為便捷的社會空間裡，如何在人際關係中保持長期的忠誠和友誼，仍是一個現代語境中值得探討的問題。

前面談到的「關公詩竹圖」也為後世崇尚關羽的隱祕社會仿效，洪門就曾以此為據，造出「洪竹圖」來。蕭一山《近代祕密社會史料》是據倫敦大不列顛博物院藏抄本編輯的，在某益智節目中曾有這樣一段問答：

問：有經過什麼地方？／答：經過廣東惠州府石城縣觀音山苦竹坑。

問：你上去遊玩無？／答：亦曾上去遊玩。

問：見有什麼東西？／答：見有二盆竹。

問：爾竹知多少枝？／答：一盆三十六，
一盆七十二，共湊一百零八。

問：爾有取竹無？／答：我有取竹百零八枝。

問：爾一人如何取得略多竹枝？／答：洪家兄弟千千萬萬，取之不盡，用之有餘。

問：竹是乜名？／答：竹名朱洪竹。

問：有何為證？／答：有詩：廣東洪竹世間稀，林中三六七十二。天下無人知此意，起手動腳便知機。[193]

192　《洪門志》第 27 ～ 30 頁。

193　蕭一山《近代祕密社會史料》，國立北平研究院史學研究會 1935 年版，岳麓書社 1986 年簡體重排本，第 259 頁。原件為倫敦大不列顛博物院藏抄本 Oriental 827G（1）又李子峰《海底》，1990 年

洪門《海底》所載之「名洪竹」圖，註明「種在廣東省惠州府石城縣虎足坑。詩曰：廣東洪竹世間稀，林中三六七十二。天下無人知此意，舉手動足便知機。」其實「三六」指天罡數，「七十二」指地煞數。是清末民間對於《三國》、《水滸》不高明的抄襲模仿。

　　這雖然是源於洪門傳說中共主為朱明後裔「朱洪竹」，故以竹為洪門暗號。亦與「關公竹」一樣，暗寓「復漢」，或者「身在曹營心在漢」的意思。或者「朱洪竹」之名實源於此，也未可知。

　　另有一層意思是，竹之繁殖，端賴由根系部串生，漸次蔓延開去，洪門亦以此隱喻組織發展，主要依賴地下串連之意。

河北人民出版社覆民國刊本亦載。第 182 ～ 183 頁。

移民神

一、走西口

臺灣學者黃華節曾認為：

清朝時自然經濟和血緣團體逐漸解體，多姓村莊開始增加，並且出現了大批客商及游民。因為新生集團無法依靠血緣關係來增強團結並保護共同利益，他們求助於關羽的忠義象徵，來維持這個由來自五湖四海的團體，關羽的形象便被作為交友之道的原則，從而使關帝廟更為普遍。[194]

大致不差，尤其適用解釋移民地區關廟建立之由。乾隆以後中國緣於傳統耕種技術的農業，已與人口爆炸性成長形成緊張衝突，集體移民已成不可避免的趨勢。這個浪潮被後世簡略地概括為「走西口，下南洋，闖關東」。

「走西口」主要指兩個趨勢，一是晉商駝隊及個體商販的經商運輸活動，二是山西、陝西及河北移民隨著牧區改為農區或者農牧結合區向西北方面遷徙，也是沿隨軍西征的晉商足跡延伸出來的。例如察素齊即今土默特左旗乾隆年間的〈察素齊重修關帝廟碑〉記云：

自聖祖仁皇帝與將軍費揚古西征厄魯特噶爾丹，乃招民出口耕種，旋於歸化城市市通商，未幾，耕者商者雲集輻輳，歸化城亦一大都會也。久之，而數里一邨，數十里一鎮，於是有察素齊鎮焉。

這就清晰地勾勒出察素齊以及歸化城一帶村鎮形成的概況。隨著對於外蒙古諸部及俄羅斯商道的開拓，這種模式亦漸次沿著晉商駝隊的足跡延伸，逐漸拓展到內蒙古西部。晉商和山西移民也把家鄉信仰帶至新

---

194 黃華節《關帝的人格與神格》，商務印書館（臺北）1968 年，第 227 頁。

的聚落。據說清代歸化城有七個關帝廟，晉商在這裡開會議事，行會的辦公地點就是關帝廟。[195]

其中「大盛魁」是晉商在蒙古地區活躍時間最長、影響最大、資本也最為雄厚的商號。創業三人中王相卿即太谷「王家大院」始祖，張傑、史大學均為祁縣人。大盛魁雖以牛羊馬貿易起家，但聯號經營，無所不至，號稱「上至綢緞，下至蔥蒜」，並且承攬了蒙古王公來京納貢、值班、引見的公開消費活動，業務範圍不斷擴大。同治六年（西元一八六七年）大盛魁聯合歸化城商民，奏請「由恰克圖假道與西洋通商」，清廷「依議」。從此歸化城的一些商號聯合組成商幫，在中俄邊界同俄商互市，並在新疆等西北地區同時開展貿易。而大盛魁則以自己的駝隊獨家深入到俄國腹地進行國外貿易。

大盛魁供奉的財神即關羽，「在財神座前陳列著扁擔一條，木箱子兩個，石頭一塊，寶盒子一個。」據說是為永遠紀念創業傳統而設立的，並且為三位創業者留有「永遠身股」。[196] 故一直利用關帝廟作為大行，有「包頭長久以來，一直是由關帝廟的『大行』和東河的『農圃社』利用『死人溝』的『梁山』來維持市面」之說。[197] 李福清說：

在十八世紀中關羽崇拜在蒙古族流行較廣。一七七二年（乾隆三十七年）在俄羅斯工作的德國學者帕拉斯（P. S. Pallas, 1741～1811）在西伯利亞旅行時，參觀俄羅斯恰克圖（Kjakhta）及對面的（屬於清朝中國）買賣城時，也參觀了那裡的關帝廟（大概是北部最遠的關帝廟）。當地的蒙古人告訴他，這就是格斯爾廟。[198]

195　孔祥毅〈晉商行會──自治自束自衛的商人機構〉（http://sxnw.gov.cn/dxcf/jswh/swbj/jg.htm）。
196　同上。
197　《包頭史料薈要》第二輯，第 133 頁。
198　李福清《關公傳說與關帝崇拜》，第 95 頁。

　　證實晉商已把關帝廟修築到他們力所能及的最遠所在。又據民國《九行十三社》調查，包頭商行崇拜關羽的習俗甚多。往往結社舉行儀典。如皮坊和成衣局（包括裁縫）聯合組成「威鎮社」，每年三月十八日在關帝廟過會，供關雲長為祖師。又飯店、飯莊、燒賣館和廚師組織「公義仙翁社」，「每年八月十七日在關帝廟過會，供關公為祖師。」另由屠戶和肉舖組織「得勝社」，亦「每年二月二十九日在關帝廟過會，供關公為祖師。」[199]

　　另外還有一條晉商開拓的通往東蒙的路線，或由張家口轉向錫林浩特，或由京師北上至多倫諾爾（今內蒙古錫林郭勒多倫），再東北至昭烏達盟（今內蒙古赤峰），漸次北移。多倫諾爾為康熙會盟內外蒙古四十八部的地點，並在此地建有「匯宗廟」，以此北通外蒙，東至關外，商旅往來，不絕於途，多倫也因之蔚成都市。這條商道至今還有一些地名以關帝廟、老爺廟命名，就是這段歷史的見證。此後趨勢則是向著農牧混合、蒙漢文化融合發展。所以這一帶雖然地廣人稀，卻出現了正規的關帝廟。

　　民國二十四年（西元一九三五年）的《察哈爾通志》記載壩上張北縣（今屬河北張家口市）二十四座關帝廟，無論數量還是規格，都堪稱範例。文長不錄，其中提及蒙古廟中也設有特祀關羽的殿宇：

波羅素廟：在縣城北五十餘里，三區石柱子梁正東，亦為蒙古廟。清乾隆年間由蒙人波羅活希達捐助建立。正殿及樓房三十二間，配殿

199　所謂「九行」，包括錢行、當行、糧行、皮毛行、貨店行、牲畜行、雜貨行、蒙古行、六陳行（糧食加工業）；「十三社」亦有作「十六社」的，是包頭的一種商業性的手工業組織，有氈帽社、絨毛社、靴鞋社、理髮社、麻繩社、仙翁合義社（飲食業）、清水社（染房等）、金爐社（鐵匠）、得勝社（肉舖）、裁絨社（毯社）、魯班社（木匠）、恆山社（山貨舖）、義和社（留人店）、成衣社、會仙社（畫匠）、糖粉社。（《包頭史料薈要》第六輯，第97頁）

十八間，殿有金頂。殿後有塔，並有關帝廟三間。清代全旗均赴本廟送牛奶，製造奶食、奶酒奉上。[200]

新疆亦復如是。紀昀在《閱微草堂筆記》卷八〈如是我聞二〉中描述到烏魯木齊的關帝廟：

烏魯木齊築城時，鑑伊犂之無水，乃卜地通津以就流水。余作是地雜詩，有曰：「半城高阜半城低，城內清泉盡向西。金井銀床無用處，隨心引取到花畦。」紀其實也。然或雪消水漲，則南門為之不開。又北山支麓，逼近譙樓，登岡頂關帝祠戲樓，則城中纖微皆見。故余詩又曰：「山圍芳草翠煙平，迢遞新城接舊城。行到叢祠歌舞處，綠氍毹上看棋枰。」

同書卷四還說：

後漢敦煌太守裴岑〈破呼衍王碑〉，在巴里坤（今屬新疆哈密市）海子上關帝祠中，屯軍耕墾，得之土中也。

可見不僅中心城市，其他邊遠地方也建有關廟。隨著滿漢軍民的遷徙，新疆地區的關帝廟很快增加，如陳松題新疆天山關帝廟聯云：

赫濯震天山，通萬里車書，何處是張營岳壘；
陰靈森祕殿，飽千秋冰雪，此中有漢石唐碑。

以致在嘉慶初年即出現了洪亮吉所敘的景象：

出嘉峪關，抵惠遠城，東西六十餘里。所過鎮堡城戍，人戶眾者多僅百家，少則十家、六七家不等，然必有廟，廟必祀神。[201]

200　《察哈爾通志》第二十六卷，第 2357 頁。

201　哈密〈長流水關神武廟碑記〉，原載洪亮吉《更生齋文甲集》卷三。此據《哈密文物誌》，新疆人

光緒前期（一八八〇年代）俄羅斯漢學家波塔寧（G. N. Potanin, 1834～1920）曾在西北各民族中收集了很多民間故事，也包括「關羽出世」傳說。此外，現居於吉爾吉斯和烏茲別克斯坦的東干人原為甘肅、陝西等地移居的回民，在他們的傳說中也有「桃園結義」的故事，可謂關羽崇拜傳播極西之地。但由於長期分隔，傳說內容與內地已有不同。[202]

二、下南洋

相對而言，「下南洋」的歷史意蘊更加複雜深厚，發展趨勢也最為綿長。歷史上的海上貿易且不去說，近代內亂外侮不斷，英法曾於西元一八六〇年（咸豐十年）十月，強迫清朝政府分別簽訂中英《北京條約》、中法《天津條約》，承認他們來華招工的權力。光緒《閩縣鄉土志》言：「膂力強者，用應洋人之招，為苦工於絕城，彼族以牛馬視之。」民國《永泰縣志》言：「同治初年，英、荷諸國開闢荒島，乏人墾治，以重資誘往作工，遂有販賣豬仔之事。」其中也包括部分有識之士效法西洋，以圖自強，主動向海外尋求創業發展。故「下南洋」者反清傾向尤為顯著。

以今日眼光觀之，當初「下南洋」還有中國、外國之分。其中臺灣應當屬於中國本土的隔海遷徙；而赴東南亞、太平洋諸島國甚至歐美澳謀生者，則為僑民。

民出版社 1993 年，第 286～287 頁。據介紹：「該碑碑文係洪亮吉於嘉慶五年（1800）遇赦返回，路經哈密長流水時，應當地民眾所請而寫的。現碑已不存。此據《三州輯略》輯存碑文。」按洪亮吉（1746～1809）原名禮吉，字稚存，號北江，又號更生居士。陽湖（今屬江蘇常州）人。乾隆庚戌榜眼，授翰林院編修，充國史館編纂，貴州學政。嘉慶元年回京，以言越事，充軍伊犁，五年赦還，回鄉著述自娛。著有《洪北江詩文集》、《伊犁日記》等。

202　參李福清《關公傳說與關帝崇拜》，第 65 頁。

　　由於「下南洋」是一個持續的，因人而異的過程，閩廣不同地區人士偶然聚居異鄉一地，亟須建立一個超越地域、宗族和宗教的共同信仰，以調解紛爭，形成凝聚，關羽崇拜自然成為最佳選擇。蓋緣晚明移居的老華僑，亦知奉行關帝。於是南洋凡華人聚落，無不在宗祠、鄉祠之外，共建一座關廟，以彰虔敬。如〈馬來西亞吉隆坡關帝廟〉介紹說：

　　在吉隆坡設立的第一間廟宇就是關帝廟。先賢選定適當的地點，即在思士街轉入諧街一地，建起第一間關帝廟來。關帝廟也就是今天依然屹立的廣肇會館，刻下色澤鮮明，紅牆綠瓦的關帝廟，經過重修的新面貌，到今天依然香火鼎盛。[203]

　　歐美則是華人聚居的主要區域共建關廟，如美國的舊金山（San Francisco）、澳洲的墨爾本（Melbourne），都是晚清淘金工人修建的。紐約華埠近年亦修建有關廟，已成為州長甚至總統競選時拈香以爭取華裔選票的場所。十九世紀後期，海外華人開始打破地域、宗族及聚居地的畛域跨地區、跨行業合作時，關羽信仰也造成了垂範作用。如一九六三年九月成立的「世界龍崗親義總會」就既是地緣性，又是親緣性的世界性組織：

　　龍崗此一名稱，起於遜清康熙初年，廣東開平縣單水口地方，有龍崗古廟一座，廟內供劉、關、張、趙四先祖神像。《廣肇通志》記載〈龍崗古廟記〉之原文：「昔人言，山不在高，有仙則名；水不在深，有龍則靈。是知深山大澤之內，亦有英靈神物之憑居。唯斯地也，脈出雲山，氣連珠海，盤旋起伏，勢若蟠龍，中有一小崗，若龍首之昂空，故老傳言，每當風雨晦明之夕，恆見崗山雲霧迷濛，直升霄漢，若有神

203　網路資料來源（http://www.hslmw.com/node2/node116/node119/node836/node845/userobject6ai42258.html）。

物噓氣於其間，因名之曰『龍崗』焉：業權本屬山草步鄉劉姓所有，附近各姓以其地有靈氣，知為龍脈所鍾，均欲據奪，劉姓族小，以強鄰虎視，恐釀爭端，乃集劉、關、張、趙姓四人士商決興建祠廟於崗上，塑奉漢昭烈帝、關壯繆侯、張桓侯、趙順平侯及諸葛武侯諸神像，並名之曰『龍崗古廟』，以杜覬覦者謀。斯乃龍崗古廟得名之由來也：爰泚筆而為之記。康熙元年里人翰林院編修劉文舉撰。」

　　緣龍崗之組織乃從此而發祥，該地為臺山、新會、開平三縣交界處，當地同胞列海外謀生者最早，我僑居美國之四姓宗親，於遜清光緒初年，即於舊金山布碌港首先建造龍崗古廟。宣統二年舊金山龍崗公所落成，為四姓僑胞聯絡中心。繼則由美國各埠擴展至其他國家，如加拿大、墨西哥、古巴、祕魯以至澳洲各地區，均先後成立龍崗親義公所，民國四十九年秋臺灣和香港龍崗組織成立，同時世界龍崗親義總會在港亦開始籌備，五十九年泰國、日本、韓國親義總會次第組成，五十二年九月，世界龍崗親義總會在香港正式成立，五十六年馬來西亞十四個龍崗單位及四姓宗親組織成為馬來西亞龍崗親義總會，新加坡劉、關、張、趙「古城會館」成立迄今已逾一百年。歐洲龍崗親義總會亦於六十七年成立。目前世界各地有關龍崗組織者共為一百四十六個單位，擁有宗親約三百餘萬人，占海外華僑總人數七分之一。龍崗宗親遍布全球，一個宗親團體有如此悠久歷史、龐大力量和世界性的組織，實開氏族團體之先河。

　　何謂龍崗精神？曰忠曰義、曰仁曰勇，簡言之「盡己之謂忠」，「行而宜之謂義」，「博愛之謂仁」，「見危受命之謂勇」。此四者亦為我國固有倫理、道德之精髓，龍崗宗親視為立身處世之準則，造次如是，顛沛不違，其宗旨乃秉承劉、關、張、趙四先祖桃園結義、古城聚會之精神，遵奉先主遺訓，親愛精誠，團結互助，共謀福利為鵠的。[204]

204　《認識龍崗》，2000年版。筆者參加2001年涿州「中國歷史文化中的關羽學術研討會」時結識該

說明關羽信仰仍然在海外華人中具有垂範榜樣及凝聚意義，並在新一代華人華僑中繼續延展。其中包含對關羽信仰的現代性詮釋，可供思考。

三、過臺灣

據地質學家推測：在遠古時代，福建與臺灣陸地相連。在第四紀的冰川時代，臺灣海峽曾是露出海面的陸地。後來因為氣候變暖，洋面上升覆蓋了臺灣海峽，遂使臺灣變成了島嶼。近年來的考古發現和地質學研究都表明，在距今約三百萬至一萬年前的更新世時期，由於地球上曾多次出現冰期和間冰期，每當冰期來臨，海平面下降，在福建和臺灣之間的淺灘區便露出一條「東山陸橋」。而「東山陸橋」曾是古人類跨越海峽進入臺灣的必經之地。

近年來，閩臺兩地考古學者發現的舊石器、新石器和商周時期文化遺址、遺物等，更證實了遠古時期閩臺經濟文化關係十分密切。閩臺兩地所展現的舊石器時代的經濟文化關係愈來愈明顯。如：距今約三萬至一萬年前的臺南「左鎮人」與「北京人」有近親關係；距今約一萬多年的福建「清流人」、「東山人」與臺灣長濱文化主人的年代相當，而且都以洞穴為活動場所。

也許只是一種歷史的巧合，正是三國時代東吳的遠航船隊首次打通了中國與臺灣的連繫。臺灣古稱夷洲，以前和中國還沒有什麼連繫，但它附近的島嶼（古稱亶洲，今為琉球島）卻從秦漢以來「時有至會稽貨布者」，會稽人出海也時常有因風向漂流至那裡的。孫權為「覓取海外之發展，謀求貿易之利」，於黃龍二年（西元二三〇年）派大將衛溫、諸葛直率甲士萬人尋找這兩個島嶼，結果只找到了夷洲，「但得夷洲數

會諸公，並獲贈此印刷品，謹誌謝意。

千人還」。這是中國史籍上有關臺灣最早的記載。臺灣與中國的連繫，也從那時逐漸密切起來。

　　據臺灣學者研究，實際上唐宋以來，澎湖即有閩人屯墾。明朝立國初期，即以「海上為不征之地」，對東南沿海採取消極退守態度。洪武年間施行「禁海」政策，強制在澎湖的閩人廢棄辛苦建立的家園，全數撤回福建。致使原本市井繁榮的澎湖一夕荒蕪，造成史上有名的「墟澎事件」，反而聽任澎湖成為海盜巢穴。「抗倭」時期，東山水師曾兵臨澎湖。由於澎湖處於中國與臺灣島的中段，所以歷代移民或軍隊入臺，一般都會在澎湖停靠補給，或等待季風氣候適宜，繼續前行。因此澎湖便成為連接中國、臺灣不可缺少的樞紐，也是最早的移民地帶。閩人大量遷臺是從晚明開始的。崇禎三年（西元一六三〇年）福建大旱，尤以同安特別嚴重。鄭芝龍建議福建巡撫熊文燦以船舶送居民至臺灣開墾：「人給銀三兩，三人給牛一頭，使墾荒食力，漸成邑聚。」於是漳、泉赴臺者眾約有數萬人，這是中國官方第一次有計畫、大規模地向臺灣移民。東山、泉州等地關帝廟的神靈香火，也因此隨移民帶到臺灣。明清以來，東山以至漳州籍人士四次大規模向臺灣移民，途經東山銅陵鎮，均向關帝廟敬禱分靈，因此東山銅陵關帝廟的香火也沿此傳布臺灣各地。臺灣閩籍移民向有「漳七泉三」之說，縷述關公文化經過漳州移民經東山傳播到臺灣的經過，大體分為四個時期：鄭成功、施琅先後復臺，福康安平亂，清代「唐山過臺灣」，一九四〇年代國民政府遷臺。隨著大規模移民，關公信仰及其文化傳播也逐漸在臺灣落地生根，普及深入，成為最為重要的信仰之一。

　　若要細分縷述，這個過程還可以大致分為三個階段：即明末清初隨明寧靖王、鄭成功遷臺的「政治移民」；隨施琅、福康安而來的「軍事

移民」；以及嘉慶以後大規模移居的「經濟移民」。且待分說。

南明永曆十五年（順治十八年，西元一六六一年）四月，鄭成功以南明王朝招討大將軍的名義率軍由東山港出發，進擊澎、臺，驅逐荷蘭侵略者、收復臺灣。建立府縣地方政權機構，府為承天府，縣為天興縣、萬年縣。楊戎政為府尹，以莊文烈知天興縣事，祝敬知萬年縣事。行府尹查報田園冊，徵納口銀。改臺灣（城）為安平鎮。《臺灣縣志》對當時建制作補充記敘云：天興縣（縣治在今臺灣嘉義縣佳興里）轄臺島北路，萬年縣（縣治在今高雄縣興隆里）轄臺島南路，中路之地隸在二縣之內。又設三安撫司，南、北與澎湖各一司。鄭成功逝世後，嗣王鄭經入臺，政制有更張，改東都為東寧，縣升格為州。地方基層機構，「設四方以居商賈，設里社以宅番、漢。治漢人有州官，治番民有安撫司。」同時還派員赴漳、泉各地，「招沿海居民之不願內徙者數十萬人東渡，以實臺地。」

「陳」是臺灣最大姓，這不但有「陳林半天下」的俚諺可證，臺灣文獻館的數據也顯示：臺灣每九個人中，就有一個人姓陳。據臺灣文獻館考證，陳氏在福建本是大族，首位入臺的陳氏是隨鄭成功驅逐荷蘭人的陳澤。須知凡是漳州籍遷臺居民，不論何姓，都是經由東山在銅陵關帝廟焚香卜吉後，才揚帆遠航的。

由於萬曆年間皇室正式明確宣稱關公「顯護在國，威庇在民」，舉國擁戴，而且其「顏如渥丹，騎日赤兔」，位證坤方，為「南方赤火神」。[205] 所以鄭成功不但入臺之前曾在東山銅陵關帝廟親為虔敬求籤卜吉，而且待臺灣局勢稍微安定，即在首府臺南修建祀典關廟。傍依所奉

---

205 詳見萬曆帝朱翊鈞親撰京師〈勅建護國關帝廟碑〉（碑在北京右安門護國關帝廟。拓片載首都圖書館《北京記憶》。又大學士焦竑撰、董其昌書京師〈漢前將軍關侯正陽門廟碑〉（明刊本《澹園集》卷十九。碑拓存中國國家圖書館）。

明室寧靖王府的鐘樓，並在入清之後繼續保留，不時重修。日治時代猶有大關帝廟「關公一夫當關，道路迴避」故事：

最引人津津樂道的是，一九〇六年再次重修時，正巧遇日人改正街道，準備筆直的拓寬永福路，但祀典武廟卻位於預定道路終點中央，而引發拆遷爭議。最後日方不敵居民反對，加上敬重關公，終究迫使道路轉折繞行，只拆除廟左外牆及官廳，而留下「關公一夫當關，道路迴避」的茶餘飯後話題。

故能完好保留至今，成為臺灣一級古蹟。與此同時，鄭氏部將及委任的地方官員也紛紛在各地任所興建關帝廟，掀起臺灣興建關帝廟的第一波高潮。乾隆十七年（西元一七五二年）《重修臺灣縣志》言：

關帝廟：在鎮北坊。崇祀關聖大帝……偽時（按指明鄭時代）建，寧靖王書匾曰：「古今一人」。康熙二十九年巡道王效宗修。五十三年巡道陳璸重修。五十六年，里人鳩眾改建。乾隆三年巡道尹士俍倡修。舊志府志載各坊里之廟：一在西定坊港口，俗呼小關帝廟；偽時建，康熙五十八年里眾重修。一在道署左。康熙間道標營眾建；雍正三年巡道吳昌祚修，並撥鳳山縣大港社田租粟六十石，以供香燈；乾隆十七年巡道金溶鼎新改建。一在安平鎮。一在土墼埕保，今圮。一在永康里許厝甲。一在保舍甲。一在新豐里。俱偽時建。一在長興里，偽時建。康熙五十九年重修。一在保大東里，康熙五十六年建。一在澎湖媽宮西，康熙三十六年澎協副將尚宣建。

康熙五十八年（1719）《鳳山縣志》言：

關帝廟：一在永寧里。一在安平鎮（改舊遺房屋而更拓之，宏麗甲一方）。一在土墼埕（神像先祀於烈嶼。時值播遷，有賊舟犯島，民多

震驚；是夜見帝提刀躍馬，沿海馳擊，賊遂散去。島民因奉像來臺祀焉）。

可知關公神靈遷臺最初的功能之一，仍然是護衛疆土。嘉慶《續修臺灣縣志》卷二〈政志·壇廟〉中，還明確道及神像就是由中國分靈渡臺的：

萬年縣關帝廟：在鳳山縣土墼埕保（今屬臺南市）。神像原祀於福建烈嶼，鄭成功入臺，清康熙下令遷界，島民遷臺，洪姓信徒奉神像來臺，建廟祀之。

永康里關帝廟，有四：許厝甲（今屬臺南縣永康市）創於明鄭初期；永康里保舍甲（臺南縣永康市）；長興里（今臺南縣仁德鄉）；新豐里（今臺南縣關廟鄉）。

南明唐王朱聿鍵政權的大學士黃道周，也曾率軍北上抗清。可惜書生領軍，又受鄭芝龍等人掣肘，只能一死報國。他即為銅山所軍籍，自幼就在東山關廟之側讀書，曾為關廟聯云：

臺南祀典武廟為鄭成功時代建造。是臺灣地區最早的關帝廟。

　　數定三分，扶炎漢，平吳削魏，辛苦倍常，未了一生事業；

　　志存一統，佐熙明，降魔伏虜，感靈丕振，只完當月精忠。[206]

　　把關羽精神中「扶漢一統」的內涵突出強調出來。在這一點上，與當初關羽志在恢復的心境千載相通。

　　也許出於改朝換代的迴避心理，臺灣則傳說這副對聯為京師正陽門關帝廟之關公自書聯。如道光十九年（西元一八三九年）《噶瑪蘭廳志》（今臺灣宜蘭縣）載：

　　蘭中（關帝廟）……楹聯即用京都正陽門廟神所自作之句：「數定三分，扶炎漢，削魏伐吳，辛苦備嘗，未了生平事業；志存一統，佐熙朝，蕩魔伏寇，咸靈丕振，只完當日忠貞。」

　　字句稍有出入。筆者一九九七年赴臺參加首屆兩岸關公文化研討會時，曾在多家由東山關廟分香建立的關帝廟中看見懸有這副對聯。

　　由於滿洲早就信奉關公，入關之前皇太極建瀋陽城時已先建關帝廟，順治元年（西元一六四四年）又頒詔敕封關公為「忠義神武大帝」。故施琅復臺，臺灣關帝廟香火照舊興隆，是否曾有不同解釋？或者在平撫改朝換代之際明朝將士家屬心理創傷方面有何功用？都是值得探索的。

　　由於雍正三年（西元一七二五年）特頒諭旨將關公祀典比隆孔子，追封三代，臺灣官吏也不甘落後，聞風而動，繼續修繕前廟，興建新廟。如彰化知縣秦士望〈關帝廟碑〉說：

206　廟聯猶存東山關廟。筆者親見臺灣關廟由東山分靈移祀之廟，廟聯亦書此。按黃道周（1585～1646）字幼玄，一字螭若，號石齋，銅山所（今屬福建漳州東山）人。天啟進士，歷庶吉士，授編修，官禮部尚書。以節氣著稱於朝。唐王監國封武英殿大學士兼吏、兵兩部尚書，失敗被俘，堅不投降。臨終撕裂衣衿，以指血書寫「綱常萬古，節義千秋；天地知我，家人無憂」。

關帝者，漢壽亭侯。諱羽，字雲長，河東解梁人。初與蜀漢之昭烈帝及桓侯張諱飛為布衣交，恩同兄弟。後因漢室陵替，一片赤心，寢食不寧。昭烈欲伸大義於天下，帝與桓侯為左右翼，君臣之分定焉。

帝喜讀《春秋》，梗亮有雄氣。下邳之役，王臣分離，帝不得已，因故人張遼，而有「降漢不降曹」之約，操陽許之，陰欲以恩結帝心，禮遇甚隆。帝斬將以謝之，遂棄其所賜而奔昭烈。迨昭烈收蜀，帝坐鎮荊、襄，盛（威？）震許、洛，勢成鼎足。天不祚漢，帝殉大節，而英靈之不顯，萬古凜如一日。故歷代遞加封號，易侯而王，易王而帝，推崇無以復加。普天之下像帝而廟祀者，難以更僕數。而我彰邑荒昧初開，民番雜錯，沐聖朝雍熙之化，漸知服教畏法。若更感之以帝德，懼之以帝威，則其鼓舞更神。

前之宰是邑者，創立廟基於城南，而經營未就，殿宇仍缺。予不自揣，竭蹶踵事，庀材鳩工，五閱月而廟成。後殿位立木主以祀帝之三代祖禰。前殿鐫帝金像，冕旒端凝，宛然如生。一切陳設之具略備，復延戒僧覺欽為住持，以奉香燈。

夫自古忠臣義士，生為正人，沒為明神，皆足以奠俎豆，享血食。然或祀隆於一代，或廟建於一方，求其比戶屍祝，海隅禋祀，自漢迄今，日新月盛，唯帝一人。論者謂其德配尼山，聖分文武；忠同日月，氣塞天地。其言庶幾有當也。茲之草創殿宇，聊竭予誠。未滿予志。至於後此之規模，何以開擴風雨，伺以無頹，不得不厚期於來者。

大清雍正十三年（西元一七三五年）歲次乙卯七月中浣，福建臺灣府彰化縣知縣濰陽秦士望謹撰並書。彰化縣儒學訓導署教諭事隨梯、霧揀巡檢司巡檢□國榮、鹿仔港巡檢司巡檢王洪仁、典史邢繼周全立。[207]

---

207 碑存臺灣彰化市關帝廟。《石刻史料新編》第三輯（17）《明清臺灣碑碣選集》，第138～139頁。新文豐圖書公司（臺北）1986年出版。連橫《臺灣通史》卷三十四《列傳六》言：「秦士望，江蘇宿州（今屬安徽）人。以拔貢生出仕。雍正十二年調彰化知縣。邑治初建，制度未詳，即以興

　　尤其是其中「荒昧初開，民番雜錯，沐聖朝雍熙之化，漸知服教畏法。若更感之以帝德，懾之以帝威，則其鼓舞更神」數語，已分明透露出遵奉關帝共同信仰，已成為朝廷官員教化人民的重要方式之一。但仍然存有限於財力，關帝廟宇未能盡善之憾。

　　如果說鄭成功以及隨後康熙二十二年（西元一六八三年）施琅收復臺灣，主帥將士均是沿海閩人，故深知澎湖的位置顯要。隨後駐島官兵也仿照東山水師明軍舊例，陸續修建、增建起關帝廟。如康熙四十七年（西元一七〇九年）澎湖〈增建關聖廟頭門儀門記〉說：

　　澎湖關聖廟，乃康熙二十三年平臺後所建，以主斯土之祀者也。但時值草創，規模未備，且歲久飄搖。丙戌秋，余與協營林、戴二君圮者復之、剝者堊之，畫棟雕甍，業已一律維新矣。

　　茲協鎮許公謂當今武廟與闕里並重，廟制未宏，非所以肅祀事而答神貺。況去年歲時豐美、海嶼安瀾，兵民輯睦，何莫非仰賴神庥之所致也。治民祀神，非守土之責耶？因與余謀所以廓其制焉。兩營諸同事，亦欣然報可。遂各捐廉俸，增建頭門一進三間，門內東西翼以兩廊各三間；又增建儀門一進三間，門內東西亦建兩廊各二間，以為祭祀時各官至止聽候行禮之所也。其天井階除，鋪砌磚石，俱各修整相稱焉。

　　噫！道待人行，時至義起。許公之誠意如斯，其所見者遠矣。是役也，肇於丁亥之季冬、成於戊子之仲春，越兩月而告成。從此，廟貌森嚴，規模宏敞；神所憑依，其在斯乎？所有助財宣力者，並備書於匾，以垂永久云。是為記。[208]

學致治為心，凡有利民，罔不為之。翌年仿諸羅之法，環植刺竹為城，建四門，鑿濠其外，又造西門外大橋，通來往。前時臺灣瘴癘盛，水土惡，鄉僻之人每患癲疾，無藥可治，父母棄之，裡黨絕之，流離道路，號為天刑。士望見而憫之，慮其感染，建養濟院於八卦山麓，以居之，旁及廢疾之人，養之醫之，民稱善政。」

208　不署撰人。《臺灣文獻叢刊光碟檢索資料庫》。

道光《澎湖續編・廟記》亦言：

澎湖協營關帝廟：又名銅山館。清初創建，其神來自福建省東山縣銅陵鎮。

雍正、乾隆年間關公崇拜及官方祀典更上層樓，澎湖雖然僻居「海噢」一隅，也嚴格按照國家頒布的官式祭祀儀典，尊崇關公。如乾隆三十六年（西元一七七一年）《澎湖紀略》記載：

廟祀：澎湖關帝廟：廟在媽宮澳西偏，距廳治五里，日久傾圮。乾隆三十一年，余與協營諸公捐俸增修，祠宇式廓，今煥然一新焉。祀神勇關聖也……至國朝順治九年加封忠義神武之號。乾隆二十五年二月廷議以原謚壯繆未協，請更定謚號，改謚神勇；歲祀用太牢，典禮與關里並隆焉。乾隆三十三年三月奉上諭：「加封忠義、神武、靈佑關聖大帝，其官建祠宇、秩在祀典者，並依新號設立神牌，以申崇奉。欽此。」澎湖自乾隆三年奉文起，每歲三祭，開支錢糧銀一十八兩。

駐島官兵捐資增建關帝廟的風氣，也從乾隆時期開始大盛，如乾隆三十年（西元一七六五年）〈重建烽火館碑記〉言：

特簡鎮守福建等處地方駐紮澎湖水師副總鎮紀錄二次江諱起蛟、福建澎湖水師協標中軍副總府兼管左營林諱雲、緣首福建澎湖水師協標右營副總府帶紀錄二次戴諱福、澎湖右營守備吳科、署左右營守備紀廷政、王子□（下闕）、新調澎湖左營守備李其祥、（右營守備）楊元、千總許友勝、謝祖。把總許邦賢、游得貴、林廷寶、王國寶、王光燦、孫必高、陳維禮，（下缺）共捐，烽火門換戍澎臺班兵樂助，共成重建新廟，恭奉關聖夫子神像，永為烽火班兵住館，謹勒此碑為記。

乾隆三十年正月（缺）日穀旦。[209]

同時在經濟發展，政治安定的情況下，也動員社會各方力量參與建廟，進一步凝聚軍民同心。如〈重修關帝廟引〉說：

余蒞澎之三日，循例謁神。恭詣武廟，見其棟宇傾頹，中心惻然。夫修舉廢墜者，守土之責也，余亦何辭！但此意蓄而未伸。傳曰：「先勤民，而後致力於神。」將與地方事宜次第舉行耳。及晤總戎林公、戴公，已先得我心，諄切具陳厥舉，囑余權輿肇始，各捐俸廉以倡。

嗟乎！事以義舉，而四方響應者，其心同也。矧關聖之德播在人間，普天率土以至海隅日出，庸夫愚婦，罔不尊親焉。非心同乎？是役也，眾志僉俞，凡我屬兵民、衿士以及四方商賈遊歷斯土者，隨願捐輸，以勤厥工。庶廟貌重新，言言翼翼，以福我澎疆者，寧有既耶？是為引。[210]

臺灣情況亦復如此。值得注意的是，至遲在乾隆年間臺灣原住民也開始崇奉關公，並與漢人移民共建關帝廟了。乾隆四十二年（西元一七七七年）臺南〈貼納武廟香燈示禁斷碑〉言：

特調臺灣北路理番分府加五級、記錄十九次朱，為查據底里等事。據麻豆社通土美涼、斗耳光、烏棒、擇臺、耆番沙連、巳夷、買郎、大瀨、勝東、來犁等具呈詞稱：

涼等合社番產，沫【沐】恩清釐例，前例後票著查明。具覆等因：紹查虞朝莊一派地方，如黃大謨、謝明顯、葉大彪、陳思省、吳媽協、紀火勇等莊眾等，所管各業已升□輸課在案，其有旱產、田園難成片段者，貼納武廟香燈，歷年未有易者也。迨聖恩憐恤番，因番之立心不

209　《臺灣文獻叢刊》網路版。原按：碑存澎湖縣馬公鎮長安里。清代於臺灣行輪戍之制，由大陸福建沿海鎮營調兵渡臺，三年一更。營兵戍臺每建廟。
210　《澎湖紀略·藝文志》。不載撰人及年月，姑置於此。

160

一，或以虞朝莊等產，亦為番界等語。

前經全通土老番勝望、社番涼等，會同於耆，共相妥議，暨本莊內外旱產納香燈者，更貼丁餉。議規立約，俱各心安。因涼等愳查底里，於清釐案內稟覆黃大謨等，有名茲硬等細查確據，不敢欺神，亦不敢擾眾，仍依舊識，□充香祀。但私約難定，官斷有憑，理合聲明。呈叩，伏乞給示勒石，以成檔案□民番全沐聖恩，永誌不朽。切呈等□到分府。據此，除核案外，合行示諭。為此示仰虞朝仔莊民及社番，通土人等知悉：爾等務須遵照舊約，貼納武廟香燈，仍納番餉，兩相和睦。倘該莊民故違，將應完舊□短少租餉，許通土指名稟究。該社番等如敢於原約之外覬覦滋事，被該莊眾呈告，立即嚴拿究處，斷不姑寬。各宜稟遵母違。特示

乾隆肆拾貳年陸月　日給。[211]

其中「麻豆社通土」應指當地原住民，觀其與「朝虞莊地方」的稱謂及雙方姓名的差異，即可一望而知。而「通土老番勝望、社番涼等，會同於耆，共相妥議」云云，則「通土老番」應為略通漢語之原住民代表。觀其大意，應為漢族移民擴展過程中，與原住民田產邊界發生糾紛，結果是以共同修建關帝廟，各自出資「貼納武廟香燈」，維持日常供奉，以「盟神設誓」方式，作為「兩相和睦」的基礎。臺北也有類似情況，近年有介紹說：

忠義山（海拔兩百三十二公尺）因有忠義廟而得名，之前稱為夏嘮別山。「夏嘮別」其名稱原為凱達格蘭平埔族社名；其範圍約是現在稻香、桃源、一德、關渡里等一帶；亦即桃源國小以南至捷運線沿途之範

211　碑存臺灣臺南縣麻豆鎮關帝廟文衡殿壁。額題「皇清」。《石刻史料新編》第三輯（17）《明清臺灣碑碣選集》，第 555 ～ 556 頁。

圍，以牛蘑坑溪和北投為界，以東為漢人，以西為平埔族人。桃源里社區發展協會也是以「夏嘮別」命名。[212]

　　需要指出的是，臺灣原住民中，至今信奉尊崇關公的習俗仍然很盛。如桃園縣大溪地昔稱「大姑陷」，源自於凱達格蘭族霄裡社人，以其稱大漢溪為「TAKOHAM」，也就是泰雅族語的「大水」之音譯而來。據《淡水廳志》記載：乾隆年間漳州漢人移民大溪開墾，居住於月眉一帶。因嫌「大姑陷」字不吉利，遂依月眉位於「河崁」之地的天然地勢，改稱「大姑崁」。同治五年（西元一八六六年），由於月眉地方李金興出仕、李騰芳獲中科舉，莊民為彰顯地方之「科」舉功名，遂改名「大科崁」。光緒年間巡撫劉銘傳在此設立撫墾總局，策劃山地開發，並推廣樟腦產業，又「大科崁」改為「大嵙崁」。中日甲午之戰後，臺灣割讓給日本，大正九年（西元一九二〇年）改稱「大溪」，沿用至今。原為平埔族霄裡社與泰雅族等原住民散居之地的大溪，自清代漢族移民入墾後開始發展。同治二年（西元一八六三年）因為《中英天津條約》的修訂，增開打狗港（高雄港）與淡水港為通商口岸。而舊名大嵙崁的大溪是淡水河系最上游的河港，也是當時臺灣最內陸的港口，可說是國際貿易通商的重要轉運港口之一。當時桃竹苗農產品、日用品、茶葉、樟腦油等也都藉由大溪轉運。光緒十八年至二十三年（西元一八九二年至一八九七年）河運全盛時期，帆影終日不息，萬商雲集。後隨經濟重心轉移，逐漸消歇，現已成為一方懷舊古鎮，旅遊勝地。關公信仰很早就隨東山過海的漳州移民帶到這裡，並與原住民結合，形成特別的民間崇祀儀典風情。據介紹：

212　臺北市立桃源國小全球訊息網（www.tyues.tp.edu.tw/rules）。

　　大溪鎮普濟堂（關帝廟）創立於民國前十年，歲次壬寅（西元一九〇二年）。本堂前臨大漢溪、背倚靈峰、山如鳥嘴、南面石門近如咫尺，北眺鳶山、遙瞻鶯石、乃是馬武督直系龍脈的結穴，亦為蓮座山首尾相對的靈山，於是延師相地，乃諏山兼分金、集眾鳩資、重新改建。共築成正身五間，配合兩邊護廊，雖非雕梁畫棟、頗稱堂構維新，其後再於民國六年添建拜亭完成正式廟宇。並於民國九年慶成建醮。四方善信慕神靈而朝拜者絡繹於途、日以繼夜。尤以弟子社團，相繼而起，遂憑公決，每年農曆六月二十四日關聖帝君聖誕之辰，恭迎聖駕排鑾下鄉巡狩，祈求國泰民安，至此已達一百周年之久，其盛況迄今猶然……本堂主祀關聖帝君，威靈顯赫，垂庥合境，香火鼎盛，善及遐邇，各地香客慕名遠道紛沓前來，每年農曆六月二十四日，為關聖帝君誕辰日，由各地組團朝拜進香之善信大德，日達數萬，並由本鎮各社團成立二十三組隊（現已增至二十八組），舉行繞境慶典活動，一時鞭炮、鑼鼓聲徹雲霄，場面盛大而熱鬧！目前本堂爐下分靈頗多，遍及全國各地，信眾無數，農曆一月十三日，為關聖帝君得道紀念日，農曆正月二十、二十一日起斗，農曆十二月初三、四日完斗敬備平安粥，供善信大德膳食，祈求平安，並依古禮虔備牲禮舉行盛大莊重之祭典，個地善信，朝拜上香，絡繹不絕。另農曆四月間，召開信徒大會，藉以弘揚三聖恩主之教義，並促進信眾間情感之交流。[213]

　　又言：

　　桃園縣大溪關聖帝君誕辰繞境活動是普濟堂一年一度的宗教慶典，自日治大正三年（西元一九一四年）首次舉行以來，已有近九十年歷史。每逢農曆六月二十四的關帝聖誕，廟方便會恭請主神巡繞全境，過

213　〈普濟堂簡介〉。

程中並有各式各樣的陣頭表演，大溪鎮的各子弟社團無不踴躍參與，爭奇鬥豔，彼此較勁一番。而熱鬧的氣氛也吸引大批人潮與商機，堪稱地方一大盛事。[214]

據臺灣地方志和現存碑刻統計，在乾隆前中期臺灣各地官方及民間修建的關帝廟宇已達近二十座之多，而且已經融入本土，根植深厚了。

乾隆五十一年（西元一七八六年）十一月二十七日，天地會領袖林爽文於大里杙豎旗，攻下彰化縣，自稱盟主，年號「順天」。其控制範圍北至集集埔、水沙連，南至斗六門、庵古坑。同時同鄉人莊大田也在阿里港豎旗起兵，兩股勢力結合，夾攻府城，官員死傷慘重。又相繼攻下新竹，占有臺灣中北部。西部除府城外，其他各廳縣均被林攻占過。清廷遂於五十二年正月先後調派人員指揮平亂。十一月初福康安抵臺，控制民變勢力，並於五十三年二月平定亂事。此為清代臺灣史上的一件大事，載於史籍，茲不複述。

關於「天地會」起源問題的討論爭議持續多年，幾為專學。前文已述，如果注意到林爽文和莊大田都是漳州平和人，其先世由海過臺，當也經由東山拜謁過關帝廟。

有趣的是，福康安奉旨平定此亂，也曾在東山拜謁銅陵關帝廟。其自述言：

大清乾隆五十二年，余奉聖命提兵平臺，屯師銅山。其時軍威熾盛，兵驕將勇，自詡旗開之日，必蕩寇平魔。

嘗聞銅山關聖帝君威靈丕振，上安社稷，下庇黎民，靈籤神妙，有求必應，未深信也。余擬於九月發兵，叩關帝，求靈籤，數卜不得杯

214　大溪風情網站。

〔筊〕。遂按己意出兵，果出師不利，風浪阻過於中途，無功而返。始警而惕，關帝聖明，罔欺也。復誠敬再謁聖廟，得籤六十二首：「百人千面虎狼心，萊爾干戈用力深；得勝回時秋漸老，虎頭城裡喜相尋。」籤語奧妙，中藏玄機，難明其意。

依關帝示，十月再次舉師，果順水順風。登鹿港，決敵斗六門，解諸羅之圍。大里杙告捷，小半天殲敵。占鳳山，驅琅𤩝，斬敵克地。勝雖勝矣，爭戰酷烈，始料之未及也。

乾隆五十三年十月，余奉召回京，夜航迷霧彌空，船觸虎頭山，頓悟關帝籤語，一絲不爽。即回舟銅山，趨聖廟，再叩再謝。

關帝聖明，余深銘感。特頌文鑴區，志其事，傳示後人。

時大清乾隆五十三年陽月穀旦

協辦大學士陝甘總督嘉勇侯福康安盥洗敬獻。[215]

嘉慶《清一統志·臺灣府》也記載說：

城池：臺灣府城：城東門樓上舊祀關帝。乾隆五十三年臺匪林爽文等滋事，官軍渡海，咸睹神像，尋即葳功；七月奉旨重修，御書區額曰「神威翊應」。

福康安如此恭敬關公，其實並不突兀，而是由來有自。自從其父傅恆領軍以來，家族就世代供奉關帝。今中國國家圖書館仍然存有乾隆

215　福康安〈奉銅山關聖帝君頌文圖〉。原區懸於福建東山縣銅陵關帝廟內，「文革」間遺失。經尋訪考證，2000年漳州市薌城區呂金亮、陸建順、湯錦銘、湯錦濤、湯錦煌、湯錦霖、湯錦華、湯錦成、湯錦水、湯必成等捐募複製，重新懸於原處。錄自《漳州文史資料》總第32輯《廟宇宮觀專輯》，漳新出（2002）內書（刊）第119號，第352～353頁。標點有所釐正。按福康安（1754～1796）字瑤林，號敬齋，滿洲富察氏，鑲黃旗人。乾隆孝賢皇后姪，大學士傅恆子。以勳戚由侍衛授戶部尚書、軍機大臣，襲父封三等公。出從阿桂用兵金川，事後即任封疆大吏，歷任雲貴、四川、閩浙、兩廣總督，武英殿大學士兼軍機大臣。再從阿桂鎮壓甘肅回民起義，破石峰堡。五十二年任大將軍，率軍平定臺灣林爽文起義，封一等嘉公。率軍入藏，驅逐廓爾喀侵略軍。後督師平定湘黔苗民起事，嘉慶元年病卒於軍中。封忠銳嘉勇貝子，贈郡王，諡文襄。入祀賢良昭忠祠，配饗太廟。

二十一年（西元一七五六年）傅恆撰文、乾隆四十三年（西元一七七八年）其兄福隆安撰寫的京師東城景山東胡同〈重修關帝廟碑記〉，[216] 以及乾隆五十六年（西元一七九一年）他親自撰寫的拉薩〈磨盤山關帝廟碑文〉等。[217] 事實上乾隆三十四年（西元一七六九年）十一月所以要親撰〈御制重修關帝廟碑記〉，為關公隆其崇封，並將地安門外國家祀典關帝廟改覆黃琉璃瓦，以示特別的原因，就和傅恆有關：

> 至我朝而愈顯，且神蹟不可殫記，而於行師命討為益彰。

> 我國家久仰靈威，近於西師之役，復昭蒙佑順，因特敕封曰「忠義神武靈佑」，並允太常議於地安門外神廟，恭書新號神牌，門殿易蓋黃瓦。[218]

此處所說「西師之役」，是指傅恆征伐緬甸入侵時，因氣候地形原因，久攻不克，戰事膠著，主帥染病。乾隆已經下令退師，不料次日緬甸即上表告降。因此他衷心感慨「聖而不可知之之謂神」。

雖然清廷和天地會雙方都虔誠尊奉關聖帝君，但在這次戰亂中也難免殃及關帝廟。據說雍正十三年（西元一七三五年）興建的彰化關帝廟，就曾在這次戰亂中毀於戰火。

---

216 碑原在北京市東城區景山東胡同，漢滿兩種文字書寫。中國國家圖書館中文拓片資料庫索取號「北京 648」。又拓片索取號「北京 648」。按福隆安（1746～1784）字珊林，父傅恆官至大學士，封一等忠勇公。乾隆二十三年（1758）授和碩額駙，二十五年（1760）三月尚乾隆帝第四女和碩和嘉公主，同年七月襲父爵，封一等忠勇公，官至兵部尚書兼軍機大臣。乾隆三十八年（1773）四月加太子太保。卒年三十九。諡勤恪。

217 《西藏學漢文文獻彙編》第一輯〈清代喇嘛教碑文〉，全國圖書館微縮複製中心 1991 年出版，240 頁。《衛藏通志》卷六：「關帝廟新建於磨盤山頂，乾隆五十七年十月大學士、忠銳嘉勇公福康安撰碑文。」又《衛藏通志》卷十〈一統志唐碑〉結末又言：「福康安〈關帝廟碑〉於惠齡、和琳、孫士毅皆具書號，於體未協。皆令易之。後營官寨〈關帝廟碑〉亦同，均更正。」（《西藏學漢文文獻彙編》第二輯，第 288 頁）

218 原碑在北京市西城區西黃城根北街白馬關帝廟，漢滿兩種文字書寫，可能曾經遭到人為破壞，字多漫漶。中國國家圖書館中文拓片資料庫索取號「北京 474」。《光緒順天府志》卷六〈祠宇〉錄有全文，據以補齊。（第 149～159 頁）

西諺說：「歷史總是勝利者書寫的。」林爽文等人的真實陳述今已不可詳知，但清廷的表彰卻留存下來，其中遍布臺灣的「義民廟」即其遺存之一。新竹新埔鎮下寮里「義民廟」就介紹說：

建於清乾隆五十三年（西元一七八八年）冬的枋寮褒忠亭義民廟，可說是全臺義民廟的總壇。廟內合祀三山國王、神農黃帝與觀世音菩薩，每年農曆七月二十日的義民節活動，當地十五大莊輪值爐主祭祀，百年以來成為新竹客家人重大祭典與信仰中心。乾隆五十三年林爽文作亂，護衛鄉里義民（包括原住民、客家及泉州人）的遺骸，全部安葬於廟宇後方。後於同治元年又有戴潮春事件，義民之忠骸則葬於廟宇右後方。乾隆皇帝感念義民平亂有功，初封義勇，繼封懷忠。三賜御筆褒心匾額，遂更名為褒忠亭。[219]

綜合了原住民和閩廣墾殖移民的不同信仰，合祀一堂。此後諸羅譯改稱「嘉義」，以示對於諸羅人之忠義之嘉許。推想林爽文起事所以未獲成功的原因之一，應是百年以後臺灣局勢穩定，經濟發展，民心思安而不願意變亂。只是當時「義神」關公實已成為國家最崇神祇，專祠供奉，故未列入其中。

戰後臺灣知府楊廷理曾撰臺南〈重修郡西關帝廟記〉敘述這一情況時說：

乾隆五十一年逆匪不靖，蔓延經歲，南北騷然。焚郭戕吏，所在不免。而府城得堅守無恙者，每賊眾犯城時，輒聞廟中金鼓聲隱隱，似有數萬甲兵出面撼賊，為我民呵護者。而城獲全，則神有功於茲城也，大矣！

219　CTIN 臺灣旅遊聯盟‧枋寮義民廟。

　　迨大學士嘉勇公福公康安抵臺掃逆，蕩滌海氛，距今年夏廷理始得請於臺灣鎮奎公林、臺灣道萬公鍾傑捐修神宇，易其蠹窳，完其頹缺。橫斷焉，丹臒焉，明禋告虔，像設維新，其所以報神功者，當如是也。方理之出入戎行也，躍馬提兵，數與賊遇，不殺賊則死耳，寧復作生計。然而不死者向非神之威，有以作其力，助其氣，挫賊鋒而頓踣之，其能卒自保耶？重以勞形苦心，數月不安席，累夜不交睫，而身不病，卒以捍其人民，得與偕存，活者豈非神佑之彰彰者哉！此神之宇，所為不得不汲汲於葺而新之也。

　　若夫臺灣平賊之後，聖天子簡畀軍臣，臨蒞海疆，文修武備，飭史蘇氓，於以蒙麻集福，歲且再登矣。雖其致此有由，抑所得邀於神貺者豈淺少。嘆此神之宇，更不得不汲汲於葺而新之也。嗚呼！神有功於國，有德於民，非一世矣。而往往於急難危迫之時，呼號莫之救，神若儼然立乎其上而指麾之者，或假形聲以顯於眾，而示之威焉。於以直其義者而拯之，怒其亂者而殛之，有斷斷乎其不爽者，固知神之能為神，即天地間至正至直之氣，發揚麻布，昭昭在上，如疾風霹雷之所摧擊，必其物之枉且暴有戾乎？其常者斯觸之也，則神之靈亦赫矣哉！

　　顧若臺灣各邑，遞為賊所陷，而府城獨以神故得全，且不旋踵而所陷盡復，於以見國家洪澤之遠，敬神之至。俾府城固守，有以扼臺之吭而附其背，而臂指之患，易冶也。此神所以獨靈於府城也歟？押（抑？）豈獨靈於府城也哉！

　　時乾隆五十四年夏五月吉旦，知臺灣府事柳州楊廷理敬書。[220]

　　據說臺南、嘉義至今猶豎有乾隆親撰的贔屭巨碑載記此事，也被欣然收錄入他希圖誇耀後世的「十全武功」之中。

220　碑存臺灣臺南市中區祀典武廟內。《石刻史料新編》第三輯（17）《明清臺灣碑碣選集》第328～329頁。

　　追隨短暫或者間歇性的政治、軍事移民之後，持續時間更長，規模更大，而且連續性更強的風潮，則是來自純粹出於經濟動機的移民。這個漫長過程通常被稱為「唐山過臺灣」。

　　「唐山過臺灣」是指清代乾隆以後福建、廣東主要是漳、泉、潮三州移民遷徙臺灣的過程。隨著人流物轉，很多中國的器物、習俗、信仰也是在開墾臺灣的過程中，整體遷徙到臺灣的。關公信仰的普及也是在這個過程中完成的。祖輩流傳的〈渡臺悲歌〉首段就唱的是：

> 勸君切莫過臺灣，臺灣恰似鬼門關。
>
> 千個人去無人轉，知生知死都是難。

　　這首長達三百多句、由客家先民流傳至今的〈渡臺悲歌〉，娓娓唱盡了數百年來「唐山過臺灣」的辛酸血淚。

　　造成「唐山過臺灣」更為深廣的背景，是乾隆朝中國人口已經突破三億，中國基於傳統耕種技術的農業已與人口爆炸性成長形成緊張衝突，經濟性「趨利避害」似的集體移民已成不可避免的趨勢。這個移民浪潮被後世簡略地概括為「（山陝）走西口，（閩廣）下南洋，（魯冀）闖關東」。或者為了旅途平安，或者為了地域融合，或者為了緩和衝突，關公信仰再次被新移民帶至中國周邊以至外洋華人聚居的任何地方，以新的形式供奉敬仰。臺灣學者黃華節認為：

> 清朝時自然經濟和血緣團體逐漸解體，多姓村莊開始增加，並且出現了大批客商及游民。因為新生集團無法依靠血緣關係來增強團結並保護共同利益，他們求助於關羽的忠義象徵，來維持這個由來自五湖四海的團體，關羽的形象便被作為交友之道的原則，從而使關帝廟更為普遍。[221]

221　黃華節《關帝的人格與神格》，商務印書館（臺北）1968 年，第 227 頁。

所論有理。只是我的角度、看法稍有不同。曾應在海外華人中頗有代表性的世界龍崗親義總會邀約，寫過一篇〈關聖帝君在海內外華人地區設置及其影響〉討論，有興趣者可以參看。[222]

消除政治紛爭，也沒有軍事目的「經濟移民潮」，為臺灣源源不絕地輸入了本土關羽信仰，也是臺灣關帝廟修廟最多、最勤的時期。臺灣通常把五位神祇尊為「恩主公」，如臺中聖壽宮供奉的恩主公就包括關聖帝君（關羽）、孚佑帝君（呂洞賓）、司命真君（灶神）、北極玄天上帝（玄武）和岳武穆王（岳飛），而以關羽為主祀神，在這一時期最為顯著，影響則直達今天。

宜蘭縣礁溪鄉協天廟是臺灣歷史悠久的關廟之一。廟雖不大，但由於日治時期關帝像未受損害，光復以後其他重建關廟紛紛於此分香續靈，成為臺灣最有影響的關廟之一。其由來傳說是：

有先賢林楓一人，係福建漳州府平和縣人，為訟事進京，途經銅山縣東城（今東山縣銅陵鎮），聞關帝廟關聖帝君威靈顯赫，乃進廟懇求神佑，迫抵京城，果然奇應勝訴，其冤得雪。林楓為感神恩，於歸途再度進廟叩謝，同時在神前卜筶，蒙准奉爐丹分靈返鄉，春秋致祭。其後林楓後裔渡臺，行前至東山祖廟求得聖帝金身護佑，即經廈門過海入噶瑪蘭，安然進抵礁溪，並發現一黃蜂巢靈穴，遂卜居礁溪，建廟奉祀關聖帝君，供一般民眾膜拜，時為民國前一百零八年。建廟之初，僅有茅屋三間。

清同治六年，鎮臺使劉明燈提督巡察噶瑪蘭，駐宿本廟。傳說其部屬無知，亂砍廟後楓樹枝為薪，觸犯樹神，以致全體部屬染病。徬徨躊躇中，劉鎮臺步上正殿神前，舉足將靴尖踢戶限時，偶然心動仰望，關

222　關公網。

聖帝君顯聖怒目而視。劉鎮臺大驚,曰真神也,遂跪拜求救,病者即見痊癒。乃表請建「協天廟」。[223]

這在臺灣關帝廟中就頗具代表性。這種變化表現在兩個方面,一是遷徙途中的默佑使關公的護佑功能褪去戰爭硝煙,轉向日常化、平民化;二是懲罰對象指向欺侮平民、不信神靈者,重現了關公信仰在中國「鄉里神」的功能,已與臺灣民眾的生活融為一體了。

另一方面則是求取科第功名的舉子,也像在中國一樣爭奉關公。如嘉慶年間胡應魁撰寫的彰化〈重修關帝廟碑記〉就說:

大矣哉!聖帝之威靈於昭在上,乃垂鑑予小子而示以先幾也。魁釋褐後,曾任盧州教授;慨文廟傾圮,倡議興修,頗殫心力。經始時,夢遊行宅中,啟後戶而出,則奇峰秀嶺,環列若屏障。其平坦處,清泉漫流,心極愛之。因擇無水處散步以遨,神氣爽暢。迤迪而南,俄至一廟,堂三楹。楹之右有七、八人,冕而並立;其中之赤面綠袍者,則聖帝也。魁列階而上,帝已移立堂中。

魁長跪陳列姓名,求問功名所至。語畢,頗悔自列不盡,恐疑為卜科名者。意甫動,帝乃大聲言曰:「爾非學官胡應魁乎?爾將來功名所至,問朱大人便知,予日在其前保薦爾。」魁三頓首而謝。見有一人髯而黑,旁跪答拜,心知為周將軍,置纓笠於地,諦視之,金色燦然。時乾隆五十七年十月初八夜五更初也。醒而異之,述於所親,未知作何驗。

乾隆六十年謁部選,得閩之德化縣;嘉慶元年,調授彰邑。彰自林、陳亂後,廟宇多被焚毀,魁以次興修。聖帝廟在南門內,傾頹尤甚;乃與貢生鄭士模、吳升東等移建於理番署之舊基。己未春興工,至庚申秋而竣。廟制不尚華飾,而氣象之雄壯則大異從前;其方位適當邑

223　協天廟網站(www.newspace.com.tw/scecn/ 礁溪 / 協天廟 /index.asp)。

署之南，至署後之秀嶺清泉，皆予到任時所開鑿。接其途徑而遙憶之，宛然如在夢中云。

是予幸邀列憲卓薦，薦書六月上旬始出，到部在八月，正朱大人珪署吏部尚書時也。由此日而追溯錫夢時，已閱八年矣。（於）〔余〕以知數皆前定，不可豫知。唯此區區之誠，可上邀神明之昭鑑云。爰敬述顛末，志之於碑。[224]

臺灣一直視關公為「文衡帝君」。學子考前焚香默禱，考後上供還願之風習，保存至今：

苗栗縣銅鑼鄉九湖村武聖廟：此廟立祀文衡聖帝（關聖帝君）。正殿中央即是關帝神像，神像前置一牌位，上書：南宮佑帝君、南天文衡聖帝關之尊、九天司命真君張之神位。左邊祀萬世師表，上書：大成至聖先師孔夫子、頻曾先賢先儒、恩孟楊公先師、伏波將軍神位，楹聯寫著「金聲玉振」，兩旁的對聯是「道德參天地、文章冠古今」……此外，尚有清末聞人丘逢甲所書的橫匾。雖然位於偏僻的村落裡，但它卻無古舊的痕跡，也不似一般廟宇的金碧輝煌，由廟裡的擺設可知它的管理極為良善。[225]

224　《臺灣文獻叢刊》網路版原按：原碑已失，文載《彰化縣誌·藝文志》。撰者為胡應魁，茲據錄之。年代依據本文「嘉慶元年調授彰邑……己未春興工，至庚申秋而竣」等語而考定，正符〈彰化縣誌·祀典志·祠廟〉所云「關帝廟，一在縣治南門內……嘉慶五年，邑令胡應魁移建南街同知署故址」之語。文中己未係嘉慶四年次年即庚申。連橫《臺灣通史》卷三十四〈列傳六〉言：「應魁字鶴清，江蘇曲阿（今丹陽）人。以會魁為廬州教授，嘉慶元年調彰化知縣。時陳周全亂後，餘黨未平，應魁盡力搜捕，安輯流民，慨然以振興文教為任，月試書院，親為評點。初，城中乏泉，汲者須赴東郊紅毛井，路遠弗便，而東門外李氏園，忽得泉甚甘，眾爭汲，禁之不聽，訟於官。應魁捐俸買之，號古月井。嗣建太極亭於署後，以收八卦山峰之秀。任滿，升淡水同知。蔡牽之亂，防堵有功，卒於官。」稱其為「良吏」。
225　苗栗縣九湖國小山城采風網站（http://163.19.213.120/ml/ml82h.htm）。

　　居然將「萬世師表」的孔夫子擠在側位了。說來考生舉子虔敬關公，溯根追源，還是來自晚明吏部考選方式的變遷而在中國盛行起來的。但臺灣能夠一直流行不衰，也算是科舉時代的孑遺了。

　　第三就是商賈財神之供。隨著政局平穩，生活安定，商人店鋪捐贈的手筆也逐漸大方了。財東商舖開始替代官府，成為復新重建關帝廟的核心力量。

　　臺南開基武廟「小關帝廟」，嘉慶、道光年間兩次修繕，兩相比較，從西元一八一八年到一八二九年不過十一年，就見出捐資明顯呈現出手闊綽，人數眾多的特點。七年以後，臺南「大關帝廟」增建，據〈武廟禳熒祈安建醮牌記〉記載，參與人數更為眾多，一次募集「佛銀二千六百九十九元七角四分，總對除用外，尚存佛銀一千一百八十一元八角八分。」[226] 捐贈的這些差別固然與廟宇歷史、影響和規模攸關，但也可以看到信眾成員的擴大變化和關廟影響力的大幅提升。又有言：

　　關聖帝君除被當做武神供奉外，一般以義相結的商人，因慕關羽的忠義，每於關帝廟裡設同業會館，奉為保護之神。清時府城的「三郊」、「六合」為城裡商人的兩大同業公會，「三郊」的會館設在供奉天上聖母的海安宮，「六合」的會館則設在祀典武廟。[227]

　　隨著貿易頻繁，人流物轉，臺灣與中國關公信仰的情況也幾近同步發展，差別縮小。從碑刻看來，嘉慶初年直到光緒中葉的約百年間，是近代臺灣和平發展時間最長的一段時期。臺灣與中國的連繫愈加緊密，經濟也呈現快速成長的趨勢，故「唐山過臺灣」的移民勢力也在逐步增

226　本件為木牌，懸臺南市中區永福路祀典武廟（大關帝廟）大殿右壁，《臺灣文獻叢刊》網路版。這項數據瑣細之處，恰好對於了解清代中後期臺灣關公信仰的參與人群與祭祀細節，頗有參考價值。

227　臺灣正修科技大學「臺灣歷史與文化通識講座」第九、第十場，張順良主講「臺灣的宗教信仰」。

長。殊不料正是臺灣開發初顯格局，略有小成，引起覬覦，並很快引發了一場戰爭。「甲午海戰」之後割讓臺灣，引發了又一場「文化震盪」。

從馬關條約、臺灣被割讓的消息傳到臺灣的那一天起，臺灣人民反對日軍占領的抗爭就從來沒有停止過。簽約的消息傳到臺灣，臺灣民眾掀起了反割臺的浪潮，表示「願人人戰死而失臺，絕不願拱手而讓臺」。當條約被正式批准、割臺已成為不可避免的事實時，臺灣各界人士和廣大民眾自發組織起來，從日軍登陸臺灣的第一天起，就進行了頑強的抵抗。由北到南，在五個多月占領臺灣全島的過程中，日軍每前進一步都要付出慘重的代價。共有包括近衛師團長北白川宮能久親王在內的四千八百名日軍官兵死亡，兩萬七千人負傷。其傷亡人數比在甲午戰爭中日軍的傷亡人數還要多出近一倍。

西元一八九五年十一月，日本首任臺灣總督樺山資紀向日本政府報告「今本島全歸平定」。然而，正是從這時起，臺灣人民反對日本殖民統治的抗爭也拉開了序幕。在一八九五年至一九一五年前後長達二十年的武裝抗日運動中，臺灣各地的民眾先後在林大北、陳秋菊、詹振、林李成、胡嘉猷、劉德杓、簡義、柯鐵、黃國鎮、林少貓、林添福、簡大獅、詹阿瑞、黃茂松、蔡清琳、劉乾、林朝、羅福星、余清芳等愛國志士的領導下，前仆後繼，與日本軍警展開了殊死戰。他們的抗爭，許多都以恢復臺灣主權為訴求。其中胡嘉猷的義軍公開使用光緒年號，宣稱「此次征倭，上報國家，下救生民」；柯鐵義軍的旗幟上寫著「奉清征倭」四個大字；羅福星領導的抗爭以「驅逐日人」、「光復臺灣」為號召；余清芳領導的噍吧哖起義也提出了「光復臺灣」的口號。還有人們熟知的唐景崧、劉永福、丘逢甲的抗日之爭。

王銘銘依據「偶然」[228] 得到的一件抄本《泉州承天寺萬緣普度》，描述並從社會人類學角度評價了光緒二十二年（西元一八九六年）泉州舉行的四十九天全城大法會，以悼念超度甲午戰爭失敗後日軍侵占臺灣期間因反抗而戰死或遭受殺戮的清軍將史及臺灣人民。最使筆者感興趣的是，這次集佛道儒、官紳民為一體的大法會雖然舉辦地點在佛教承天寺，但卻是由通淮關帝廟領銜，且以關聖帝君的名義發起並組織實施的。關於超度儀式的起因和目的，〈南無山海慧自在通王如來榜〉一文作了如下明確的說明：

今為大清國福建泉州府晉江縣四來等境，共修因果，普度幽冥。翻貝葉之靈音，集刺桐之福蔭。念近歲海疆多故，德邑被災，燹火成墟，兵塵積野。小丑作跳梁之態，大兵揚撻伐之威。旌旗動而日月無光，干盾揮則風雲變色。悵一城之騷擾，獸因雞連；嗟百里之荒涼，龍吟虎嘯。猶幸霓旌色壯，拔城還奏凱之師；鷺訛聲揚，在泮紀獻囚之績。掃狼煙而開荊棘，謀鳩聚以奠苞桑。固已大地皆春，普天同慶；孰知東征斧鉞，一戰空還。南國屏藩，三臺遽削。相臣功業，獨誇割地之能；天意蒼茫，未及厭兵之候。至犬羊之小國，恣狼虎之雄威。

臺之人世受國恩，久居故土。惜江山之錦繡，恥戎狄之冠裳；剖腹開誠，合義士力圖報效。割須潛遁，奈假王莫補空言；兵失掌而勢孤，賊乘機而力進。天仞〔什〕九日，爭關后羿之弓；萬項驚濤，誰濟傳岩之楫？無怪干戈氣奪，金鼓聲虛，遷徒紛紛，死生了了。楚氛甚惡，動

175

教屠毒生靈；秦政日苛，那惜凋殘民命。是以瀝孤城之血，禍遘睢陽；流四野之膏，慘遭回紇。含冤莫白，抱恨難平。共登枉死之城，願入無生之路。青磷閃火，夜飄倚樹之魂；白骨凝霜，晝作驚人之狀。遂使兵戈之氣，釀成癘疫之災。加以青草煙霏，黃茅瘴發，災星示異，禍水橫流。五瘟使銜命而來，百姓家有身如寄。種無名之毒，吾末如何；罹未有之災，至於此極。考醫宗金鑑，空傳老鼠之鑽；脫國手青襄，誰擅摸龍之術。此即縷懸長命，符佩護身；五木薰湯，百花釀水。要不足扶危濟困，挽造化於須臾；起死回生，補陰陽之缺陷。

吾郡犬牙相錯，鱗籍聯編，縱隔天河，潛通地軸。盼舟車之駕馭，載行旅以往來。彼毒焰之縱橫，此惡氛之漸染。桐城內外，毒霧迷天，草野生靈，望風委地。嗟蜉蝣之性命，作鴻雁之哀鳴。所願五邑名山，引祥雲而遍覆；雙江流水，化甘露以濃敷。乃集紳耆，共伸誠敬。效周官之逐疫，掃蕩妖魔；賽楚國之迎神，肅清塵界。祥輪影射，寒生癘鬼之心；法鼓聲沈，擂破遊魂之膽。易才占夫且藥，詩旋詠乎勿平。苟非得渡世之慈航，仗伏魔之慧劍，何以乘否極泰來之會，立乾旋坤轉之功乎？

所以通淮關聖帝君目擊瘡痍，情關痌瘝。指瓊臺而下馬，垂寶誥於扶鸞。為窮災害之原，命結因緣之果。意以四郊戰壘，英雄半昭沈埋；一綱災區，生死何關種類？或關山萬里，逆旅飄魂；或骨月〔肉〕一家，捐軀為國。或無兒之伯道，難延一線馨香；或罵賊之鐵鉉，竟入千秋鼎鑊。或廓鴻聲於宇宙，紅塵墮浩劫之中；或著梟惡於邦家，黑籍隸陰誅之列。凡諸滯魄，共抱沈冤。隨劫數以淪胥，詎區分乎獸善。善者知人誰不死，勘破機關；惡者乃忿極而橫，釀為妖異。誕登彼岸，非寶筏何以指迷津；普濟眾生，唯金繩乃以開覺路。故特掃站臺之淨地，施露澤於承天。

赦命通關，卜九秋之下浣；樹幡動鼓，諏十月之初旬。人第見燒爆

竹則魑魅皆驚，散香花則魁魔共伏。洗月支之鉢，則一城沐而災消。薰弱水之香，則百里聞而沴被。不知延沙門之法眾，誦天竺之真言。結萬善喜緣，廣祈多福；度一切苦厄，大開法門。卅九天大會無遮，十八獄幽魂齊脫。更可破三生之孽障，鼓蕩天機；開一片之婆心，輪迴世界。諭孤魂之等眾歸女室與男堂，聽說法於生公，點頭大悟；得傳經於天女，合掌鳴恭。發菩提心，省識不生不滅；運廣長眾，須知即色即空。分香積之清齋，含哺鼓腹；饗伊蒲之法食，義粟仁漿。翹道天堂，借階梯於寶藏；脫身地府，憑懺悔於金經。晦氣既消，祥氛自布；民登仁壽，化洽安平。不必飲鞠酒而延齡，不必服蓬虆而辟疫。不必寫鍾葵〔馗〕之影，而群鬼消聲；不必懸束艾之符，而百靈效順。

　　吾想泉山秀抱，海國春融；干戈化日月之光，帶礪享河山之福。甲科乙榜，龍虎同登；子婦丁男，螽麟衍慶。商賈入五都之市，利溥同人；農夫受百畝之田，歲歌大有。萬家醉飽，共知讓水廉泉；一曲昇平，譜出和風甘雨。[229]

　　駢四儷六，典故堆砌，顯然出於飽學宿儒之手。

　　另一方面臺灣人民的抗日活動並未消歇，其中重要的一次武裝抗爭被稱為「關帝廟事件」（亦稱「李阿齊事件」）。此後日本人開始有計畫地搜繳關公神像，撤毀關帝廟，以實現其「去中國化」。而臺灣民間則將童乩、扶鸞改在關帝廟裡舉行：信徒遇到病患災害，多往關帝廟祈求神恩。如有靈驗，為了感報恩德，便將關聖帝君改稱為恩主公。於是部分關帝廟漸漸轉變成為童乩、扶鸞的殿堂，從而使其信仰的形式、內容與從前的關帝廟也有所不同。

229　原文係由中國學術論壇（http://www.frchina.net/data/personArticle.php?id=173）下載。作者文中自注「對該文本進行標點的過程中，受到北京大學中文系夏曉虹教授的幫助」。〔〕內為明顯訛字的校正。筆者逕自校改了網路文本明顯的標點失誤。下同。

　　一九四五年臺灣光復以後，關帝廟開始有所恢復。真正興盛還是在一九八〇年代後期「解嚴」以後。據臺灣學者介紹，在戒嚴時期臺灣宗教活動受到法令限制，不易滋長。一九八九年臺灣省政府曾對所轄縣市從事調查（臺北、高雄兩市除外），當時臺灣地區關帝廟、宮、堂總共四百三十一廟。一九八九年後宗教活動開放，關廟也迅速蔓延。據一九九七年一月宜蘭縣礁溪協天廟舉辦臺灣「關聖帝君兩岸文化交流座談會」時統計，臺灣地區與會之宮、廟、堂、壇、會共有九百五十個單位。較十年前增加一倍。[230]

　　其中成長最快的是臺北市、新北市，即「大臺北地區」。其次是基隆、高雄兩市，都是臺灣經濟發達的地帶。其他縣市則呈現穩步成長的趨勢。大致而言，北部地區大幅成長顯著，中南部地區原有廟宇較多的市縣成長則相對緩慢；而以經濟相對滯後的澎湖列為最後，反而減少了一座關廟。據臺灣友人介紹，隨著改革開放和經濟起飛，關羽信眾也由光復時第六位提升到第二位，約八百萬許。尤其是商家篤信其為致富之正道，而政要為了拜票也頻頻現身主要關廟，拈香謁拜，虔敬致禱。謹按成長幅度列表如下：

地名	解嚴前	解嚴後	地名	解嚴前	解嚴後	地名	解嚴前	解嚴後
新竹市	3	9	宜蘭縣	23	58	臺中縣	13	33
臺中市	13	28	嘉義市	3	6	新竹縣	6	11
苗栗縣	28	50	高雄縣	39	53	彰化縣	34	59
南投縣	30	41	臺南市	11	18	臺東縣	9	15

230　參見敕建礁溪協天廟編印《關聖帝君兩岸文化交流座談會會議手冊》，民國八十六年（1997）一月。

嘉義縣	14	17	雲林縣	58	64	臺南縣	42	49
屏東縣	22	24	澎湖縣	17	16			
臺北市	5	116	新北市	26	156	基隆市	7	47
高雄市	13	53	花蓮縣	5	21	桃園縣	10	35

此外，臺灣關公信仰還出現了世界「儒道釋耶回」五教教主已在清中葉推舉關羽為第十八代玉皇大帝的說法。[231] 有介紹說：

關於關聖帝君登基成為玉皇大帝的傳說，根據相關數據的記載，清末民初曾流傳於中國西南地區；而在臺灣民間的鸞堂，最早的記載則是民國三十五年見於南投縣魚池鄉的啟化堂。到了民國六十年代，臺中聖賢堂出版扶鸞善書，將此傳說經典化，書中記述說：「由儒釋道耶回五教教主，共議選舉關聖，於甲子年元旦，受禪為第十八代玉皇大帝位，其尊號曰：玉皇大天尊玄靈高上帝，統御諸天。」從此以後，「關帝當玉皇」的說法，便被臺灣的鸞堂所普遍接受並加以傳播。

近年來，臺北市行天宮在舉行關聖帝君誕辰祭典時，會在內庭柱子上寫上：「玄靈玉皇上帝關恩主聖誕六月廿四日」。由此可以看出，行天宮也已經接受了關帝登基為玉帝的事情，但是為了和真正的玉皇大帝有所區別，所以稱關帝為「玄靈玉皇上帝」。[232]

原其本心，也是要大幅提升關公在民間信仰中的崇高地位。近年臺灣又陸續出現了一些以關公作為主要神祇或者道德榜樣的新興宗教、文化團體，如中華玉線玄門真宗教會、臺灣關公文化協會等等。如中華桃園明聖經推廣學會王超英〈關公聖義人格思想研究 —— 從儒家思想，

231　參覃雲生〈替關聖帝君封號 —— 專家談玉皇大帝改選〉，臺灣《時報週刊》170 期，1981 年。

232　民間青年文化論壇 —— 臺灣（http://www.pkucn.com/chenyc/thread.php?fid=31&tid=4682&goto=nex-toldset）。

弘揚「關公的聖義人格」，建立優質的社會人文〉一文認為：

> 二十世紀，爆發過兩次世界大戰，死傷慘重；因少數人觀念偏差，致使天下生靈飽受災難。自美國九一一恐怖事件發生，世界萬民，都陷入惶恐不安。天災、人禍不斷，現今首要工作，就是虔心研讀《桃園明聖經》與虛心效法關公等聖人，安心立命……《桃園明聖經》這部「經」書，可視之為很親切、有滋味的書。和許多古書一樣，那裡頭有很多嘉言懿行，對我們現代人還充滿了智慧上的啟發，給我們許多生命與生活上懇切的指點，好學者可以逗引深思，沉潛者足以增長靈智。關公足為英雄風範，忠義雙全，武勇而善謀，在《三國志》中，區區六七百字道盡其輝煌一生。所謂：「將軍不死，活在每個人的心中。」……作《春秋》，讀《春秋》，前後輝映的兩位聖哲；聖人繼天立極，神道設教，克竟全功；這「忠義無雙，亙古一人」，「隱微處，不愧青天」的人格磁場，史冊彪炳，三教共尊。[233]

表達、體現著對於精神危機感和道德焦慮感的當下關切。近兩年來在中國和臺灣，我都與這些團體的負責人士有過交流。希望這種互動交流繼續深入，能夠讓關公文化體現的精髓與價值意義得到更好的發掘、弘揚和光大。

四、闖關東

相比前兩者而言，「闖關東」的開闢草萊，白手創業，則更類似於美國十九世紀的西部拓荒。

自從謝國禎首拈「東北流人」為題研究探討東北移民史以來，「闖關東」已成專學。近年隨著東北亞歷史研究的升溫，已經裒輯出版了不

233　作者持贈，尚未發布。

少史料及論著。但翻檢之下，發現絕少有從關羽信仰角度概述探及清代東北移民社會的問題，是一憾焉。[234] 故試為一談，以提頭緒。

關外向被清廷視為「祖宗龍興之地」，故著令嚴禁，不準流民擅自出關。楊賓《柳邊紀略》曾自述康熙時出關奉父，親歷之荒涼及艱險：

> 寧古塔在五國城、冷山之間，明時隸奴兒干都司，今則與盛京唇齒，然彌望無廬舍，行數日不見一人……陰風朔霰，鞭酸其肌膚，耳鼻手指，一觸輒墮地。入阿稽則萬木蔽天，山魈怪鳥，叫嚎應答，喪人膽。斷冰古雪膠樹石，不受馬蹄。馬蹶而僕者再。觸石破顱，血流數升而死，死半日乃復甦，甦久之，猶不知在人世間！[235]

又光緒十二年（西元一八八六年）五月，吳大澂以會辦北洋事務大臣、都察院左副都御史銜和依克唐阿一起參加中俄勘界時，在其逐日記錄之《皇華紀程》中猶言：

> 又行三十里至沙蘭站，宿。是日過八道嶺，賦詩一章；
>
> 下嶺易，上嶺難，如登天山三十盤。一年八馬心膽寒，脫驂並駕猶嫩單，萬牛流汗常不乾。
>
> 上嶺易，下嶺難，如下桐江十八灘。陡崖冰滑雲漫漫，一落千丈不可攔，前車後車相叫謹。安得長繩繫軸節節蟠？出險入夷心始安。
>
> 朝上嶺，暮下嶺，僕夫相戒毋馳騁。方下嶺，又上嶺，喘息未已時耿耿。日行八嶺無坦途，夜夢顛蹈驚相呼。願君高枕安須庾，不知前程尚有高山無？
>
> 廿二日，行四十里至藍旗溝，雙如山、恩承之兩統領均來迎候。又

234　如李興盛《東北流人史》（黑龍江人民出版社 1990 年出版）、張伯英總纂《黑龍江志稿》（黑龍江人民出版社 1992 年出版）等。甚至王肖等《東北俗文化史》（春風文藝出版社 1992 年出版）也絕口不談關羽信仰在東北移民過程及組建社會中的意義。

235　《柳邊紀略》，第 3 頁。

行二十里至狗蘭岡，容峻峰都護在關帝廟內請聖安。又行十里，至寧古塔城。[236]

今人看去不免有「過甚其辭」之想。江南書生偶然履及其地，還是在模仿「昭君和番」或宋人洪皓《松漠紀聞》一類怨艾筆致，事先存有畏懼心理，當然都會使所遇艱辛十倍放大。但也正因為這些有關東北「苦寒」的傳聞，加之康熙、乾隆這類「漠北雄主」也偏戀江南富貴溫柔之鄉，沒有與正在東擴的俄羅斯帝國於西伯利亞廣袤地帶放手一搏，反而在《尼布楚條約》中以「祖宗龍興之地」劃界，退守自保，識見遠遜漢唐設立都護府一類機構保土守疆，釀成後世無窮禍患。不談也罷。

康熙曾四次來盛京巡幸祭祖（最後一次由雍親王替代）並建立了東巡制度。乾隆亦曾四次東巡，嘉慶、道光亦承襲祖制，巡幸盛京。有證據說明，乾隆十九年（西元一七五四年）東巡已把國家對於關羽的崇拜帶至東北。他曾為盛京關帝廟御書「靈護神京」匾額，為吉林城關帝廟御書「靈著豳歧」匾額，[237] 又為吉林城城西四百九十里古和羅關帝廟御書「福佑大東」匾額。據乾隆《吉林志書》記載，當時僅吉林已有十二座關帝廟。考慮到當時地廣人稀，這個數目幾乎涵蓋了當時吉林地區的所有大聚落。更重要的證據在盛京署衙。梁章鉅引用過幾副盛京衙門的對聯，其中奉天戶部大堂聯言：「地重豳歧，禮樂務還醇厚；學宗鄒

236　《皇華紀程》，吉林文史出版社1987年出版《長白叢書》，第309頁。按吳大澂（1835～1902）字清卿，號桓軒，又號愙齋。吳縣（今江蘇蘇州）人。同治六年進士，歷任編修、陝甘學政、河北道、左副都御史、河道總督、湖南巡撫等職。曾受命幫辦吉林軍務，督辦吉林三姓、寧古塔、琿春防務兼屯墾。光緒十一年與依克克唐阿會勘吉林東界，簽訂《中俄重勘琿春東界約記》。甲午戰爭時曾督湘軍出關禦敵，兵敗被革職。

237　乾隆四十四年《欽定盛京通志》四十三卷第45頁、四十四卷第30頁。按豳為古國名，在今陝西省郇陽縣境。《詩經·國風》有〈豳風〉，描述周部落先祖公劉創業之艱難。歧，山名，在今陝西岐山縣境。《詩經·大雅》有〈文王之什〉，描述周人自述太王遷歧，創業興國，文王繼昌的開國歷史。此處以「豳歧」比喻滿洲雖處處荒幽之地，卻是先祖創業之基，自己繼承祖業，國家興旺，所以關羽的影響在此也顯赫威著。

魯，文章須探本源。」[238]「幽歧」正是乾隆為關帝廟題額語。乾隆又免除已結、未結流人罪罰，遂悄悄引發了亙古沉睡的土地開發。

道光二十年（西元一八四〇年）五月十一日，盛京禮部傳郎明訓奏準：將禮部衙門所管捕魚河泡淤塞之地賞給該衙門壯丁捕魚采果，開墾耕種，以利壯丁采捕陵寢祭品。[239] 實際上已放開了對於內地移民進行商業式開發的禁令，河北、山東等地災民也隨後陸續進入「柳條邊」禁區，成為篳路藍縷，自食其力的第一代墾荒人。光緒十六年（西元一八九〇年）俄羅斯漢學家伊萬諾夫斯基（A. O. Ивановский, 1863～1903）曾在東北作過民俗調查，發現老百姓來自各地，信仰頗雜而喜集中供奉，反映了農墾文化的特點。其廟祀多為九神（關帝、黑臉龍王、紅面火神、四首或六手馬王、牛王、藥王、蟲王、苗王、財神）同供，而率以關帝為首。[240]

近代地質普查確認了關東蘊藏了豐富的煤鐵礦藏，關外日俄勢力開始在東北角逐爭勝，工業化過程也使清廷加速了關外移民及開發的力度。而關外新移民聚落的形成，往往都以修建關帝廟作為見證。《吉林鄉土志》言：

盤石縣草廟子：於清光緒二十六年間，由開荒人作開荒之紀念，建築關帝廟一座，上用草苫，故名草廟子。[241]

238　《楹聯叢話》卷五。按梁章鉅，福建長樂人。嘉慶壬戌進士。先後任荊州知府等，道光辛丑調江蘇署兩江總督。著述頗雜。

239　張鴻文、張本政《東北大事記》，吉林文史出版社 1987 年出版，上冊，第 1 頁。

240　A. O. Ивановский, Примечания「注解」收 Г. Н. Потанин, Тангутско-тибетскаяокраина и Центральная Монгодия, C_Петербург, 1893, c.389～390。李福清《關公傳說與關帝崇拜》，第 99 頁。

241　李澍田主編《長白叢書》之一，吉林文史出版社 1986 年出版，第 119 頁。

即是典型一例。《奉天通志》記載吉林兩個新區關帝廟的修建，從另一側面證實此節：

寬甸縣關帝廟：有十四。一在三道溝，清代建；又在羅圈甸子，清代建；又在永甸，清光緒十八年建；又在長甸溝鎮，清光緒三十年建；又在下蒿子溝，清光緒六年建；又在三岔子，清光緒七年建；又在大荒溝，清光緒十三年建；又在樺樹甸子，清光緒二十一年建；又在古樓子，清光緒十六年建；又在長江口，清光緒十一年建；又在太平鎮，清光緒五年建；又在關門砬子，清光緒十一年建；又在轎頂子，清光緒十五年建；又在腰嶺子，清代建。[242]

西豐縣關帝廟：有十三。一在二區忠信堡，民國二年建。又三區聯合村，光緒二十一年建；又四區和隆村，民國三年建；又四區營和村，光緒二十五年建；又六區，民國十二年建；又六區，民國元年建；又七區，安吉村，光緒三十年建；又八區雙廟村，光緒二十五年建；又九區柏榆村，民國六年建；又四區和興村，民國十年建；又老爺廟，六區，民國七年建；又七區長柳村，光緒三十一年建；又八區金山村，民國七年建；又武聖宮，三區永安村，光緒二十年建。[243]

也就是說，光緒以來幾乎每隔一兩年就有一所關帝廟修建，也意味著一個新的移民聚落形成。東北方志因為晚近，反而成為記錄最為詳盡的文獻。逮至光緒二十六年（西元一九〇〇年）庚子事變時，沙俄趁機入侵黑龍江，猶有清軍守將壽山力戰不屈而死，民國立祠於關帝廟側。[244] 馬昌儀在東北收集的傳說中，還有甲午戰爭時期關帝顯靈護佑左

242　王樹楠、吳廷燮、金毓黻等纂《奉天通志》卷九四。東北文史叢書編輯委員會點校、出版（遼出臨圖字［182］第八號），第 2152 ～ 2153 頁。該書始纂於民國十六年（1927），刊印於民國二十三年（1934）。

243　同前頁注，卷九四，第 2161 ～ 2162 頁。

244　壽山，漢軍正白旗黑龍江（今愛輝鎮，屬黑河市）人，父富明阿，為明尚書袁崇煥七世孫。光

寶貴和遼陽依將軍借赤兔馬顯靈鼓舞全城軍民鬥志的故事，這恐怕也是關羽崇拜在東北清軍影響的絕響。[245]

此前沙俄民俗學家曾多次深入中國，蒐集了很多神像，研究中國人的信仰及社會構造，其中品種數量最多的就是各種關帝像。這在李福清的著作中記敘很多，可以參看。[246] 直至偽滿時代，這裡還在不斷出現「關帝顯聖」的新傳說。這個過程在一九三〇年代日本占領軍侵占東北，以其為重工業殖民地，並實行「皇民化」教育以後，一度中斷。

近代關公戲

鑑於《三國演義》的小說文本至康熙朝已經定型，對於關羽形象闡釋的創新，就端賴乾隆以後再次盛行的戲劇了。事實上民俗祭關的另一大特色就是演戲，此風源於宋代祭賽，元時已經較為普遍。乾隆年間戲劇開始大盛。禮親王昭槤言：

乾隆初，純皇帝以海內昇平，命張文敏制諸院本進呈，以備樂部演習，凡各節令皆奏演。其時典故如《屈子競渡》、《子安題閣》諸事，無不譜入，謂之「月令承應」；其於內廷諸喜慶事奏演祥徵瑞應者，謂之「法宮雅奏」，其於萬壽令節前後奏演群仙神道，添籌錫禧，以及黃童白叟，含哺鼓腹者，謂之「九九大慶」。又演目犍連尊者救母事，析

緒二十六年（1900）沙俄集結二十萬大軍於六月十九日攻瑷琿，將數千居民驅集江邊，用刀斧大肆屠殺，當場未亡者，盡被逐入江中，屍浮江面，七日不絕。與之比鄰的江東六十四屯居民聞訊而逃，被難者有兩千餘人。壽山力戰死。民國十七年（1928）黑龍江省公署為建壽公祠於齊齊哈爾關帝廟右側（今齊市龍沙公園內），於馴興為撰殉難碑銘。見齊齊哈爾檔案訊息網（http://20297.193.66/da/list.asp?id=22）。其為袁崇煥八世裔孫事，見於孟森《袁崇煥後裔考》。

245　參馬昌儀《關公的民間傳說》。按左寶貴，回族，原費縣地方村（今屬山東平邑縣）人。咸豐時攜帶兩弟應募從軍，累升至記名提督。甲午戰爭調集左寶貴等五路大軍增援朝鮮，堅守平壤，不屈戰死。清廷從優加贈太子太保銜，入昭忠祠。

246　李福清《關公傳說與關帝崇拜》，散見於第 61、71、76、85、95、98、99 頁。

為十本，謂之《勸善金科》，於歲暮奏之，以其鬼魅雜出，以代古人儺祓之意。演唐玄奘西域取經事，謂之《昇平寶筏》，於上元前後日奏之，其曲皆文敏親制，詞藻奇麗，引用內典經卷，大為超妙。其後又命莊恪親王譜蜀漢《三國志》典故，謂之《鼎峙春秋》。又譜宋政和間梁山諸盜及宋金交兵、徽欽北狩諸事，謂之《忠義璇圖》，其詞皆出日華遊客之手，唯能敷演成章，又抄襲元明《水滸》、《義俠》、《西川圖》諸院本曲文，遠不逮文敏多矣。嘉慶癸酉上以教匪事特命罷演諸連臺，上元日唯以「月令承應」代之，其放除聲色，至矣。[247]

　　其中《勸善金科》、《昇平寶筏》是說明演出過的，而《鼎峙春秋》、《忠義璇圖》究竟是案頭之曲，還是搬演之本，沒有明說。其本仍藏故宮博物院內。我曾翻檢過首都圖書館善本部收藏「綏中吳氏藏書」，即本所前輩學者、私人藏書家吳曉鈴先生所藏鈔本《鼎峙春秋》第四卷及第五卷的散卷（藏目 136），正為關公因下邳之敗，「降漢不降曹」之後的一段戲文，關公形象愈發大義凜然。有心讀者不妨繼續研究。

　　近代戲劇高潮緣於乾隆五十五年（西元一七○九年）八旬萬壽的「徽班進京」。浙江鹽務大臣約集了久享盛名的徽班「三慶班」入京祝壽，一炮而紅，名滿京城，此後徽班逐漸取代了崑曲和弋腔在北京舞臺上的位置，逐漸與其他劇種結合形成後世的京劇。雍正朝禁止扮演關羽，道光間猶禁演關帝戲，吳朔嘗言：

　　忠孝有傳，褻瀆是戒，況侑觴原屬陶情，何演劇不思顧義，如今日酒筵妄演關聖之戲者。唯帝正氣既已贊成，遐方更多欽仰，豈必往牒相傳，不著聲名而赫奕。試觀今日崇祀，聿昭廣貌以輝煌，未知何物儈父傳奇，浸綴聲容於剞厥，遂令從來俗子宴會，箕踞玩賞於俳優。觀者

247　昭槤《嘯亭續錄》卷一〈大戲節戲〉。

竟以逢場何妨遊戲，演者猥為當局，愈入迷離。令亙古英雄，作當筵優
孟，於理不順，於心不安。伏願賢主，移奉客之誠心，以奉忠義，詎使
殘歡投轄，並乞佳客推敬主之雅志，以敬神明，安可取媚稱觴！肅此遍
告，揆凜同心。[248]

言辭憤慨之餘，倒也透露出當時確有「俗子宴會」已經開始「妄演
關聖之戲」了。此時關戲已非民間祭賽可比，由專業演員、專業戲班擔
綱。飾演關羽的名角也很快踵繼登場，像米應先、程長庚、王洪壽即為
此中翹楚，各有獨到領會和獨門功夫。其中王洪壽則後來居上。梅蘭芳
早年曾與他同臺演出，後來將他的「關戲」特點概括為：

他在面部化妝上面，跟現在使用油彩不同。他是用銀珠勾臉的，兩
道眉毛畫得極細，顯得威嚴端重。嗓門吃調不高，微帶沙音，可是咬字
噴口有勁，聽上去沉著清楚。馬童周倉都是跟他合作多年十分熟練的夥
伴。身段上，連繫得異常嚴密，特別是馬童的一路跟斗翻出來，再配合
了他蹚馬的姿勢，一高一矮，十分好看。[249]

有人評論說：

到了三麻子，卻來了一個老爺戲的革命，因此三麻子這一動機就值
得表揚，更因為他肚子寬，會的多，本身又有極強的創造性，所以他不
但把《三國演義》中屬於關羽的故事都編成了戲，而且在表演方法上，
創造了更多的藝術性的動作，這種動作，可以說從來沒有人敢用，也從
來沒有人敢想的。[250]

---

248 潘鏡芙、陳墨香著《梨園外史·引言》，北京寶文堂書店 1989 年 6 月版。

249 梅蘭芳《舞臺生活四十年》第二集，第二章·四，〈結束了上海的演出〉。平明出版社（上海）
1954 年出版。

250 蘇雪安《京劇前輩藝人回憶錄》，1958 年初版。

有人總結說：王洪壽「於『關劇』之紅生也，獨開生面，堊壘一新，世稱『活關公』。」[251] 而紅生行特有尊敬關公行規，據說也是由米應先開始的：

喜子對關爺，比別人分外敬禮。家裡中堂供的神像，早晚燒香，初一十五，必到正陽門關廟去走走。唱老爺戲的前數日，齋戒沐浴，到了後臺，勾好了臉，懷中揣了關爺神馬，絕不與人講話。唱畢之後，焚香送神。他那虔誠真叫做一言難盡。[252]

而程長庚又是另一路：

彼所選之戲，為《戰長沙》，開臉之際，先塗胭脂，一破當時扮演關公之臉譜，迨出場後，冠劍雄豪，音節慷爽，如當年關羽之再世，觀客皆嘆為得未曾有，班主仰天驚嘆，稱道弗衰，彼一舉而得有劇壇明星之譽。[253]

又說他，如在演關羽「升帳之際，雙眉一豎，長髯微揚，聖武威狀，逼現紅氍毹上」。[254] 再如，「四個小卒，拿著月華旗，走到臺口擋住。那旗又方又大，如同擋幕一般。少時閃開，程長庚已立在臺上，頭戴青巾，身穿綠袍，把袍袖一抖，露出赤面美髯的一副關帝面孔。只聽他口中念道：赤人赤馬秉赤心，青龍偃月破黃巾。蒼天若助三分力，扭轉漢室錦乾坤。』身軀高大，聲若洪鐘，真似壯繆復生。」[255]

三人前後稱雄戲壇將近百年，其中程長庚不但為「同光十三絕」之

251　《京劇二百年之歷史》第一章，〈老生〉；第十二節，《現存諸伶‧王鴻壽》。

252　《梨園外史》，第 26 ～ 27 頁。

253　（日）波多野乾一著、鹿原學人譯：《京劇二百年之歷史》第一章〈老生〉第一節〈京劇之泰山北程長庚〉，上海啟智印務公司 1926 年出版。

254　天疉〈程長庚小傳〉，見《戲雜誌》創刊號。

255　《梨園外史》第 245 頁。

一，且支應內廷供奉多年，清末王公大臣所喜看之關公戲，泰半為程所扮。

此外梆子戲裡也有擅演關戲的名角，如王海晏（西元一八四五年至一九三七年）為河南梆子藝人，在開封義成班六十餘年，扮演的關公以儒雅著稱，拿手戲有《單刀赴會》、《挑袍》、《水戰龐德》、《古城會》等。又有楊小德（西元一八七八年至一九二二年）亦為河南梆子藝人，其父楊雙喜即以擅演關公戲著名，善於創新，尤其是在《古城會》中以大段聲情並茂的唱腔風靡一時。[256]

這種爐火純青的演藝，至少說明了與三個方面有關係：一是道光以後清廷加速封贈關羽的政治背景；二是社會各界崇尚關羽且喜好戲劇的風氣；三是藝人修德專藝，銳意精進的修養。民國七年（西元一九一八年）周劍雲《菊部叢刊》言：

> 關公戲乃戲中超然一派，與其他各別絕然不侔。演者必熟讀《三國演義》，定精神、藝術二類。所謂精神者，長存尊敬之心，掃除齷齪之態，認定戲中之人，忘卻本來之我，虔誠揣摩，求神與古會。策心既正，乃進而研究藝術。……伶界對於關公，崇拜之熱度，無論何人，皆難比擬，群稱聖賢爺而不名。

此外，梨園行也自有其崇拜關公習俗。雍正十年北京〈梨園館碑記〉言：

> 朋友以義合者也。居處相倚，緩急相持，憂樂與共，蓋甚重乎義也，而況生死之際乎！《魯論》記孔子交朋友之義，朋友死無所歸，曰：「於我殯。」孔子立萬世人倫之極，後世敦倫，常篤氣誼。不欲以

256　劉文峰《山陝商人與梆子戲》，文化藝術出版社（北京）1996 年，第 130、144 頁。

倫薄自處者，皆取法焉。間有為人所不能為之事，蓋亦賢豪流也。然往往難之。今夫人有高下，品有雅俗，術有貴賤，亦不同之極至，而揆以方以類聚，人以群分之意，各有儔侶，各有相愛相恤之道。其不同者類也，無不同者情也。義緣情而起，欲立欲達者，秉彝同好也。安在俗流中必無古處自期，而敦倫仗義，不復見閭巷間乎？眾等梨園館中儕伍也，夫梨園為小技，梨園之子非大人之侶，非君子之儔，而持患難死生，必無有異情者焉。[257]

　　身處下流卻不甘下賤，時以敦倫篤義自勉自勵。由於舞臺演出的需要。戲劇表演角色雖多，但講究互相配合，接長補短，形成整體。即便成名大蔓同臺獻藝，最高境界就是所謂「一棵菜」，相互支持，彼此映襯。因此梨園界素來講究尊禮重情，忌諱算計拆臺。這也需要平素交往就保持著有情有義。至今梨園界傳統禮法猶較其他行業為多，也是實踐使然。故其聯姻結盟風氣甚濃，用以擴展本班以外的行業團結。《宣南雜俎·梨園竹枝詞》有「結盟」言：

菊部風行尚訂盟，一般聲音結群英。
金蘭簿上生香色，玉笥班中結弟兄。[258]

　　正因如此，京師徽班安慶義園就特別修築有關帝廟一所，地點在崇文門外四眼井戲子墳。至今臺灣、香港演藝界及中國梨園行猶存此風。鑑於演藝界人數雖然不多，但影響力大，可以看作關公信仰又一個重要的社會群體。

257　《北京梨園金石文字錄·梨園館碑記》，輯入《清代燕都梨園史料》（下），中國戲劇出版社 1988
　　年出版，第 911 頁。碑在右安門陶然亭，署「吳門閔源棟撰」，大成、和成、惠成等十九個「班箱
　　上眾」同立。民國初年用其石材防為「陶然亭」碑。
258　《清代燕都梨園史料》（上），第 516 頁。

抗戰中的關公信仰

　　鑑於清代自民國期間缺乏基層信仰與鄉社關係的系統資料，不得不利用一項日本人的調查和美國人的分析來彌補中國研究的不足。杜贊奇的《文化、權力與國家──1900～1942年的華北農村》是一部研究中國社會史的著作，作者聲稱：

　　在英文版前言中，我將「國家政權建設」與「民族形成」作了比較，用以說明十九世紀末以前完成「建設」任務的近代國家，與二十世紀初的國家經歷了極不相同的發展道路。在我目前的研究工作中，它可以被稱之為對民族主義和民族國家的後現代解釋。[259]

　　其專科辟一節〈華北地區的保護神──關帝〉，研究二十世紀上半葉河北、山東的村社的關羽崇拜與鄉村權力分布的問題，依據的主要資料是日本滿鐵株式會社派員於一九四一年至一九四二年進行社會調查，編纂出的資料取的是一個日式漢名《中國農村慣行調查》（以下簡稱《慣調》）。我想如果結合日本學者日比野丈夫《關老爺》（西元一九四一年）、井上以智為《關羽廟的由來與變遷》（西元一九四一年）和《關羽信仰の普及》（西元一九四八年）、大矢根文次郎《關羽と關羽信仰》（1～4，西元一九四三年至一九四四年）看，它們之所以會集中發表於此時或稍後，其背景頗可注意。

　　蓋源日軍挑起「盧溝橋事變」以後，華北沒有如願以償成為日本主導的「大東亞共榮圈」腹地，抗日軍民活躍在青紗帳及山區，進行「敵後」游擊戰。一九四一年日軍華北派遣軍總司令易人，岡村寧次提出

259　該書〈前言〉，第1頁。王福明譯，江蘇人民出版社1996年出版。係據1983年哈佛大學博士論文〈華北鄉村社會中的權力，1900～1940〉擴充而來。

「治安強化」的策略，開展所謂「三分軍事，七分政治」，集軍事、政治、經濟、交通、特務為一體的「總力戰」。上半年開始對冀中區展開全面的「蠶食」進攻，把占領點、線擴展為面，以「蠶食」結合「掃蕩」，步步壓縮抗日根據地。使華北軍民抗日進入最艱苦嚴酷的階段。我認為，滿鐵資助的這次大規模的社會調查，應當是其「總力戰」的一部分，重點是從民眾信仰中摸清鼓舞、支持潛在抵抗力量的根源。無怪乎滿鐵調查員也承認在調查中存在著「不合作」態度，「人們對作為殖民統治者代表的調查員懷有疑懼」，所以有些人表現得「性情古怪」。[260] 按滿鐵株式會社是日治時代以大連為基地，經營東北鐵路網的大型集團，建有滿鐵圖書館，收集有許多中國小說戲曲的善本、珍本和孤本，恐怕也與此有關，而非風雅所致。

杜贊奇從日人調查資料中發現：

（關羽）可能是華北鄉村中供奉最多的神靈，被調查村莊中眾多的關帝廟及廟碑即是證明。最令人吃驚的是，人們從關羽的故事中引申出不同的傳說和解釋。……從關羽的神話的歷史社會學過程中可以看出，社會各階層從關羽的事蹟中不斷地引申出符合自己願望的神力，儘管各社會集團對關羽這一神化人物的解釋不盡相同，有時甚至互相牴觸，最特殊的是滿清帝國的態度，但日久天長，這些神話互相融合，使關帝成為無所不能的萬能之神。[261]

《慣調》記錄了許多原始碑刻資料，並從同村關廟碑刻考察其連續性的信仰特徵。如山東省歷城縣冷水溝關帝廟有五塊修廟碑，最早的一塊是康熙時立的，碑文曰：

260　參該書〈前言〉，第 5 ～ 6 頁、第 128 頁。
261　同上。

　　聞之古今建祀立祠者，所以表有功於朝廷，有德於百姓，有光於名節者也⋯⋯若夫天下分崩，豪傑並起，上下亂，綱紀墜，此時有特起者，二介不取，一名不苟，使奸臣賊子知名分必不紊，懼大義必不可亂，庸國家之重任，為一方保障。⋯⋯〔漢壽亭關夫子〕不受曹賊之封而一心為漢室，非有功於朝廷乎？除黃巾之害，誅龐兵之日，非有德於百姓乎？千里尋兄，獨當一面，而率殺身成仁，非有光於名節乎？[262]

　　幾乎所有碑刻都要頌揚關羽的忠、孝、節、義。而且關帝之神置都位於舊有財神之上。因此關帝和財神常常被混淆。在一八六〇年代「同治中興」之時，各地紛紛為關帝「正名」。即使經濟貧窮、文化落後的欒城縣寺北柴村，同治八年（西元一八六九年）也「欽念（關帝）盛德，不忍淹沒，捐錢重修（關帝廟）」。[263]直到一九三〇年代仍然祭祀關帝聖誕。因為在軍閥混戰、民不聊生的時代，盼望「發財」最能體現著從溫飽到富裕的所有願望。

　　杜贊奇在該書第五章〈鄉村社會中的宗教、權力及公務〉中，把華北鄉村的宗教類型分為四種：「村中的自願組織」、「超出村界的自願組織」、「以村為單位的非自願性組織」及「超村界的非自願性組織」，它們彼此組建成鄉村社會權力的文化組織，並且發現關羽崇拜在其中都擔負著主要或者重要的角色。在不同的歷史背景和社會環境之下，對關帝的任何特定修正都要從這涵意豐富的深厚背景中吸取力量。所以不同地區，關帝的教化作用也不同。鄉紳之所以信仰關帝，是因為關帝具有這種既是國家又是大眾守護之神的多重性。[264]

262　《中國農村慣行調查》，第 4 卷第 390 頁。
263　《中國農村慣行調查》，第 3 卷第 55 頁。
264　《文化、權力與國家》，第 133 頁。

綜上所述，關羽在抗日戰爭時期具有的象徵意義和對於民眾的鼓舞
功效，已經是不容置疑的了。

於抗日戰爭中，亦可以看見關羽信仰的影響。李福清說：

在東北也流行一些關公顯聖斬倭寇的傳說，敘述「九一八」即
一九三一年日軍侵略東北時大刀會與日軍打仗，關老爺顯聖助大刀會消
滅敵人。這傳說講述人是吉林省渾江市的退休工人，他自己好像不太相
信關帝真的會顯聖，助大刀會打仗，所以傳說最後一句是「不明真相的
人，說是關公顯聖斬倭寇，也是貼譜的」。也可能這一句話是整理故事
的人加的，無論如何這些例子可以證明，民間至今流傳關帝顯聖助中國
軍隊保衛祖國，打外國敵人的傳說。[265]

馬昌儀收集到的抗戰時期的關公傳說中，還增加了許多現代戰爭的
因素。如關公顯靈助陣後，關帝廟中青龍刀刀口上有了鋸齒形痕跡。又
說淞滬抗戰時日軍投下許多炸彈，但是關公顯靈，把炸彈一個個劈開，
扔到了河裡。[266] 當時流傳的故事一定更多，只是事後無人哀輯。

老舍在抗戰時期逃離日軍占領下的北平，途中曾寫過一組長詩〈劍
北篇〉，其中寫道路經洛陽，拜謁關林的感受：

未到龍門，先看見紅牆綠柏的關廟：
廟內，開朗的庭院，明淨的石道，肅敬的松影把神祠掩罩；
怒目的關公似憤恨難消，面微側，鬚欲飄，輕袍緩帶而怒上眉梢；
可是，神威調節著怒惱，凜然的正氣抑住粗暴。
這設意的崇高，表現的微妙，應在千萬尊聖像裡爭得錦標！

265　《吉林省民間文學集成・渾江市區卷》，1988 年出版，第 242 頁。轉引自《關帝傳說與關羽崇拜》，第 90 頁。
266　《關公的民間傳說》，第 328 ～ 329 頁。

在後殿，像短龕小，以老太婆的心理供養著神曹，

關公在讀書，關公在睡覺，把敬畏與虔誠變成好笑。

在殿後，松蔭靜悄，護蔭著關帝的碑亭和墓表。

據說，另有帝墓與神桐位在東郊，地形與史事都較為可靠，

為爭取真神，自不容假冒，兩鄉的百姓，從久遠的年代直至今朝，還憤憤不平的彼此爭吵！

沒有時間，詳加檢討，我們便給面前的帝墓，即使是偽造，以應得的敬禮與祝禱。

詩未必佳，但因老舍是滿洲正紅旗人，應當知道關公曾是中國軍神，抗戰軍興時，該向關公致以「應得的敬禮與祝禱」。在此詩的〈序〉中，他還特別提到「七八兩月寫《張自忠》劇本，詩暫停」。這就不能不提到被中日雙方都讚譽為「活關公」或「現代關公」的抗日名將張自忠將軍。

抗戰殉國名將張自忠將軍

張自忠（西元一八九一年至一九四〇年）字藎忱，山東臨清人。所以會得到如此獎譽，是因為他在四個方面都令人不由自主地類比當年關公。

第一是他幼讀私塾，長習法律。民國以後目睹國是日非，投筆從戎。從士兵做到集團軍總司令，且以身材高大，善待卒伍著稱於時。這與人們心目中關公的經歷、形象頗為相近。

第二是他曾在「七七」事變前擔任冀察政務委員會委員和天津市市長，除掌管軍務外並負責對日交涉，並曾率團赴日考察，忍辱負重，從容周旋。當時坊間流言四起，有人說張在日時與日方訂有「密約」，日方贈其鉅款，並送了一個日本美人給他……尤其是當二十九軍撤離平

195

津，他又受命代理冀察政務委員會委員長兼北平市市長，外界一時對他非議頗多。盛傳張「逼宮」趕走宋哲元，在淪陷區與日本人合作。李宗仁在回憶錄中寫到：「外界不明真相，均誤以張氏為賣國求榮的漢奸。」在他為國捐軀後，馮玉祥撰文〈痛悼張自忠將軍〉時說：

民國二十五、六年的時候，華北造成一個特殊的局面，他在這局面下苦撐，雖然遭到許多人對他誤會，甚至許多人對他辱罵，他都心裡有底子，本著忍辱負重的精神，以待將來事實的洗白……在北平苦撐之際，有人以為他真要混水摸魚。當時我就說，他從小和我共事，我知道他疾惡如仇，絕不會投降敵人，後來果不出我所料。

後來他在美國朋友福開森的幫助下化裝逃出北平，終於擺脫日本人控制，輾轉經煙臺奔赴南京，再次投身抗戰。後人亦每以此段經歷，喻為關公當年「身在曹營心在漢」。

第三是他返回中國軍隊後，即參加了臺兒莊大戰，隨後又在臨沂戰役中率部鏖戰七個晝夜，力挫日軍主力坂垣軍團。在襄棗宜會戰中還曾多次成功阻擊敵軍。最後抱著必死決心，孤軍深入，陷入重圍，仍然身先士卒，拼光一槍一彈，英勇犧牲。而他殉國的地點恰恰是在今襄樊市襄陽區峪山鎮，與當年關公北伐襄樊，「威震華夏」的地點相近。襄陽城內的漢聖庵是明代襄王府祭祀關公的祠廟，還曾建忠烈祠供奉過張自忠。

第四件是他的英勇犧牲和當年關公一樣，贏得了敵我雙方的高度讚揚和崇敬。當日軍清掃戰場時，發現這位遍體鱗傷的遺體就是張自忠將軍，也列隊脫帽向遺體敬軍禮。當他們抬著遺體從一個市鎮透過，百姓們得知就是張將軍時，不約而同地湧到街道上，跪倒失聲痛哭：「將軍

一去，大樹飄零。」日軍師團長村上啟作命令軍醫用酒精把遺體仔細擦洗乾淨，用綳帶裹好，用上好木材盛殮將軍遺體，葬於陳家祠堂後面的土坡上。墳頭立一木牌，上書：「支那大將張自忠之墓」。日方在當晚漢口的廣播中播報了這個消息：

> 張總司令以臨危不驚、泰然自若之態度與堂堂大將風度，從容而死，實在不愧為軍民共仰之偉丈夫。我皇軍第三十九師團官兵在荒涼的戰場上，對壯烈戰死的絕代勇將，奉上了最虔誠的崇敬的默禱，並將遺骸莊重收殮入棺，擬用專機運送漢口。[267]

而重慶政府蔣介石驚聞張自忠殉國，立即下令第五戰區不惜任何代價奪回張自忠遺骸。繼任第五十九軍軍長的黃維綱率部再渡襄河，與敵激戰兩晝夜，付出了兩百多人的傷亡，終於在方家集尋得英烈墳墓，開棺將忠骸起出，以上將禮重新裝殮。靈樞由陸路從快活鋪經荊門、當陽運至宜昌，停靈東山寺。消息傳出，宜昌民眾不期前來祭悼者逾數萬人，全城籠罩在悲壯肅穆的氣氛中。敵機在上空盤旋吼叫，卻無一人躲避，無一人逃散。一九四〇年五月二十八日晨，靈柩運至重慶朝天門碼頭，蔣介石、馮玉祥等政府軍政要員皆臂綴黑紗，肅立碼頭迎靈，並登輪繞棺致哀。蔣介石更是「撫棺大慟」，在場者無不動容。蔣並親自扶靈執紼，拾級而上，護送靈柩穿越重慶全城。國民政府隨即發布國葬令，頒發「榮字第一號」榮哀狀。將張自忠牌位入祀忠烈祠，列於首位。二十八日下午，蔣介石與軍政要員和各界群眾在儲奇門舉行盛大隆重的祭奠儀式。氣氛莊嚴，極盡哀榮。蔣介石親自主祭，同時以軍事委員會委員長的名義通電全軍，表彰張自忠一生勳績。隨後國民政府在重

267　〈張自忠將軍殉國記〉，網路資料（http://www.lcxw.cn/Html/zhangzizhong/067816395155740.html）。

慶北碚雨臺山為張自忠舉行下葬儀式。蔣介石題詞「勳烈常昭」，馮玉祥題詞「藎忱不死」，也與關羽「大義歸天」後蜀、魏、吳爭相給予禮葬的情形略同。

一九四三年周恩來寫悼念專文〈追念張藎忱上將〉，其中說：

張上將是一方面的統帥，他的殉國，影響之大，決非他人可比。張上將的抗戰，遠起喜峰口，十年回溯，令人深佩他的卓識超群。迫主津政，忍辱待時，張上將殆又為人之所不能為。抗戰既起，張故上將奮起當先，所向無敵，而臨沂一役，更成為臺兒莊大捷之序幕；他的英勇堅毅，足為全國軍人楷模。而感人最深的，乃是他的殉國一役。每讀張上將於渡河前親致前線將領及馮治安將軍的兩封遺書，深覺其忠義之志，壯烈之氣，直可以為我國抗戰軍人之魂！[268]

這裡所說的「忠義之志，壯烈之氣，軍人之魂」，不也正是關公精神的概括寫照嗎？張將軍的女兒張廉雲還回憶說，一九八三年她專程去當陽尋訪父親蹤跡：

我們經過玉泉寺，先看珍珠泉。在山坡上見到一方形石柱，上刻：「漢雲長顯聖處」，是明萬曆年間立的。頂蹲石獅，姿態生動。我們來到玉泉寺，一位上了年紀的僧人迎門站著等候。經介紹後，這位僧人雙手合十，說「我和張將軍見過多次」。我驚喜萬分又感不安，這實在是意外的相遇，卻怎麼能讓明玉方丈迎候我呢！

在方丈室，明玉方丈對我講了他和父親相識的經過。有一件事情他記得非常清楚，為維修被日寇炸毀的關陵廟，他找到父親，希望軍隊能支持些木材。父親立即答應，給關陵撥去木材。我聽了此事，非常理

解。父親最崇敬關公、岳飛、文天祥，要維修關陵，他一定會盡力幫助的。[269]

　　以張將軍身處時代和所受教育，他對於關公勇烈精神是絕對不會陌生的。這件發生在當陽玉泉寺的軼事，也算是百代之後兩位英烈的惺惺相惜吧！

北京關廟的衰落

　　如果從光緒二十六年（西元一九〇〇年）「庚子國變」，八國聯軍攻占北京算起，到中共成立（西元一九四九年），北京舉行開國大典，五十年間中國經歷了兩次重大的社會轉型。其中還遭遇了一次持續十四年的外國武力入侵，受盡屈辱，可謂「中華民族到了最危險的時候」。兩次轉型的宗旨都是融入國際社會，實現「近代化」（今人稱為「現代化」），「棄舊圖新」，方向大致上也一致，而且願望決心一次比一次更為猛烈。其中最重要的動因之一，便是一九二〇年代中日學者開展「中國歷史分期討論」，雖然嚴格限制在學術範圍中進行，但由於自覺運用馬克思「社會發展五階段論」作為前提，其結論卻套用了日本將「明治維新」以前的社會狀態歸結為「封建社會」的說法。其結果直接影響到社會上的激進派菁英，將晚清稱之為「半封建、半殖民地」階段，遂爭相以「破舊立新」為皈依，決裂傳統為亟命。中華民族歷經千年逐漸形成的傳統道德基準及其價值體系受到嚴屬的批判、摧毀，也就是意料中事了。於是關公信仰也開始急遽衰落。這種衰落在歷史上究竟

269　〈六十歲月五過宜昌〉，網路資料（http://www.lcxw.cn/Html/zhangzizhong/067810532176330.html）按當陽關陵本屬道教系統，與玉泉寺也不在一處。頗疑此處所言「關陵廟」應為玉泉寺中最早的關羽祠。

呈現出怎樣一個過程，今人似乎都心知肚明，毋庸分證。但是站在百年以後，以另一個嶄新起點，略作回顧，也未始無益。

　　近年隨著北京舊城的消失，懷念老北京的漫興文字也明顯增多，其中談及關帝廟的也有數篇。一篇題為〈眾寺之首關帝廟〉的文章說：「據民國二十五年的《北平廟宇通檢》統計，八百四十座廟中，關帝廟有三十三座，位居第一。清《乾隆京城全圖》中，記載有關帝廟一百一十六座，仍居眾廟之首。」[270] 又有〈老北京為何最多關帝廟〉介紹說，「僅老北京城裡，專供關公和兼供關公的廟宇就有一百一十六座。」「鐵老鸛廟：在宣武門外鐵老鸛胡同（今鐵鳥胡同），清光緒二十八年二月十八日建。其殿頂置放用來驅趕鳥雀的鐵雀二，可以隨風擺動，故稱鐵老鸛廟。」[271] 另一篇〈關帝信仰與老北京的關帝廟〉則說，「供奉道教伏魔大帝也就是佛教伽藍的關帝廟竟有二百六十七座之多。也就是說，老北京的寺廟中有百分之十六都是供奉關聖帝君的。」[272] 此多得於耳食、揣摩之言，當不得真。還有人據統計資料鄭重其事地總結說：

　　北京的寺廟數量眾多，在全國堪稱首屈一指。清朝乾隆時期繪製的京城地圖上，共標出內外城寺廟一千零二十七處。其中觀音庵八十七處，如果加上供奉觀音的白衣庵二十一處，共一百零八處，居眾廟之首。其次是關帝廟八十八處，真武廟四十二處，還有天仙庵二十九處，伏魔庵二十六處，龍王廟十二處等等。[273]

270　白大正著文，原載《北京青年報》（http://www.huaxia.com/ly/fsdl/00217751.html）。
271　張淑新、張淑媛《紫禁城內外》第 62 頁。
272　陶金著文，《中國道教》雜誌 2003 年第 3 期。
273　王國華〈北京的寺廟〉，《北京寺廟歷史檔案》弁首 1 頁。中國檔案出版社（北京）1997 年出版。

作為政治文化中心，北京廟宇數量多，是很正常的。[274] 只是作者顯然不知道「伏魔庵」也是以供奉關帝（伏魔大帝）為主的庵堂。以其提供的數據兩相比較，不但關帝廟比觀音庵多出一處，伏魔庵也比白衣庵多了五處，共計一百一十四處，且不說關帝廟還有別名「老爺廟」、「武聖廟」、「三義廟」等名目了。以此觀之，顯然至遲從乾隆間開始，京師關帝廟便穩「居眾廟之首」了。此外京師關帝廟還因數量太多而屢有別稱，如西城太平橋的「鴨子廟」、南城自新路的「萬壽西宮」、前門外珠市口的「高廟」、安定門的「紅廟」、東直門的「白廟」、東安門城根的「金頂廟」等。有人說「『紅廟』可能與關公的紅臉有關，白廟可能與『白馬關帝廟』的簡稱有關」，[275] 則純屬揣測之言了。

其實想要釐清這些問題，倒也並非毫無端倪，恰好北京市檔案館出版了《北京寺廟歷史資料》，裒輯有民國年間三次登記在冊的北平特別市寺廟資料，聊可彌補此項缺憾。需要指出的是，這三個年代都充滿著動盪，分別對應北伐軍進逼京畿，馮玉祥驅走張作霖（西元一九二八年）；[276] 日軍占據冀東，北平爆發「一二・九」運動（西元一九三五年）；抗戰光復之後國共和談分裂（西元一九四七年）之時。每次登記都未能盡善。故這三次登記不僅有著連續性，也具有互補性。筆者不憚勞煩，綜合整理出來，附於文後，也算是黃仁宇對於中國歷史敘事缺乏「數據管理」遺憾的一點補償。這裡先談一點統計所得：

274　據《紫禁城內外》說：「北京市文物局 1958 年對寺廟的統計，儘管經過戰火、自然圮塌、人為拆毀、改建，而剩下的廟宇址仍有 1730 座。」（第 56 頁）

275　高巍等編著《漫話北京城》第七篇之〈關帝在北京〉，北京：學苑出版社 2003 年出版，第 248 ～ 249 頁。

276　北伐勝利後國民政府重新定都南京，北京改名「北平特別市」。1928 年 6 月北平特別市政府成立，首任市長為何其鞏（1899 ～ 1955）。何字克之，安徽桐城人。青年時加入馮玉祥部，由文書升至集團軍司令部祕書長，1928 ～ 1929 年出任北平特別市市長，1933 年任行政院駐北平政務整理委員會委員兼祕書長。1935 年任冀察政務委員。日軍占領期間任中國大學代理校長，病逝於北京。第一次寺廟登記就是在他任上完成的。

一、關帝廟數量

首先是關帝廟數量的變化，包括占有的比例增減情況：

	總數	供奉關帝廟觀（廟宇比例）	署為關帝廟者（廟宇、供奉比例）
第一次登記	1631	595（36.48%）	286（17.53%）（48.06%）
第二次登記	1223	225（18.39%）	151（12.34%）（67.11%）
第三次登記	727	184（25.30%）	105（14.44%）（57.06%）

　　需要聲明的是，三次登記不僅每次詳略不同，而且同此登記對於供奉神像的填寫也有詳略不同，多數僅以「神像若干尊」籠統概括，且不分主祀配祀，造成了精確統計的困難。其次表列中「署為關帝廟者」首先包含各類關帝廟，包括雖然曾用以別的名稱登記過，但也有一次以上以關帝廟名義登記在冊者（比如第一次登記號171永壽寺關帝廟）；其次包括以「伏魔庵」、「三義廟」、「老爺廟」、「武聖庵」等名稱出現的寺廟，但是沒有包含「忠義廟」、「忠佑寺」，原因是供奉神祇情況記載不夠確切。此外，還有一些專祀關公的廟宇（如第一次登記號273的弘慈寺、300的福峰寺、304的崇興寺等）也沒有統計進去。部分原因是廟宇呈現的雜祀狀態非常普遍，不僅絕大多數廟觀中佛道儒及民間雜神共祀一堂，連關帝廟中也呈現著多神共拜的現象，這都是在長期供奉中陸續增添而形成的。本統計所以重在名稱者，是充分考慮到建廟初衷及民間影響。值得注意的是，北京一些著名寺觀，如東嶽廟就供奉有關公，但是也有一些供奉關公的著名廟觀如雍和宮、廠橋西黃城根白馬關帝廟、京師各城門甕城內關廟（正陽門、東直門除外）等卻沒有登記在冊。至於歷代帝王廟、民國關岳廟等已與民國初期大量寺廟改為學

校、機關一樣,當時已經別用用途,也沒有計算在內。網上一項資料表明,這些寺觀今日仍存有建築或部分甚或點滴遺存的僅有十四座。

從統計看來,一九二八年至一九四七年的二十年間,北京廟觀總體數量上分別減少了百分之二十五點一和百分之五十五點五,供奉關公的廟觀在絕對數量上分別減少了百分之六十一點六和百分之六十九,但是其中署名關帝廟的比例則分別為百分之四十八點零六、百分之六十七點一一、百分之五十七點零六,反而出現了上升趨勢,且以抗戰爆發,民族危亡的一九三六年比例最高,日本占領以後則略有恢復。這與日偽時期的宗教文化政策以及北京市民的堅持民族操守的情緒是否有關,值得再探。

如果再作深入探討,則發現關公雜祀主要分布於一些鄉里合祀的綜合性小型雜廟之中,且多以三聖、五聖、七聖等名目與觀音、土地、青苗、龍王、蟲王、財神、火神等共祀一堂。在登記時人們以為盡人皆知,故這些廟觀所尊神像大都語焉不詳,而這些民間廟觀又是縮減最明顯的。謹據三次登記資料統計附表於下:

廟觀名稱	三聖廟（祠）	五聖廟（祠）	七聖（神）廟（祠）	九聖廟（祠）
第一次登記	10	33	56	9
第二次登記	12	15	23	4
第三次登記	4	3	2	1

清末民初旗地官田紛紛易手,已經帶來了京畿鄉村社會形態的顯著變化。這二十年中隨著戰爭帶來的人口大遷徙(包括隨國民政府遷離、從軍抗戰、因勞工或其他原因離鄉背井者),鄉里社會形態已經遭受極大破壞,這類廟觀二十年間僅及當初什之一耳,也是數量減少最為顯著者。

二、廟產及規模

廟產是寺觀日常生活來源所繫，一般分為房產和地畝，前者用於瞻禮，後者用以維持生計。但是民國以後有力的供養人大幅減少，地畝面積變化甚大，已經不可能像雍正年間海澱上莊玉河村關帝廟那樣，短短十餘年間就由檀越施捨或者自置到地畝四百一十二畝之多。[277] 所以房產部分也多用以出租，或者為學校、機關租用或占用。廟產性質分為私建、募建和公建三種，但是概念上絕非今日所謂私人所有、公共所有和集體所有。大抵而言，私建包括個人、廟觀所建，募建包含廟觀、官方所建，公建包括合村、合街及同業公會所建。本表在規模上只列入了房產，以見出廟觀建築規模。以北京地區而論，十間以下至多一進院落，二十間以下可有兩進院落，二十一間以上以至百餘間者，則包括三進或者跨院群落。

廟產	私建	募建	公建	原缺	小型 （10 間以下）	中型 （11～20 間）	大型 （21 間以上）
數量	258	32	233	86			
第一次登記					230（47.5%）	126（26.0%）	128（26.5%）
第二次登記					51（21.2%）	80（33.2%）	110（45.6%）
第三次登記					26（14.8%）	40（22.8%）	109（62.4%）

277　參看雍正京師〈重修關帝廟碑記〉，原碑在今海澱區上莊東北玉河村。中國國家圖書館中文拓片資料庫取號北京 8608。

統計說明，京師關帝廟或者供奉關公的廟觀中，私建比例最大，其中甚至有若干「家廟」、「祖遺家廟」；其次是公建、合建者，證實城鄉信善分布廣泛。從規模上看，則大型廟觀存留百分之八十五點一，機率明顯大於中型（百分之三十一點七）和小型廟觀（百分之十一點三）。這也與當時社會動盪，鄉里解體的狀況吻合。此外部分大型廟觀還有其下院，即主要廟觀之下還管轄著若干小廟，如道教名觀白雲觀就轄有太陽宮和寬街、西便門兩座關帝廟，寶公寺、精忠廟和興隆寺的住持也為同一人，再如萬壽關帝廟、崇寧寺、東安門及五道營關廟，萬春關帝廟與福峰寺、上堂子關帝廟與崇興寺的情況也是如此。這種情況也是部分小型廟觀得以支持下來的原因之一。

三、始建年代

前人曾言晚明京師城鄉關廟已有百座之多，清代則屢現高潮。根據統計，這些廟觀的始建年代分布如下：

年號	明前	永樂	宣德	正統	成化	弘治	正德	嘉靖	萬曆	天啟	崇禎	明建	不詳
廟數	3	4	4	2	11	2	4	13	51	8	6	52	4
年號	順治	康熙	雍正	乾隆	嘉慶	道光	咸豐	同治	光緒	宣統	清建	民國	無考
廟數	7	43	5	53	29	55	14	20	38	1	7	11	88

其中所述唐建寺廟中關公供像當為後世所設，而所謂宋建關廟於史無征，當為自我作古所致。明代建廟共計一百五十八座（占總數的百分之二十五點九，其中註明「明建」者，實無其年號），高潮在萬曆年間，洵非虛言。清代三百四十五座（百分之五十六點五），高潮在康

熙、乾隆及道光、光緒年間。無考者九十二座（百分之十五點一），似應計入明代或清前期。這種情況與前述崇拜關羽的幾次歷史高潮也大體吻合。

四、宗教背景

儒釋道都崇奉關公，但是真正屬於儒家的祠廟卻沒有從統計中反映出來。從統計看，佛教廟宇顯然占據絕對優勢（百分之六十點八），道教只占百分之四點四，民間信仰（包括家廟）則占百分之十八點二：

宗教性質	僧廟	尼僧廟	尼廟	道廟	民（公）廟	家廟	原無
數量	228	23	10	19	52	26	71

其中最為著名的正陽門關帝廟屬於道觀，這倒是與嘉靖立廟，萬曆以道教封號「關聖帝君」在此敕封天下關廟的情況前後一致。奇怪的是從登記情況看來，它與正陽門前 1 號觀音廟的廟產登記人都是同一位叫劉之維的人，而與東嶽廟、白雲觀等京師最大的道教派系宮觀沒有關係。[278]

此外，從雜祀神祇的情況，也可推測出地域或者民族特色來。如民國二十至二十三年（西元一九三一年至一九三四年）《全遼備考》記述漢族祭典，即介紹說：

> 鄉村公祭者，則有關帝、財神、苗神、土地、山神、馬王、牛王、青龍、五道、火神等祠。

278　劉之維自言其父即正陽門關帝廟監院，是清末神樂觀世襲樂舞生。清亡後樂舞生廢除，皈依道教正一清微派。1980 年代初曾任中國道教協會副祕書長兼白雲觀住持，在 1986 年 9 月召開的中國道教協會第四屆代表會議上當選為中國道教協會副會長。參見李養正《新編北京白雲觀志》第 386 ～ 387 頁。

可知京師關廟雜祀或其他雜祀廟觀中普遍供奉關帝者，多與關外漢軍習俗相近或者一致。黑龍江兩志記述中所謂「陳漢軍」者，當為清道光二十年「開邊」政策實行，允許關內漢人墾荒初期的移民，故光緒十六年（西元一八九〇年）俄人伊萬諾夫斯基（A. O. Иваиовский）在東北地區作民俗調查時，發現其廟祀多為九神（關帝、黑臉龍王、紅面火神、四首或六手馬王、牛王、藥王、蟲王、苗王、財神）同供，而率以關帝為首的情況。但這些習俗在「闖關東」的山東、河北當地民俗中並不普通，其言「最後至者」則應為民國時關內漢族移民，說明這是清末開始出現的民間信仰。且大多散布在京郊鄉村，尤其以海澱附近八旗聚居地相對集中。作為鄉土信仰的代表，規模也較小。因此隨著北京的近代城市轉型改造，消失得也最為明顯。

回念自晚明關羽崇拜成為國家信仰中心，並逐漸普及到社會各個階層以後，「雜祀」現象便開始出現。「東林」、「閹黨」都曾以敬拜關羽互相標榜，說明對於關羽崇拜體現的中心價值觀念的理解出現歧義。這一方面固然是與中國尤其是道教體系的多神崇拜，尤其是實用主義傳統密切相關，另一方面也說明儒學對於關羽崇拜的「超越性」核心價值理念發掘闡述不夠。清代正式將關羽崇拜置於國家祭祀的中心位置以後，仍然浮於表面；加之滿洲貴族由原始薩滿轉為喇嘛教，與中土道教及民間信仰混合，造成關羽崇拜雖在平面範圍內進一步擴散，但仍然沒有解決關羽神所以成為中華多民族信仰中心的價值——道德規範問題。所以越是混合多種信仰的「雜祀」，越是無所不能，應答十方的「靈應」，在某種意義上就越發削弱了關羽神作為歷史人物的道德榜樣，護衛國家民族的勇武剛烈不屈之精神象徵的作用。從這個意義上說，關羽神從來沒有，也不可能做到像兩河流域發源之「一元

神教」── 猶太、耶穌、伊斯蘭等宗教那樣，以其普適的價值 ──
道德核心，展示出持續長久的凝聚力。關羽崇拜於二十世紀西方列強
的技術、文化雙重衝擊下逐漸衰落，也有其難以避免的歷史 ── 文化
原因。

進入二十一世紀時，北京市政部門著手把海澱古鎮夷為平地，建設
「中關村高科技園核心區」。但就在緊靠全球規模最大的一家法國連鎖
店「家樂福（Carrefour）」的東南角，居然復建了一所關帝廟，在人來
車往的繁華街道旁寂寞孤獨地矗立一隅。據介紹：

中關村西區建設工地上保存完好的關帝廟，曾經是海澱古鎮的一個
重要景觀。它始建於明朝，重修於清朝。古時的海澱，習慣在主要路口
建設廟宇，這座關帝廟就是當年許多廟中的一座。從元朝到清朝，皇帝
途經關帝廟來往於皇城與皇家園林之間，人們把這條御車輾過的石板路
叫斜街。如今，斜街與關帝廟在中關村西區的建設中都保留了下來。[279]

但我揣想復建主持者當初的真實意圖，也許更把關帝廟作為「財
神」，來為今後中關村財富的持續成長留下一座膜拜之廟。可惜沒隔兩
年，這座僅存廟宇也轉租給一家公司作為茶座了。可知只曉得「利益最
大化」的今日商家對傳統價值體系忽視的程度，實在令人搖首嘆息。

正是從這個意義上說，對於中國歷史 ── 文化中關羽崇拜的研究
發掘，絕非停留於復祀興廟，感慨回味，而應當更加致力於道德 ──
價值體系的整合及其現代性闡釋，以便為中華民族的凝聚和復興尋求一
個既具有深厚傳統、普遍認同，又能夠不斷開掘，振發進取向上精神的
人格象徵。

---

279 〈魅力中關村〉（http://www.yesky.com/20030103/1646948.shtml）此外海澱古鎮老建築還保留了火神
廟、禮王府花園（樂家花園）、李蓮英宅和薩利宅院。

大結語

大結語

　　儘管筆者如此費力提要鉤玄，發掘資料，但歷代關羽崇拜中究竟還隱藏著中國文化演進的多少祕密，仍然是一個需要眾多學人共同努力探究的課題。進入二十一世紀，中國開始了「和平崛起」，關羽崇拜到底還需不需要保存以及以什麼樣的形式保存的議論已經開始。但那是熱心建言之策士面臨的形而下學問題，已不在本書討論範圍之內。

　　大體而言，近代中國屢敗之餘，「保國強種」的目光也開始逐漸西移。民國初立，孫中山先生雖然也提出民族復興的目標，但無暇從容規劃實施，而「五四」新文化運動的興起又把文化及其價值體系的最後抉擇押在了「西歐化」還是「東歐化」的現成模式之上。「東歐化」的指向一度是「國際化」，即「全世界無產階級者聯合起來」，本土文化似乎已無存續意義，遺址亦經陸續掃蕩，幾乎一空。不料四十年後，作為東歐化象徵和堡壘的蘇聯居然也解體，重新回覆到民族國家（nation-state）的狀態，中國發展的東歐化選擇也隨之遭遇顛覆。逮至二〇〇三年，「民族復興」的呼聲才再一次以官方決議的形式重現於中國。這不禁讓我們再一次回味陳寅恪在一九三〇年代對於中華復興的一段歸納性意見：

　　至道教對輸入之思想，如佛教摩尼教等，無不盡量吸收，然仍不忘其本來民族之地位。既融成一家之說以後，則堅持夷夏之論，以排斥外來之教義。此種思想上之態度，自六朝時亦已如此。雖似相反，而實足以相成。從來新儒家即繼承此種遺業而能大成者。竊疑中國自今日以後，即使能忠實輸入北美或東歐之思想，其結局當亦等於玄奘唯識之學，在吾國思想史上，既不能居最高之地位，且亦終歸於歇絕者。其真能於思想上自成系統，有所創獲者，必須一方面吸收輸入外來之學說，一方面不忘本來民族之地位。此二種相反而適相成之態度，乃道教之真

精神，新儒家之舊途徑，而二千年吾民族與他民族思想接觸史之所昭示者也。[280]

　　民族復興的確需要經濟強國，技術創新，物阜民安，但是也需要自尊自強，不卑不亢，待人以誠。尤其是在市場初興，商品大潮，追求「快速致富」的過程中，見利忘義的行為越來越普遍，已經到了影響經濟正常運行，危害公共安全的程度。價值觀念及其體系支持的問題又重新回到臺面上來。二〇〇一年一名考生在面對主題為「誠信」的大考作文時，「以熟諳的三國故事為基礎，編撰了赤兔馬為誠信而殉身的感人故事，突現了『真英雄必講誠信』的主題」，成為全國的一時熱門話題。[281] 如何認識和評價關羽信仰，又重新擺在二十一世紀中國人的面前。看來這還是一個需要持續進行探討的問題。

　　近幾年來，隨著中國國力的提升和國際地位的提高，海外華人的「尋根」熱潮與外國商家、民眾亟需瞭解中國歷史文化的熱情彼此激盪，形成了一波又一波的旅遊潮。碩果僅存的幾座關帝廟也重新「包裝上市」，日進斗金。各路專家也「打鐵趁熱」搖筆為文，寫出了多少煌煌大著，淒美文章。但是我們究竟對於歷時兩千年的關羽文化瞭解多少？對於它在中華民族發展歷史上的意義、地位懂得多少？對於是否傳承接續這個傳統準備了多少？學人論著，每每上接先秦經典，動輒《老子》、《論語》，但是對於古人留下精神遺產的傳承、演進、沉澱、汰棄、昇華過程，卻往往視若無睹，尤其是其於民間的流變更是所知甚少。

280　〈馮友蘭《中國哲學史》下冊審查報告〉。載《金明館叢稿二編》，上海古籍出版社 1981 年出版，第 252 頁。

281　相關爭議可參考網路資料（http://www.people.com.cn/GB/guandian/182/6007/）。

　　孔子在《論語‧為政》說：「道之以德，齊之以禮，有恥且格。」既然「民族復興」的發展已經起步，那麼回顧傳統價值觀念及其體系的建構過程，以便在傳承的基礎上形成新的道德秩序和價值體系，以極大提升中華民族的凝聚力和自信心，應該是必要的步驟。而關羽信仰就是其中一個非常重要的文化資源。尤其是它何以具有深厚堅實的民間根基，包容四裔的融會能力，綿延不絕的歷史積澱和跨越時空的現實影響，值得認真研究總結，並重新作出現代性的詮釋。是為全書結語。

附錄

關公信仰形成發展簡明年表

時期	朝代～年代	地點	事件
漢	建安二十四年 (219)	當陽	關羽率兵北伐，威震華夏。年底孫權偷襲荊州，關羽退保麥城，兵敗被擒，遇害當陽。
	景耀三年 (260)	成都	秋九月，後主追諡故前將軍關羽曰壯繆侯。
隋	開皇十二年 (592)	當陽	天台宗創始人智顗往荊楚傳法，創建玉泉寺。後世關羽皈依佛法事即附跡於此。
唐	儀鳳年間 (676～679)	當陽	禪宗北派六祖神秀依附玉泉寺創建度門寺，後世關羽為護佛伽藍事即附跡於此。
	開元二十九年 (741)	洛陽	《關楚征墓誌》稱「昔三國時蜀有名將曰羽，即公之族系。曾祖元敏，祖玄信，父思渾，並代推雄望，蔚為領袖。」可知至遲此時已有自承關羽後裔的家族。
	天寶元年 (742)	安西	僧人不空託言請得天王之子解唐軍安西之圍，皇帝頒詔天下府州縣城西北角修建天王堂。此為中國普遍繪像敬奉毘沙門天王之開始。
唐	建中三年 (782)	長安	禮儀使顏真卿奏請武成王配祀增加關羽等，共64人。
	貞元二年 (786)	長安	刑部尚書關播奏請裁撤配祀之「異時名將」。「自是唯享武成王及留侯，而諸將不復祭矣。」
	貞元十八年 (802)	當陽	董侹撰〈荊南節度使江陵尹裴公重修玉泉關廟記〉，為現存關羽成神之最早記載。
五代	後唐明宗年間 (926～930)	洛陽附近	〈（後）晉故隴西郡夫人關氏墓誌銘並序〉稱唐明宗皇妃之母關氏為「蜀將鎮國大將軍、荊州都督（關）羽之後也」。此為另一自承關羽後裔家族。

時期	朝代～年代	地點	事件
宋	建隆元年 (960)	汴梁	太祖「幸武成王廟，歷觀兩廊所畫名將」，詔「取功業始終無瑕者」，配祀晉升灌嬰等 23 將，黜退關羽等 22 將。
	建隆三年 (962)	汴梁	詔給昭烈帝、關羽、張飛、諸葛亮等歷代「功臣、烈士」各置守塚三戶。
宋	大中祥符七年 (1014)	解州	始建關羽祠廟於其故里。
	慶曆三年 (1043)	汴梁	用范仲淹議，武成王廟「自張良、管仲而下依舊配享，不用建隆升降之次」。關羽等將復入配祀。
	皇祐五年 (1053)	邕州	此處原有關羽祠廟。元豐碑刻記述：「皇祐中，儂賊陷邕州，禱是廟，妄求福助，擲杯不應，怒而焚之。狄丞相破智高，乞再完。仁宗賜額，以旌靈貺。」
	至和二年 (1055)	桂林	釋義緣在龍隱岩題刻石壁，稱「智者大師，擎天得勝關將軍，檀越關三郎」。此為今存最早關羽崇拜的摩崖碑刻。
	嘉祐末年 (1061 ～ 1063)	鳳翔	蘇軾任簽判，與時任監府諸軍之王彭結識交往，始聞「說三分」事。北宋「說三分」風習至遲在此前開始。

時期	朝代～年代	地點	事件
宋	熙寧九年 （1076）	荔浦	西夏前線將領郭逵率領的威勝軍神虎第七軍南下征交趾時，曾參拜關廟，並發軍誓祈神護佑。後果在遭遇戰中覺有「陰兵助戰」，遂得大捷。
	元豐三年 （1080）	沁縣	西夏前線將領，知威勝軍王文郁率威勝軍神虎第七指揮及宣毅第二十五指揮官兵集體捐資，於原駐地新建蜀蕩寇將［軍漢壽亭］關侯廟，報答神貺，並立碑紀念。此為現存以關羽替代毘沙門天王成為軍隊「助戰神靈」的最早記載。
	元豐四年 （1081）	當陽	玉泉寺住持承皓鼎新寺院，張商英撰〈重建關將軍廟記〉，重申佛教「關羽顯聖」，皈依佛門傳說。
	紹聖二年 （1095）	當陽	賜當陽關羽祠廟額「顯烈」。
	元符元年至三年 （1098～1100）	解州	鹽池潰堤遇水，基本停產。
宋	崇寧元年 （1102）	解州	鹽池經過整修，開始恢復生產。二月封關羽為忠惠公。此為後世加封關羽新爵之開始，亦為「關公戰蚩尤」神話的由來。
	崇寧四年 （1105）	汴梁	五月，賜信州龍虎山道士張繼元號虛靜先生。六月解池修復，全面恢復生產。
	大觀二年 （1108）	汴梁	加封關羽為武安王。
	政和七年 （1117）	聞喜	地方治安官員募修關羽祠，撰解州聞喜縣〈新修武安王廟記〉。此為後世治安官員崇祀關羽之開始。
	宣和五年 （1123）	汴梁	正月禮部奏請，敕封關羽為義勇武安王，從祀武成王廟。

時期	朝代～年代	地點	事件
宋西夏金蒙古	宋建炎二年 (1128)	洛陽	京西路關羽祠有張貼〈勸勇文〉者,以「五可殺」鼓勵齊心協力抗擊金兵。提點京西北路謝靦「得而上之,詔兵部鏤版散示諸路」。加封關羽為「壯繆義勇武安王」,誥詞云:「肆摧奸宄之鋒,大救黎元之溺。」此為視關羽為寧死不屈、抵抗外侮象徵之始。
	宋紹興二十七年 (1157)	臨安	在西溪法華山建義勇武安王廟。此為江南三吳地區興建關羽祠廟之始。
	金大定十三年 (1173)	平遙	慈相寺住持新建關羽廟於法堂東廡,言:「今茲天下伽藍奉此者為護法之神。」郝瑛撰〈慈相寺關帝廟記〉。此為金國奉祀關羽現存之最早記載。
宋西夏金蒙古	金大定十七年 (1177)	解州	下封村柳園社鄉人王興為關羽修建家廟,有〈漢關大王祖宅塔記〉存世。井上建有瘞塔,塔銘且言:關羽「於靈帝光和二年己未,憤以嫉邪,殺豪伯而奔。聖父母顯忠,遂赴舍井而身殞。」此為現存民間為關羽事蹟添加前傳之最早記述。
	金大定年間 (1161～1189)	鞏昌	相傳「西兵潛寇,城幾不守,乃五月二十有三日,見若武安狀者,率兵由此山出,賊駭異退走。」隨即在萬壽山建廟,府帥世代祀之。此為金軍猶自沿襲宋軍風習,以關羽崇拜對抗西夏毘沙門天王崇拜之記載。
	宋淳熙十四年 (1187)	當陽	因「疫癘不作,饑饉不臻,盜賊屏息,田裡舉安」,特封壯繆義勇武安英濟王。此為宋代對於歷代功臣烈士之最高封爵,亦為現存以關羽為祈雨神祇的最初記載。

時期	朝代～年代	地點	事件
宋 西夏 金 蒙古	金明昌年間 （1190～1195）	河南、 河北	開州（濮陽）、固安等地建立關廟。
	蒙古成吉思汗 二十一年（1226）	黑水城	成吉思汗率大軍攻破西夏黑水城，直逼國都。黑水城守將於城破之前將佛經圖籍等藏入佛塔。其中包括金人版刻之〈義勇武安王位〉關羽神像。
	蒙古海迷失后元年 （1249）	清苑	張柔建順天府城，設關廟，郝經撰〈重建武安王廟記〉。此為蒙古政權建關廟現存最初記載。其中言及「夏五月十三日，秋九月十有三日，則大為祈賽，整仗盛儀，旌甲旗鼓，長刀赤驥，儼如王生。」則為現存關羽祀典日之最初記載。
元	中統四年 （1266）	汲縣	王惲撰〈重修義勇武安王祠記〉。又蔚州〈大元加封顯靈英濟義勇武安王碑銘〉稱：「本朝以武功定天下，所在郡邑，悉建祠宇，士民以時而享。」
元	至元六年 （1269）	徐州	州牧董恩建呂梁洪廟，以祀漢壽亭侯關羽、唐鄂國公尉遲敬德，以二公於徐州皆有遺跡。此為漕運祭祀關羽之最初記載。
	至元七年 （1270）	大都	八思巴設藏傳密宗「鎮伏邪魔獲安國剎」大法會，歲正月十五日，以「八衛撥傘鼓手一百二十人，殿後軍甲馬五百人，抬昇監壇漢關羽神轎軍及雜用五百人。」遂成「游皇城」制度，元末乃止。
	至元二十二年 （1285）	遼陽	建立關廟。此為東北地區設廟之始。
	大德～至大年間 （1297～1308）	當陽	儒士胡琦編纂《關王事蹟》（又名《新編關王實錄》），開始將關羽祖系、生平年譜、關王書札、身後靈異，到歷代封贈、碑記、題詠等匯刊一處。此為關羽虛構事蹟系統化之開端。

時期	朝代～年代	地點	事件
元	至大元年 (1308)	當陽	玉泉寺住持鐘山復新廟宇，發現關羽祠地基。延祐元年（1314）完成復建，毛德撰〈新建武安王殿記〉記其事。
	皇慶二年 (1313)	徐州	趙孟頫撰〈關、尉神祠碑銘〉，以「二公生為大將，歿而為神，其急人之患難，夫豈憖於素志」為由，奉為漕運護佑神。
	至治年間 (1321～1323)	建安	虞氏刊本《全相三國志平話》刊印。此為現存最早的三國平話話本。
	泰定二年 (1325)	大都	元帝、后出資復新西四北羊角市關廟，吳律撰〈漢義勇武安王祠記〉記其事。
	天曆元年 (1328)	大都	加封漢關羽為顯靈威勇武安英濟王，遣使祀其廟。
元	至順二年 (1331)	大都	封（關羽）齊天護國大將軍、檢校尚書、守管淮南節度使，兼山東、河北四門關招討使，兼提調諸宮神剎、無分地處檢校官、中書門下平章政事、開府儀同三司、駕前都統軍、無佞侯、壯穆義勇武安英濟王、護國崇寧真君。
	元代	大理	據天啟《滇志》記載：「大理府關王廟，在府治西南，元時建。」此為西南少數民族地區興建關廟之始。
明	洪武二十七年 (1394)	南京	以蜀漢原諡建關廟於雞鳴山，列入祀典。
	建文年間 (1399～1402)	寧海	方孝孺撰〈關王廟碑〉。
	宣德年間 (1426～1435)	北京	宮廷畫家商喜繪製巨幅〈關羽擒將圖〉。
	成化十三年 (1477)	北京	奉敕建廟宛平縣之東，祭以五月十三日。皆太常寺官祭。大學士商輅奉敕撰碑。此為明廷歷代皇帝在北京興建祀典關廟之始。

時期	朝代～年代	地點	事件
明	嘉靖元年 （1522）	不詳	修髯子序繫年於此，一般認為現存羅貫中本《三國志通俗演義》此年刊印。
	嘉靖十年 （1531）	北京	以出生地鍾祥升為承天府，荊門、沔陽等三個府州歸入承天府轄治。當陽原屬荊門，亦併入承天府治下。敕建正陽門小關廟，釐定關羽為南方神，為帝系轉南，護佑帝祚之保護神。
	嘉靖三十四年 （1555）前後	江南	閩廣：江南、閩、廣屢遭「倭亂」，士民競以關羽為護境保民之神，爭傳顯靈助陣之事，紛紛修建關廟，以為一方護佑。此為關羽祠廟深入鄉里之始。關羽護佑科第士子的傳說，也於此時最早在江南士人的筆記碑刻中開始流傳。
	嘉靖三十五年 （1556）	江陵	《關王忠義經》楊博序繫年。嘉靖近侍黃錦、陸炳捐資復新當陽關羽墓寢。
	萬曆十八年 （1590）	高家堰	潘季馴治漕河，「以神顯靈高堰，詔加尊號，頒袞冕，賜廟額曰『顯佑』」，封此廟神為「協天護國忠義大帝」。此為封關羽帝號之始。從此大運河沿途競相建立關廟，以祈保人流物轉之平安。此為後世關羽司職財神之重要緣由。
	萬曆二十二年 （1594）	北京	孫丕揚主吏部，為避免中貴干謁，轉效正陽門關帝籤，以掣籤方式決定官員銓選。此為後世官員舉子及行商坐賈競相掣取正陽門關帝籤之開始。並應道士張通元之請，敕解州關廟供奉神祇進爵為帝。
	萬曆四十二年 （1614）	北京	以「夢感聖母中夜傳詔」，敕封天下關廟之神為「三界伏魔大帝神威遠鎮天尊關聖帝君」，「五帝同尊，萬靈受職」。實為護佑福王之藩。自此關羽成為無上尊神。

時期	朝代～年代	地點	事件
明	萬曆四十五年 （1617）	北京	萬曆帝親撰〈御制敕建護國關帝廟碑記〉，聲稱「曩朕恭謁祖陵，俄頃空中彷彿金甲，橫刀跨赤，左右後先，若護蹕狀。」「帝秉火德，熒惑應之。顏如渥丹，騎日赤兔，盡其征也。陽明用事，如日中天，先天則為南，當乾；後天則重明麗正，天且弗違。」明確以關公為明廷護佑神。
清	崇德八年 （1643）	盛京	以瀋陽為京城，敕建關廟，賜額「義高千古」。
	順治年間 （1644～1661）	寧古塔	被罪流放之漢人記述：「滿初人不知有佛，誦經則群伺而聽，始而笑之，近則習而合掌，以拱立矣……不祀神，唯知關帝，亦無廟，近乃作一土龕。」
	（明）永曆二十二年 （1667）	臺南	建立關帝廟，明寧靖王親書「古今一人」匾懸於廟內。
	雍正三年 （1725）	北京	頒詔比隆孔子儀典，「追封關帝三代俱為公爵，牌位止書追封爵號，不著名氏。於京師白馬關帝廟後殿供奉，遣官告祭。其山西解州、河南洛陽縣塚廟，並各省府州縣擇廟宇之大者，置主供奉後殿，春秋二次致祭。」此為關羽列入符合儒家規範之國家祭祀主神的開始。
	乾隆四十一年 （1776）	北京	頒詔「所有《（三國）志》內關帝之謚，應該為『忠義』。第本傳相沿已久，民間所行必廣，慮難以更易。著武英殿將此旨刊載傳本。用垂久遠。其官版及內府陳設書籍，並著改刊，此旨一體增入。」

時期	朝代～年代	地點	事件
清	咸豐四年 （1854）	北京	頒詔更定關廟祭禮，「（原）跪拜禮節，僅行二跪六叩，雖係照中祀例，然滿洲舊俗於祭神時俱行九叩禮，嗣後親詣致祭，亦朱定為三跪九叩禮，用伸儼恪之誠。」此與祭孔規格已全然相同，封爵則過之。僅因時值太平軍亂，未能按工部造圖，鼎革各地官修關帝廟。
民國	民國三年 （1914）	北京	大總統袁世凱「允陸海軍部之請，特將關帝及岳王合祀武廟。凡有軍人宣誓的大典，均在武廟行禮。」
	民國十七年 （1928）	南京	北伐成功，國民政府宣布廢除武廟祭祀。
	民國二十七年 （1938）	北京	日偽政權宣布恢復武成王祭祀，以關羽等為陪祀。

再版後記

　　山西是關雲長故里，民間相傳關夫人姓胡，先父胡小偉先生開玩笑說自己是關公親戚，雖為戲言，實存深意。於是在山西出版傳媒集團‧北嶽文藝出版社推動下，有了二〇〇九年出版的《關公崇拜溯源》上下冊六十萬字，也即開創關公文化學的里程碑著作、五卷本兩百五十萬字的《中國文化史系列‧關公信仰研究》的簡明本。

　　二〇一四年父親猝逝，沒能看到自己念念不忘的二〇二〇年關公大義歸天一千八百週年之際全球信眾共懷英雄的盛況。然而關公信仰仍在人心，不斷有人尋求關公研究的權威著作，因此有了本書的再版提議。此次修訂始自二〇一九年年底，逐一核對書中古今中外文獻出處，訂正各種訛誤，儘管如此，仍不排除有疏漏之處。有識者認為胡先生開創的是一門新的學科，即關公學。既然屬於學術研究，必然需要研磨切磋才能發展，還望讀者不吝指正。

　　借此機會向決策再版的幾任主編致謝！編輯樊敏毓老師即將退休，把此書作為告別職業生涯的紀念並付出很大精力。北嶽社的老編輯王靈善先生通校了全稿。審校者席香妮老師是先父母多年好友，以深厚的感情嚴格要求。遺憾的是初版責編胡曉青老師已故，未能得知再版的好消息，深為痛惜。此次再版，承蒙先父好友毛佩琦先生賜序，為我們講述那一代知識分子的共同追求，親切感人。此次修訂盡量替換了較清晰的

223

再版後記 ——————————

插圖，提供者有運城關帝廟和在線古籍公益圖書館「書格」（http://new.
shuge.org），一併鳴謝。

胡泊
時在辛丑小雪
於京華瞰山室

關公崇拜溯源：

從各行業神祇到移民信仰核心，堂堂武將怎麼變成大眾的精神寄託？

作　　者：胡小偉

發 行 人：黃振庭

出 版 者：崧燁文化事業有限公司

發 行 者：崧燁文化事業有限公司

E-mail：sonbookservice@gmail.com

粉 絲 頁：https://www.facebook.com/
　　　　　sonbookss/

網　　址：https://sonbook.net/

地　　址：台北市中正區重慶南路一段六十一號八
　　　　　樓 815 室

Rm. 815, 8F., No.61, Sec. 1, Chongqing S. Rd.,
Zhongzheng Dist., Taipei City 100, Taiwan

電　　話：(02)2370-3310

傳　　真：(02)2388-1990

印　　刷：京峯數位服務有限公司

律師顧問：廣華律師事務所 張珮琦律師

-版權聲明

定　　價：299 元

發行日期：2023 年 08 月第一版

◎本書以 POD 印製

Design Assets from Freepik.com

國家圖書館出版品預行編目資料

關公崇拜溯源：從各行業神祇到移
民信仰核心，堂堂武將怎麼變成大
眾的精神寄託？/ 胡小偉 著 . -- 第
一版 . -- 臺北市：崧燁文化事業有
限公司，2023.08
面；　公分
POD 版
ISBN 978-626-357-512-7(平裝)
1.CST: (三國) 關羽 2.CST: 傳記
3.CST: 崇拜 4.CST: 文化研究
782.823　112010775

電子書購買

臉書